经济法学讲义

普通高等院校法学教材

荣国权 / 著

华夏出版社
HUAXIA PUBLISHING HOUSE

图书在版编目（CIP）数据

经济法学讲义 / 荣国权著. -- 北京：华夏出版社有限公司, 2020.5
ISBN 978-7-5080-9662-9

Ⅰ. ①经… Ⅱ. ①荣… Ⅲ. ①经济法 – 法的理论 – 中国 – 高等学校 – 教材 Ⅳ. ① D922.290.1

中国版本图书馆 CIP 数据核字 (2019) 第 270600 号

经济法学讲义

著　　者	荣国权
责任编辑	裘挹红
出版发行	华夏出版社有限公司
经　　销	新华书店
印　　刷	三河市少明印务有限公司
装　　订	三河市少明印务有限公司
版　　次	2020 年 5 月北京第 1 版 2020 年 5 月北京第 1 次印刷
开　　本	720mm×1000mm　1/16
印　　张	19
字　　数	285 千字
定　　价	58.00 元

华夏出版社有限公司　　地址：北京市东直门外香河园北里 4 号　邮编：100028
　　　　　　　　　　　　网址：www.hxph.com.cn　　电话：(010) 64618981
若发现本版图书有印装质量问题，请与我社营销中心联系调换。

目录 CONTENTS

绪 论 / 001

第一章 经济法概述 / 007
  第一节 本章概述 / 009
  第二节 经济法基本概念 / 011
  第三节 经济法基本原理 / 013

第二章 企业法概论 / 035
  第一节 企业法概述 / 037
  第二节 企业法基本概念 / 039
  第三节 企业法基本原理 / 054
  第四节 现实问题与案例分析 / 062

第三章 反垄断法概述 / 071
  第一节 本章概述 / 073
  第二节 反垄断法基本概念 / 075
  第三节 基本原理和制度 / 083
  第四节 现实问题与相关法律适用和探讨 / 090

第四章 反不正当竞争法概述 / 101
  第一节 本章概述 / 103
  第二节 基本概念 / 106
  第三节 基本原理和制度 / 118
  第四节 现实问题与相关法律适用和探讨 / 124

第五章　产品质量法概述 / 143
　　第一节　本章概述 / 145
　　第二节　基本概念 / 147
　　第三节　主要原理与基本制度 / 153
　　第四节　现实问题与相关法律适用和探讨 / 186

第六章　消费者权益保护法概述 / 201
　　第一节　本章概述 / 203
　　第二节　基本概念 / 205
　　第三节　基本原理和制度 / 211
　　第四节　现实问题与相关法律适用和探讨 / 216

第七章　金融法概述 / 239
　　第一节　金融法概述 / 241
　　第二节　金融法基本概念 / 242
　　第三节　金融法基本原理和制度 / 254
　　第四节　现实问题与相关法律适用和探讨 / 267

第八章　财政法概述 / 273
　　第一节　本章概述 / 275
　　第二节　基本概念 / 277
　　第三节　基本法律原理和制度 / 281
　　第四节　现实问题与相关法律适用和探讨 / 292

绪 论

经济法属于法律体系中的一个部门法，它虽是一门年轻的学科，但也有着发展历史及自己独立的调整对象和规范对象，是学习各法律部门基础知识的入门概念。它与民商法学、行政法学等的联系十分密切，但比传统法学更加重视法律与经济之间的关系。很多初学者甚至专家学者都对什么是经济法存在很大的困惑。要深入学习经济法，首先要对基础概念进行了解，并且掌握有效的学习方法，才能打开经济法学的大门。

经济法属于法律体系中的一个部门法，它有自己独立的调整对象和规范对象，是学习各法律部门基础知识的入门概念。掌握了这个概念后，才能了解到各个部门法存在的历史与逻辑知识背景。它也是把握现代社会法律体系的一把钥匙。

一、法律部门的划分

1. 法律部门的定义

法律部门是指构成一国法律体系的各个组成部分，是根据一定的标准划分而成的同质法律单元。这个概念出现较晚，但其反映出的部门法现象古代就有。

在现行法律规范中，由于调整的社会关系及其调整方法不同，可分为不同的法律部门，凡调整同一类社会关系的法律规范的总和，就构成一个独立的法律部门。[1]这一概念描述是目前较为恰当的界定，既简练又清晰，属于本教材借鉴的观点。法律部门的划分是人类对自身法律结构的一种性质归类，反映的是行为规范的性质，是创设行为规范的人们对行为性质的自觉判定与划分。

划分法律部门的历史源远流长。根据目前的资料显示："公私法之分来源于罗马帝国初期法学家的学说，但在罗马法文献中，主要内容是私法，中世纪也无公私法之分。13—15 世纪的注释法学家在复兴罗马法时，对公私法之分也仅加以重申而已。17、18 世纪资产阶级反封建的斗争以及古典自然法学派的理性主义思潮，有力地推动了宪法的产生、公法地位的上升和公私法之分的确立。在 19 世纪欧洲大陆法学家眼中，公私法之分几乎成了自明的真理，在法典编纂、法制改革和法律教育中被广泛应用。这种分类法的一个重要概念是'私人自治'，即个人享有财产和缔结合同的绝对权利，国家职能主要在于保障这种权利并充任私人纠纷的仲裁者，因而公法和私法、国家和个人严格分开。民法、商法构成私法的主要组成部分，宪法、行政法和刑法被认为是公法，程序法有人认为应依实体法性质而定，但一般认为属于公法。"[2]这段资料深刻地揭示了部门法思想产生的来龙去脉。正是在这样一个思想框架的基础上，法律体系被结构化、模块化，在经济

---

1. 卓泽渊. 法学导论：第二版. 北京：法律出版社，2014.
2. 沈宗灵. 法律分类的历史回顾. 法学，1985，6.

社会的不断发展中就出现了经济法思想，产生了现代经济法。

2. 法律部门划分的标准

（1）法律规范所调整的社会关系。法律是调整社会关系的行为准则，任何法律都有其所调整的社会关系，否则，就不能称其为法律。

（2）法律规范的调整方法。法律规范所调整的社会关系虽是划分法律部门的基础或是最重要的标准，但是仅仅以此为标准还是不够的，因此还需将法律规范的调整方法作为划分标准。

这是目前法律界公认的基本划分方法，正是在这个基础上，现代法律体系被划分为各个部门，经济法也是在这个基础上被划分的。其划分标准主要是社会关系，即国家在干预和管控市场经济活动中产生的社会经济关系。

3. 我国的部门分类

在西方大陆法系的影响下，世界各国都纷纷建立了符合自己国情的法律部门分类。中国吸收了大陆法系的分类知识体系，结合中国国情设立了法律部门分类。

2001年3月9日，当时李鹏总理工作报告认为，虽然法学界对法律部门的划分有不同意见，但常委会根据立法工作的实际需要，分为宪法及宪法相关法、民商法、行政法、经济法、社会法、刑法、诉讼与非诉讼程序法。这是我国官方发布的关于法律部门的分类体系，目前也在执行这个知识体系。在法律工作中这个分类很实用，也很清晰，只是关于为什么这样划分的疑问较多，需要学术界深入研究。

二、经济关系划分的历史脉络与法

这里隐含着一个重要的经济与法律哲学命题：政府与市场的关系。这种关系深深地影响着法律结构的变化，是法律部门演变的内在规律。

1. 自由经济与民商法律制度

以1804年《法国民法典》为标志（更早的渊源为《古代罗马法》），这是近代自由经济的法律标志，国家逐渐很少干预经济的时代来临，法律上盛行私权神圣、契约自由的民商法律制度。

2. 垄断经济与经济法、社会法制度

（1）维护竞争秩序的法律（如反垄断法、反不正当竞争法、消费者保护法）。在市场机制逐渐因大企业的破坏行为而失灵后，市场竞争秩序开始混乱，原来的自由竞争无法维护市场运行，因此设定了国家干预市场的竞争类法律，最早出现在美国。

（2）统制经济的法律（如煤炭经济法）。在后起的资本主义国家中，德国为了追上老牌资本主义国家英国与法国，从俾斯麦开始实施国家支持资本主义发展的战略。到了19世纪末，德国开始了国家资本主义行为，开始了资源的国有化行动，推动企业卡特尔的联合化、统一化，并颁布了一系列打破私有制法律原则的社会化法律。

（3）应对经济危机的法律（如工业复兴法）。以美国为首的资本主义国家在20世纪20年代末爆发了经济大萧条，原有的私法发达的法律体系无法解决大萧条带来的各种社会问题，包括商品的价格、通货膨胀、失业、生产过剩等等，为了应对经济危机，颁布了一系列法律。

（4）扶持、促进经济发展的法律（如产业政策法、计划法、企业促进法等）。为了扶持国家各个产业进入资本主义竞争体系，一些国家颁布了产业保护法，如美国的幼稚工业保护方面的法律，德国的产业保护方面的法律。在计划经济体制出现后，一些国家出现了计划方面的法律，如苏联、东欧、中国等。后来，一些西方国家也仿照制定了计划方面的法律。

（5）构建社会保障制度的法律（如扶贫法、医疗保障法、社会保险法、失业救济法等）。

（6）保护环境、能源、资源的法律（如环境保障法、煤炭法、土地管理法、水法、噪声污染防治法等）。

（7）构建基本经济制度的法律（如会计法、审计法、统计法、货币法等）。

三、学习方法

1. 案例学习法

通过分析案例，实实在在地感受法律的实际运用。案例可以感性地将法律的运用体现出来，老师教授学生运用综合的法律知识解决实践问题，使学生能够切身观察到法律知识的具体表现，将概念与原理具体化，从而深刻体会到知识的存在与价值。通过案例学习，可以大大提高对法律的学习兴趣。

2. 法务学习法

根据法学知识本身的特点为学生设置学习目标，由浅入深，同时要有具体的学习路径，这就是法务学习法。以下是对法律学习的业务内容进行设置的基本思路：

（1）基本概念与原理；

（2）法律法规目录集成与跟进修正；

（3）知识的运用。

这是符合学习规律的一种设置，它将大量的知识与信息抽样成以上几条线索，然后编织成一个法律知识学习体系，以便帮助初学法学的学生清晰地把握学习经济法学的路径，提高学习效率和学习积极性，逐渐喜欢上法律专业。

3. 综合学习法

通过读书与综合学习、积累，就可以驾驭法律思想系统，从而去修正，这是高层次的要求。这就既要进行理论书籍的阅读与积累，又要参加实践的法律活动，掌握概念与原理在事件中的运行细节、特点，从而把握和体会法律知识内在的规律，掌握专业基础知识。

第一章
经济法概述

本章属于经济法学基础理论，内容抽象，需要理解具体实例。该部分内容在学术界争议很大。本章主要涉及学习经济法的基本知识点，介绍相关背景及一般的概念与通说，并概括经济法学理论的若干要点。主要目的是通过相似概念的区分以及实践中案例的探讨，将抽象的问题具体化，使学生对经济法有一个宏观的认识。在本章的学习过程中，要重点掌握经济法学的研究对象，结合实例深入理解有关基本原理。

本章属于经济法学基础理论,内容很抽象,需要结合具体实例理解。该内容在学术界争议也很大。本章介绍一般的概念与通说,并概括经济法学理论的若干要点。这一章涉及学习经济法的基本知识点,因此初学者经常会感到吃力。在理论界和实务界,在国内外法学界,经济法理论的争议非常激烈,在经济法学界内部也是如此,出版的教材五花八门,但是经济法学理论界经过长期的研究,逐渐形成了一些通说和基本概念、理论,这些成为支撑中国经济法学的重要基础。本书的概况就是在国内外经济法学研究的基础上形成的。

第一节　本章概述

一、知识背景

经济法在法律部门中存在着巨大的争议。它是否客观存在?它包含的法律到底有哪些?如何理解经济法与民商法、行政法的区别?这样一种法律现象所引发的困惑跨越百年之久,从19世纪末的美国、德国、日本,一直跨越到21世纪,在今天的中国,它所引发的争论和困惑比当年有过之而无不及。但是,经济法仍然坚挺屹立着,无论其内部的背景及原理如何复杂,它被明确提出已经上百年,并且在很多国家都被重视。根据自己国家立法的需要,根据法律原理的一般内容,根据学术研究的进展,很多国家对经济法的调整范围都逐渐明朗化。

1799年拿破仑发动雾月政变,建立了资产阶级统治政权,从1804年开始到1810年颁布了五部法典,除了1804年的《法国民法典》,还有1806年颁布的《法国民事诉讼法典》、1807年颁布的《法国商法典》、1808年颁布的《法国刑事诉讼法典》,最后是1810年颁布的《法国刑法典》。这五部法典开启了规模化分门别类立法的先河,奠定了大陆法系的法律基础。在这样的背景下,法律部门的概念才真正清晰起来,这就是与法典专门化立法结合后产生的效果。经济法就是要突破这一结构而在法律体系中获得一席之地,这就需要研究者有真正的勇气。

据研究,现代经济法的概念形成于20世纪初期。1906年,德国学者在《世界经济年鉴》中使用了"经济法"这一名词,用来说明与世界经济有关的各种法规，但并不具有严格的学术意义。[1] 第一次世界大战开始时，德国政府为了适应战争的需要，加强对重要物资的控制，颁布了大量的法规。1914 年 8 月帝国议会通过了 14 项战争经济法规，其中最重要的是《授权法》，授权参政院在战争期间准予"发布对于防止经济损害所必要的措施"，继之又颁布了《关于限制契约最高价格的通知》（1915）、《确保战时国民粮食措施令》（1916）等。战败后的德国为了摆脱经济上的困境，制定了一些重要的产业统治法和卡特尔法，如《煤炭经济法》（1919，世界上第一个以经济法命名的法规），《防止滥用经济权力法令》（1923）等。这些法规表现为行使国家权力直接干预和操纵经济，试图把实施社会化政策同保护私有财产制度、契约自由原则结合起来。这些法律的出现，引起了法学界的重视。一些学者认为，这些法律即是经济法。经济法学成为法学中的一门新的学科。经济法现象据研究自古有之，但争议很大，1890 年的《谢尔曼法》也属于经济法现象。

二、本章涉及内容

1. 主要概念

具体包括经济法、经济法学、社会法、经济法律、经济政策、经济学、自由竞争、垄断竞争。

2. 主要原理

（1）契约自由、所有权绝对与过错责任原则的突破；

（2）经济法的调整对象；

（3）经济法的地位；

（4）经济法的产生与发展历程；

（5）经济法体系。

---

1. 在 2002 年人民法院出版社出版的肖江平所著的《中国经济法学史研究》第 56—57 页中指出，更需要推敲的是，"莱特 1906 年起每年在《世界经济年鉴》中使用的 Wirtschaftsrecht"，是否有其事？20 世纪 80 年代初，我国的一位研究者查阅国内一些大图书馆的资料，未见德文版 1906 年的《世界经济年鉴》，遂约请美国加利福尼亚大学苏珊·格鲁·内伯格博士查阅了 1905—1920 年英译《世界经济年鉴》，也没有发现其中有"经济法"，更未见莱特其人。该考证还称，联邦德国汉堡马格斯·布兰克国际私法研究所所长恩斯特·约阿希姆·梅斯特麦克教授和法兰克福大学教授克尔希纳尔也认为没有莱特其人。

3. 实践难题

（1）经济法与经济法律的区别；

（2）经济法与社会法的关系，了解社会法的概念；

（3）经济法调整的社会关系与经济法律关系，即经济关系与法律关系有什么不同？

（4）经济法与经济政策。

第二节 经济法基本概念

一、经济法

1. 定义

经济法是指调整在现代国家进行宏观调控和市场规制的过程中发生的社会关系的法律规范的总称。

2. 该法的两大特征

表现为经济性和规制性。前者是指经济法的调整具有降低社会成本、增进总体收益，从而使主体行为及其结果更为经济的特性。后者是指在调整的目标和手段方面，经济法所具有的，把积极的鼓励、促进与消极的限制、禁止相结合的特性。

知识指引

中国自改革开放以来的研究，多种学术观点和派别纷纷从不同的出发点来阐述自己对经济法的理解和认识，例如"学科经济法说""纵向经济法说""行政经济法说""计划经济法说""经营管理法说""经济管理、经济协调说""纵横经济法说""宏观微观说""意志经济关系说""综合经济法说""广义狭义说""大民法说""大经济法说""两分法说""三分法说"等，论文、专著汗牛充栋。经济法学研究不断深入，对立法、司法、执法、法律法学教育和研究的贡献不断增加，对经济领域的法律研究层层深入，但是，虽然经济法学界内部达成的学术共识不断增加，对部门法概念和体系的争议从无停止。

二、经济法学

1. 定义

经济法学是研究经济法及其发展规律的法学学科。

经济法学是一门法学学科。

2. 经济法学的研究对象

经济法学的研究对象是经济法及其发展规律。这就是说，经济法学不仅研究经济法，而且研究经济法的发展规律；不仅研究经济法的现状，而且研究经济法的历史发展。经济法学与经济法既有联系，又有区别。

知识指引

据研究，经济法学产生于20世纪20年代的德国。由于德国从一开始所走的经济发展道路就与英国自由资本主义截然不同，因此出现了与私法自治、契约自由法律原则完全不符的立法，例如俾斯麦时代，利用国家的力量支持自由资本主义发展的法律，为了提高德国的工业生产能力而对资源和自由市场进行社会化、国有化的法律，这些法律引起了德国学者的强烈关注，因为它们打破了19世纪初形成的"六法"结构。1920年左右，德国法学界一批学者对德国第一次世界大战前后制定的这类法律进行集中研究，取得了大量成果。比如：鲁姆夫的《经济法和经济法学者》（1920）、卡斯凯尔的《法律和经济》（1921）、阿·努斯鲍姆的《德国新经济法》（1922）、卡伊拉的《新经济法的社会组织理论》（1922）、哥特斯密特的《帝国经济法》（1923）、拉德布鲁赫的《法学导论》(1929)等相继出版,就经济法概念、经济法调整与适用、地位、经济法的现代法精神等诸多问题进行了研究,并提出了诸多理论和学说。在德国的影响下,日本经济法崛起并快速发展,经济法学研究也蓬勃发展,涌现了一批著名经济法研究学者和著作,如金泽良雄的《经济法概论》、丹宗昭信的《经济法入门》等,在日本掀起了研究经济法的热潮。此后,经济法不断发展,逐渐深入公法与私法在每一部法律之中的具体功能和经济法在这些法之中的体现,如德国的弗里茨·里特纳所著的《欧洲与德国经济法》和雅克曼的《经济法》成为经济法当代研究的典范。

在中国,经济法的部门法概念在1978年被提出,中国第一篇公开发表的经济法论文是王家福等于1978年12月6日在《人民日报》上发表的《必须搞好经济立法和经济司法》;中国第一篇介绍外国经济法的翻译材料,是北京大学民法教师李志敏于1979年发表在北京大学法律系出版的《外国法学》上的《捷克斯洛伐克经济法典简介》。中国第一本公开出版的经济法著作是北京大学经济法教师刘隆亨编著的《经济法简论》,1981年由北京大学出版社出版。中国最早开设经济法概论课程的是湖北财经学院,在1980年上半年。伴随着中国的经济改革与开放,经济法作为一个部门法开始受到重视并被深入研究与探讨。自1979年至1987年,中国经济法学术讨论会就召开了10次,重点探讨经济法是否是一个独立的法律部门,在此基础上研究其调整对象。自1992年中国建立了社会主义市场经济体系之后,国家提出了到2010年初步建成社会主义市场经济法律体系的目标,经济法学的研究迅猛发展,呈现出百花齐放、百家争鸣的繁荣景象。

第三节 经济法基本原理

一、契约自由、所有权绝对与过错责任原则的突破

这是19世纪初以《法国民法典》为代表的法律确定的民法原则,成为那个时

代的经典精神，是自由资本主义的政治主张在法律上的表现，是资本主义战胜宗教压迫和封建枷锁的法律武器。它伴随着资本主义市场革命和政治革命逐步成形，在18、19世纪成长为坚固的"法律长城"，成为那个时代的法律经典和神话。

1. 契约自由、所有权绝对与过错责任原则

契约自由——1804年《法国民法典》第1134条中指出："依法成立的契约，在缔结契约的当事人间有相当于法律的效力。"除非该契约违反了该法典第6条所说的公共秩序或善良风俗，才不具有法律效力。

所有权绝对——法典第544—546条给予动产和不动产所有人充分、广泛的权利和保障。所有权的定义是"对于物有绝对无限制地使用、收益及处分的权利"。国家征收私人财产只能根据公益的理由，并以给予所有人公正和事先的补偿为条件。规定土地所有权包括土地上空和地下（第552条第1项）。

过错责任——法典规定："任何行为使他人受损害时，因自己的过失而致行为发生之人对该他人负赔偿的责任。"（第1382条）

知识指引

《法国民法典》中用一千多条条文来规定契约之债，可见契约对资本主义社会的重要性。契约自治也是在形式上平等和自由的名义下实行的，并且是自由和平等原则的逻辑结果。对于这个原则，马克思曾在《资本论》中予以深刻的批判。

关于上述三个角度的案例资料

▼ 契约自由案例——洛克纳诉纽约州

纽约州的《劳动法》第110条规定了面包店工人的最高工时："在饼干、面包或蛋糕店，任何职员不得被要求或允许每星期工作超过60小时，或每天超过10小时。"洛克纳因被指控违反了州劳动法而被罚款50美元。在州法院败诉后，他上诉到联邦最高法院，主张纽约州的限制工时法律违反了第十四修正案的"正

当程序"条款所保障的"契约自由"。虽然法院承认州政府具有广泛的"治安权力"（police power），以保护公共健康、安全、道德或福利，但它并不把纯粹调节工时的劳工法规视为健康法，因而州法超出了其治安权力的范围。佩卡姆（J. Peckham）代表最高法院的五名法官，判决州法违宪。

多数意见认为，缔结契约的权利是个人自由的一部分，受第十四修正案的保护。当然，各州在一定范围内具有管制权，以保护数据的安全、健康、道德和福利，并禁止缔结某些标的违法的合同。例如在1898年的案例中，犹他州规定地下矿井劳动每天不得超过8小时，而这项法律被判决合理有效。然而，各州的治安权力是有限度的，因为任何法律都可以宣称是为了维护健康、安全和道德，从而不受宪法控制。因此，法院有必要探询所宣称的目的和所采取的手段之间是否存在必然联系。在本案，法院必须考察：是否有必要规定烤面包行业的工作时间？和手工业相比，烤面包行业是否存在任何特殊性？规定工时的合法目的何在？犹他州宣称是为了面包师的健康，但是多数意见认为，法案作为手段和公共健康目标只有很遥远的联系。事实上，该法案已经规定了烤面包的卫生条件，包括水箱、排水、卫生间和烘烤房隔离，因而工时限制似乎没有必要。况且如果允许立法保护面包师，那么也必须允许立法禁止医生、教授、律师、艺术家从事脑力劳动，而这是荒唐的。该州所提出的另一个理由是通过提高面包师的健康来提高面包的公共卫生，而多数意见认为这是无稽之谈，并因而认为法案的真实目的并不是健康或卫生。在本案，州政府必须证明工作时间限制对于保护公众和雇员健康是必要的；假如没有这种限制，公众和雇员健康将受到严重损害，但州政府却未能提供这种证明。[1]

重新鉴定了宪法标准

霍姆斯认为对宪法的解释应该随着时代的发展而作出相应的调整。在霍姆斯生活的年代，由于劳资之间的不平等，工人无权决定自己的劳动强度和劳动时间。因此，所谓的"契约自由"只能是资本家单方的自由，而宪法对"契约自由"的

---

[1]. https://prabook.com/web/rufus.peckham/1717934.

保护实际上就是保护了资本家剥削工人的自由，是对工人利益的损害。因此，他反对绝对的契约自由，主张宪法应该保护每个人的自由。

霍姆斯的很多观点与当时最高法院的保守思想相左，他有"伟大的异议者"之称。他非常了解法律问题，也善于观察个人与社会之间的各种状况和变化。他对法律更具有一种深刻的洞察力。他一直努力想要使法律，甚至伦理在新的生活当中展现出新的内涵。在法律的范围内，他首先表现为一个革命者。这些反抗与革命是因为社会新的发展而引起的，它合乎时代的趋向。在美国建国的特殊条件下，美国法律保护放任政策的自由竞争。根据这种精神，人民把自由解释为商业竞争的自由，甚至宪法中相关的条文也作这样的解释。当这个原本行得通的规则，经过工业革命使工人的生计受到威胁时，有几个州认为必须制定一些法律条文，来规定最高工时与最低工资等相关保障。对此，企业家根据宪法提出抗议，各个高等法院也同意他们的意见。只有霍姆斯提出异议。[1]

洛克纳诉纽约案是霍姆斯担任最高法院大法官后面对的第一桩重要的劳工权益案

当时，经过工人阶级的艰苦斗争，纽约州终于通过一项法律，禁止面包房老板让雇工每天工作10小时以上。一个叫洛克纳的老板第二次违反这一法律时，法院对他处以50美元的罚金。洛克纳不服，最终把这个案件上诉到了最高法院。

洛克纳的辩护律师声称：纽约州的这项立法偏袒工人，损害老板，因此违反了宪法修正案第14条中"平等保护条款"；而且，宪法第5条修正案也禁止各州不经过正当法律程序剥夺任何人的生命、自由或财产权，而"程序"就是为了保护个人权利而建立的，因此，这一带有偏向的立法剥夺了洛克纳与其工人们签订契约的自由，因而也就等于剥夺了洛克纳处置其财产的权利。

实际上，美国宪法原文中并没有把契约自由看作公众自由的一部分。但原告律师之所以如此理直气壮，其奥秘就在于，19世纪最后20多年是美国历史上著名的"镀金时代"，社会达尔文主义盛行，弱肉强食，资本权力几乎决定了一切。

1.[美]康马杰.美国精神.杨静予，崔妙英，王绍仁，译.北京：光明日报出版社，1988：563.

美国最高法院开始强调，宪法第9条修正案的含义是除宪法明确的权利之外，人民还享有其他权利，这些权利同样为第14条修正案的正当程序条款所保护。最高法院由此推论出，这些默示权利中有一项为契约自由的权利，特别是自由订立雇佣劳动合同的权利。这期间，最高法院通过一系列的判例确立并发展了这一原则，用其来宣告了很多涉及经济事项的联邦及州法律无效。于是，当年为保护黑人宪法权利的第14条修正案，衰变为对弱肉强食、适者生存定律的法律承认和保护！正当程序保障的"自由"在经济市场便成为政府放任自流、无所作为政策的同一语。为此，美国著名宪法学者施瓦茨干脆用"法律达尔文主义"来概括这一时期最高法院的司法理念。

在当时的最高法院中，大部分法官思想保守，把斯宾塞（Herbert Spencer）的"自由主义"奉为圭臬。斯宾塞认为：政府应给商业活动充分的自由空间，社会本身会起到最好的调节作用，政府根本无须也不能干预经济生活。因此，经过激烈的辩论，最高法院以5比4的票数判原告胜诉。

大法官佩卡姆（Rufus Peckham，1896—1909年任职）宣布了多数意见："没有理由认为，面包房工人作为一个阶层，在智力和能力上与其他行业或做体力工作的人不一样；没有理由认为，缺少了州政府卵翼保护，以及对他们独立的判断和行动能力的干预，他们就没有能力行使自己的权利和照顾自己。在任何意义上，他们都不是政府的监护对象。"因此，纽约州政府没有合理的理由以保护健康为借口，通过规定面包房的工作时间来干涉个人的自由和自由签订契约的权利。

佩卡姆还表示，这限定工时的做法也损害了工人赚取额外收入的机会。因此，他认为纽约州的这一立法是多管闲事，超越了宪法授予它的"治安权"（police power）。在他看来，美国的缔造者所建立的政府是一个权力受到限制、无权干涉私有财产的政府，它不会干预人们出卖自己的技术、开办自己的工厂或管理自己雇员的自由。人们的商业行为完全是根据自然权利所拥有的私人领域。

洛克纳案判决所突出的是"正当程序原则"（doctrine of due process），这是1890年以来占主导地位的司法观念，强调个人的正当程序权利，保护市场的放任自流。这一观念的主要倡导者大法官戴维·布鲁尔（David J. Brewer，

1889—1910年任职）曾经有过极端的表述："对我来说，把政府视为家长的理论（The paternal theory of government）荒诞不经。让个人享有最大限度的自由，让他及其财产获得最充分的保护，既是对政府的限制，也是政府的责任。"正是根据这一司法哲学，为正当程序所保护的"自由"就成为政府在私人经济关系中撒手不管的同一语。

显然，最高法院的基本立场是，各级政府必须严格遵守最高法院从宪法第5及第14条修正案中推导出来的契约自由原则。这样，通过运用司法审查权，最高法院使自己能够决定政府的有关社会经济法规是否逾越了允许与不允许、合宪与违宪的界限。由于洛克纳案的典型性，人们把30年代中期最高法院改变其保守立场前的时期称为"洛克纳时代"。

霍姆斯和哈伦等四位法官持异议。针对多数派认为纽约州保护劳工的社会立法剥夺了个人财产自由权的论调，霍姆斯发表了他著名的不同意见。他一针见血地指出：洛克纳并非被剥夺了自己的财产，他仍然拥有着自己的面包房。

至于契约自由权，霍姆斯认为它只是从某种特殊经济理论中推导出来的权利，而不应该被视为宪法权利。他强调，宪法解释不能从属于某种特殊的经济理论。他认为，纽约的社会立法"包含了一些信念或偏见，有些法官同意，有些则不同意。但宪法并非旨在体现某一种特别的经济理论：或是家长制，或是公民与国家有机体关系论，或是自由放任。它是为拥有根本不同思想观念的人制定的，当我们意外地发现某些观点是自然的和熟悉的，或者是令人诧异和震撼时，它们都不应该决定我们对包含这些观念的法律是否与美国宪法冲突的判断"。

针对佩卡姆所云个人有为所欲为的权利，霍姆斯却强调这一权利止于他人权利行使的范围。因此，霍姆斯在法律上否认"绝对自由"的存在，坚持纽约州的立法反映了大多数人的意愿，并且是符合宪法准则的。

在随后十年的类似案件中，霍姆斯两度表达了同样的意见，站在劳工阶层一边。霍姆斯的异议无疑是那个时代最引人注目的话语，表达了无数社会改良者的共同心声，在知识分子中得到了广泛的回应。

对其保守派同事的所作所为，霍姆斯有一针见血的评论，这就是他们思想上的偏见，对欧洲传到美国的社会主义思潮的恐惧。他在1913年指出："20年前，当一种模模糊糊的恐怖感传遍地球、人们开始听到社会主义这个词的时候，我曾经认为，并且至今仍认为，恐惧已被解释为在宪法或习惯法中没有任何正当地位的种种理论了。"

但是，需要小心的是，霍姆斯并不是一个民主主义者，更不可能接受社会主义思想。仔细研究霍姆斯的立场就会发现，他与其保守派同事一样对民主有着根深蒂固的忧虑。但是，有所不同的是，当保守派恐惧"多数暴政"时，霍姆斯却处之泰然——并不是因为多数就正确，而只是因为这是不可回避的现实。因为他相信立法机关所通过的法律包含了社会上"主导的观念"，它迟早会以这样或那样的形式流行，司法部门很难加以限制。从这个意义上讲，霍姆斯最了不起的地方在于他的现实主义。

但是，霍姆斯没有办法改变最高法院的主流看法。在19世纪末20世纪初，最高法院扼杀了各州上百项的社会立法。他对此无能为力，只能寄希望于未来。[1]

▼ 所有权绝对案例

意大利那波里高速公路管理局为修建一条高速公路，授权某建筑公司占用部分私人土地，但修建者在2年法定占有期限经过后仍继续占用该土地，并在其上修建了公共工程。原土地所有权人因此起诉该建筑公司，要求被告返还其土地，否则应当按照土地的市场价值给予赔偿，并给付非法占有期间的补偿和法定利息，以及土地上坠落的果实和因占有而被毁损设施的价值。对于本案所涉及的问题，解决的困难在于，尽管征收程序违法，但所修建的公共设施已经根本地、不可逆转地改变了私人土地的性质。这样，一方面，若要维持私人所有权，所有权的永久性与土地所有权人权利内容实质被抽空之间的冲突难以解决；另一方面，若使行政机构取得土地所有权，又无法避免非法行为导致所有权取得与法的一般原则之间的龃龉。而意大利立法上对此缺乏明文规定，在欧盟国家也不存在立法先例。对于法官的裁判而言，问题的复杂性还来自意大利征收制度的不确定性，

---

1. 田雷. 短意见的长历史——重读霍姆斯大法官在洛克纳诉纽约州案中的反对意见. 师大法学，2017（2）.

当时尚未建立起一个有机统一的征收制度体系。有效法律规范的缺乏纵容了实践中行政机构或其授权者对私人土地占有的滥用。其次，宪法对所有权不那么有保障的规范模式也导致立法的欠条理性，以及宪法法院在受约束的所有权和受保障的所有权之间态度的摇摆不定。然而，直到20世纪70年代，意大利司法实践在这一问题上的主流趋势都是坚持私人所有权不受任何非法剥夺。

本案中，法官通过对民法"倒置添附"制度的类推解释，最终判定因公共工程的修建，导致私人土地用途和性质被永久根本改变，私人土地为公共工程所吸附，私人丧失其土地所有权。高速公路管理局自土地性质不可回复地发生改变之时取得所有权，并应当赔偿原土地所有权人从土地被非法占有开始至所有权转移期间丧失的土地使用收益损失。依据最高法院的这一判决，在私人土地被公共机构或其受让人非法占有，并不可逆转地根本改变土地用途之后，产生如下法律后果：第一，土地上的私人所有权消灭；第二，行政机关原始取得该土地所有权；第三，原土地所有权人有权请求损害赔偿。[1]

▼ 过错责任案例

在英美普通法中，被告的行为是否是过错行为，其客观的判断标准就是理性人的标准。此种标准是英国在1837年的Vaughan v. Menlove一案中首次确立的。在该案中，原告在其与被告相邻的土地上建了农舍，而被告在其土地上堆放草堆，由于通风不好，该草堆自然起火而爆炸，大火漫及原告的农舍。原告起诉要求被告承担侵权责任。法官指出：当原告向被告指出其草堆所存在的问题及可能会发生的损害后果时，被告仍然不采取一个普通谨慎和普通预见能力的人自然会采取的预防措施，被告有过错，应对原告的损害承担责任。此种普遍的谨慎和普通预见能力的标准此后得到英美判例法的大量援引，从而成为判断被告的行为是否有过错的标准。Rosenberry指出："坦白地讲，并非任何注意之欠缺均会导致法律责任。为了确定注意的范围，我们必须采取某些判断标准……此种标准通常

---

[1] 陈晓敏.大陆法系所有权模式的历史变迁——兼释我国《物权法》三种所有权体系下的所有权类型.长春：吉林大学，2011：71.[2019-12-14].https://www.cnki.net/.

被称为普通的注意即在同样的或同种情况下人们通常所达到的注意程度。"[1]

2. 三原则被突破

19世纪后期，随着资本主义自由竞争时代逐渐向垄断资本竞争时代发展，近代自由和自然法思想影响下的法律体系和原则开始受到挑战。契约自由、所有权绝对与过错责任原则开始被当时新出现的一些法律纠纷所质疑，从司法判决上开始得到突破，进而在立法上得到跟进，有的在经典法典之外出现了特别法，有的则更进一步，跳出原有的法律体系和框架，成为直接应对当时社会纠纷的独立法律。人们需要重新审视这些法律，寻找、探索其产生缘由和理论依据，因而逐渐出现了经济法理论，它突破了经典三原则并逐渐形成独立的法律部门——经济法。

关于上述三个角度的案例资料

▼ 契约自由被突破案例

上诉人威廉姆斯于1957年至1962年期间，在哥伦比亚一家名为沃克·托马斯的家具公司以分期付款的方式多次购买家庭用品，每次购买的支付协议均采用打印的标准格式合同。该合同规定，在上诉人分期付款期间，所购货物的所有权仍归家具公司所有，上诉人仅拥有所购物品的租赁权；直至上诉人支付了所有款项，商品所有权才转移给上诉人；在分期付款期间如出现上诉人拖欠任何月份的款项，家具公司有权收回所售的所有商品。威廉姆斯于1962年4月17日购买了一套价值514.95美元的组合音响。不久，威廉姆斯因付款发生违约，于是家具公司要求收回威廉姆斯自1957年12月以来购买的所有商品。威廉姆斯以合同显失公平为由将家具公司告上法院。一审判决支持被上诉人的主张，认为合同有效成立，法院无权拒绝执行显失公平的合同。上诉人又向华盛顿特区法院提出上诉，上诉法院维持原判，于是案件又被上诉到联邦上诉巡回法院。联邦上诉巡回法院最终认定一审法院没有对本案是否存在显失公平做出讨论和判决，将案件退回一审法院做进一步审理。本案的争议焦点在于，如何认定合同是否存在显失公平的情形，以及当契约自由与合同显失公平相冲突时，法院应当保持怎样的立场。对

---

1. 张民安. 过错侵权责任制度研究. 北京：中国社会科学院研究生院，2002：67.[2019-12-14]. https://www.cnki.net/.

于确定显失公平的案件，美国联邦最高法院这样表示："如果某一合同是不合理的和显失公平的，但该合同并没有因为欺诈而无效，法院在审理根据该合同提出的诉讼请求时，将不依据合同本身的规定，而是只依据公平原则决定诉讼人应当得到的补偿……"威廉姆斯案体现的是契约自由与公平之间冲突时法院所采取的谨慎的态度。法院不再一味地维护主体的契约自由，而是谨慎地综合考虑契约的内容是否符合社会公正的要求，试图通过司法对契约自由的干预，在契约自由与社会公正之间寻求平衡，以实现个案的契约正义。[1]

▼ 所有权被突破案例

一个法院在 State v. Shack 案中，认为农场的所有人不能运用侵入法例来排除试图给生活在农场中的移民工人提供医疗服务的私人进入其土地，不动产所有权不包括对有所有权人允许进入其土地的人的命运的控制。在这个案例中，原告是一个农场主，其雇用了一些季节性农业工人，作为他们报酬的一部分，这些工人住在其土地上的一个宿舍里。被告是消除贫困组织的一个工作人员。被告进入私有土地以帮助在那里居住的雇佣工人，向他们提供医疗服务。农场主认为被告侵入了他的土地并提起控诉。在初审法院，被告被判有罪，因为该州法律规定"任何人在被所有人禁止侵入后仍侵入该土地的，即构成妨害治安"。但是，上诉法院认为，一个人对其财产的权利当然不是绝对的，普通法的格言是，一个人使用自己的财产，不得损害他人的权利。雇主不能剥夺工人的隐私权，或者对其有尊严生活以及享有结社的机会进行干预。这些权利是如此的重要，以至于它们不能因为不动产上的利益而被剥夺。上诉法院最终推翻原判，认为被告没有侵犯农场主的土地占有权，他们的行为也不属于侵入法律的管辖范围，因而做出无罪判决。[2]

▼ 过错责任被突破案例

在原告的可预见性的问题上，广受英美判例法援引的案例是发生在美国1928

---

1. 黄百隆.论契约自由原则及其限制.长春：吉林大学，2010：27. [2019-12-14]. https://www.cnki.net/.
2. 陈永强.英美法上的所有权概念.私法研究，2014，（2）：198.

年的案例即 Palsgraf v. Long Island Railway Co 一案。在该案中，原告站在被告的铁路站台上，此站台的上方悬挂着某些锈铁皮（scales）。离站台有一步之遥的地方站着一个人，此人背着用报纸包裹的一个小包裹，由于火车刚开始启动，此人在上火车时遇到困难。被告雇佣的警卫在火车上拉此人上车，而另一名被告雇佣的警卫则在火车站台上将此人往火车上推。在此时，此人所带的包裹里面装的爆竹跌落在站台和火车之间并引起爆炸。此种爆炸使原告上方的锈铁皮掉落下来并砸伤了原告。为此，原告要求被告承担责任。法院的判决认为，原告的此种诉讼败诉，这是因为，虽然被告的行为有过失，但是，被告并不对原告承担使其免受危险的注意义务，因为原告并非损害的可预见的受害人，否则，"生活将不得不予以改变，人性亦不得不予以转变，在如此宽泛的预见性被接受为人们的行为规则和被看作人们必须遵守的惯常标准之前"。在原告的可预见性问题上，既要强调原告利益的保护，也应防止被告的责任过重。为此，法律认为原告要求被告对其承担过错侵权责任，必须首先证明被告对其承担了注意义务，原告仅仅证明被告的行为是一种过错行为，还不足以使被告对其承担过错侵权责任。美国的此种判例作出以后即得到其他国家判例的遵循，从而成为过错侵权责任法的重要原则。[1]

二、经济法的调整对象

1. 定义

经济法的调整对象就是指经济法部门所包含的社会关系。划分法律部门常见的标准主要是调整对象和调整方法，因此，经济法的调整对象就是某一类或几类经济关系。这是一种很抽象的法哲学概念，但是在具体理解法律部门的概念上有很好的用途。

2. 调整对象内容

目前最权威的统编教材《经济法学》[2] 第 15 页指出，经济法的调整对象有两

---

1. 张民安. 过错侵权责任制度研究. 中国社会科学院研究生院，2002：82.[2019-12-14]. https://www.cnki.net/.
2. 张守文. 经济法学. 北京：高等教育出版社，2016.

类，一类是宏观调控关系，一类是市场规制关系。[1] 法的调整对象的概念源自苏联的法学理论，是一个非常抽象的理论。但是，法哲学对法的贡献就体现在，在数量庞大的法律条文和法律现象背后有一些非常清晰的逻辑概念和思路支撑，使得法律哲学成为统领法律学科的重要思想基础。

三、经济法的地位

1. 定义

经济法的地位是指经济法部门在整个法律体系中的位置。它可以反映经济法与其他部门法的横向关系，也可以深刻地反映法律结构的特征。

2. 地位描述

经济法是一个独立的法律部门，有自己独立的调整对象，拥有完整的思想支撑体系，在整个法律体系之中占有重要地位。[2] 经济法经常被其他法律部门学科所攻击，认为在法的部门体系中根本不存在独立的经济法部门，这个争论至今仍然很激烈。作为经济法的支持者，我们需要拿出更多的历史证据和逻辑思想去求证经济法部门不仅存在，而且就活灵活现地展现在我们面前，只是需要我们清晰地去描述、去概括，而不是生拉硬扯堆概念。

四、经济法的产生与发展历程

1. 自由资本主义竞争格局下法律结构的变异

经济法始于德国。德国作为新兴资本主义国家，在19世纪70年代出现了生产和资本的迅速集中，卡特尔在1873年的经济危机之后广泛发展，一些经济部门被一两个垄断组织所控制，如钢业联盟和铁业联盟在第一次世界大战前夕垄断

---

1. 过去主流观点也有二分法，即市场监管关系和宏观调控关系，但是对企业组织管理关系做了非并列性的安排，将社会保障法和涉外经济法排除出去。见杨紫烜主编、北京大学出版社2010年出版的《经济法》。过去有过五分法、四分法、三分法。
2. 张守文主编、高等教育出版社于2016年出版的《经济法学》第47页描述的是：经济法作为调整宏观调控关系和市场规制关系的法律规范的总称，是一种市场经济之法、国家干预之法、社会本位之法。

了德国钢铁产量的98%。更重要的是，政府在社会经济发展中扮演重要角色。以国家扶持卡特尔之法就成了德国经济法的标志之一。对于俾斯麦1862—1870年实施的改革，恩格斯有"俾斯麦致力于国有化""把普鲁士的主要铁路收归国有"[1]等记载。俾斯麦同意实施两个计划：一是拨款一亿马克扶持生产合作社，二是大规模创办国有企业。还有在1834年出现的普鲁士关税同盟，参加同盟的各邦国之间从1834年起废除全部关税。在对外贸易方面，倾向自由贸易，但对从英国进口的棉织品和呢绒等则课征保护性关税。关税同盟还致力于统一货币、度量衡制度和商业法规，于1838年和1857年签订了一些专门协定，开始统一货币和度量衡，统一票据，实施共同商业章程。[2]这些法律与政策首先反映的是德国致力于统一的国家政治经济结构的建设，其次反映了对待自由市场竞争的灵活的法律思想，自身薄弱的环节与领域就实施国家干预的法律和政策，自身竞争优势较强的经济领域就实施自由竞争的法律与政策。这对19世纪初形成的自由竞争的法律结构是一个不小的挑战。全世界都在学习和效仿法国和英国的自由法律结构，而德国却采取了具有社会主义性质的做法。在德国统一过程中及统一后，社会化乃至社会主义的价值取向非常明显，在这一思想的影响下，吸收社会主义理论体系中的法律思想顺理成章，而1755年摩莱里的《自然法典》和1843年德萨米的《公有法典》中就有经济法的词眼和思想，被其借鉴极有可能。

德国是世界上最早实施社会保险制度的国家，俾斯麦是德国社会保险立法的奠基人，其社会保险法包括1883年颁布的《疾病保险法》、1884年颁布的《工伤事故保险法》、1889年颁布的《老年和残废保险法》。而这在当时的欧洲是绝无仅有的，很多欧洲其他国家在其后也纷纷效仿德国建立了社会保险法律制度。研究表明，1864年德意志出现的讲坛社会主义学派对这些立法的影响巨大。该学派主要由法学家、经济学家、社会学家、历史学家、高级官员和企业主组成，"主张国家应采取保护性措施来改善工人生活及劳动状况，这些措施主要包括强制性社会保险，限制工作时间，给工人以更多的自由和选举机会等。在那个时代，讲

---

1. 马克思恩格斯选集：第三卷．北京：人民出版社，1995：317-318.
2. 参见 https://wenda.so.com/q/1385928737063781.

坛社会主义学派在德国的影响非常大，整整一代的德国高级官员和政治家都常常受该派的影响，因此，该派创始人谢夫曼还应邀参加了三项社会保险法的起草工作"[1]。正如《德意志史》作者艾利希·博恩等所说的那样："讲坛社会主义学者的思想给德国的社会政策以最强有力的推动。"[2]这是德国缓和当时因快速发展工业而产生的社会矛盾的重要手段，即对自由竞争带来的恶劣后果进行国家干预，以期缓和阶级矛盾，维护德国资本主义高速发展的既得成果。早在1871年，"铁血宰相"俾斯麦就曾经说过，"只有现在进行统治的国家政权采取措施方能制止社会主义运动的混乱局面，办法是由政府去实现社会主义的要求中看来合理的、和国家及制度相一致的东西"，他表示，"愿意支持任何目的在于积极改善工人处境的努力"，目的是"通过行政和立法手段挖掉社会民主党的老根"。[3]

依靠这种法律思想，才可能打破19世纪初形成的、影响了全世界的坚固的"六法结构"。1910年德国出台了扶持卡特尔的《钾矿业法》，抑制企业进入钾矿业，被认为是最初的经济法，以法的手段对不经意间扰乱自由资本主义秩序的垄断加以限制，这就是经济法的产生，扶持卡特尔的同时又对卡特尔的自由进行限制。

2. 自由资本主义的竞争格局下法律结构的改进

德国的发展模式有其独特的时代背景，从分散的封建经济、自由资本主义竞争逐渐走向集中、统一甚至国家资本主义，对自由资本主义时代形成的法律结构提出了挑战。在美国，秉承英国而来的自由资本主义传统，也传承了自由秩序下的法律结构，在维护自由竞争、契约自由的过程中也遇到了新的问题和麻烦，但又不能像德国那样去求助于社会主义思想而使资本主义发生变异，因此也需要改进原有的法律结构。例如1809年后，富尔顿的密西西比轮船公司获得了纽约州立法机构给予的特权，垄断了密西西比河及五大湖水域的运输航线。1817年，新泽西蒸汽轮船公司雇佣的科尼利厄斯·范德比尔特开始向富尔顿垄断的新泽西伊

---

1. 唐志明. 论俾斯麦的社会保险立法. 贵州民族学院学报（哲学社会科学版），2002（6）：34-36.
2. 博恩，德意志史. 张载扬，译. 北京：商务印书馆，1991：264.
3. 唐志明. 论俾斯麦的社会保险立法. 贵州民族学院学报（哲学社会科学版），2002（6）：34-36.

丽莎白地区和纽约之间的水路发起竞争与挑战,降低运费以抢夺客户,被起诉至法院。"虽然正义的车轮前进缓慢,但最终在 1824 年的吉本斯诉欧格登案中,最高法院作出判决,只有联邦政府而非各州政府可以管理州际贸易。"[1]这是在维护自由竞争过程中发现了政府授权垄断后进行的反垄断判决,对自由竞争进行了新的诠释,扶持运河运输自由垄断的同时也开始对垄断特权予以限制。这说明自由资本主义不管以什么样的形式开始出现,自由的竞争和政府垄断或政府授权下的垄断都会先后出现。授予某些行业或公司特许垄断经营权是历史上常见的现象,实际上这种现象在古代社会就有,比如政府公营的企业或行业、行会的垄断经营,[2]这种行为的过度发展就会影响正常的竞争秩序,因此法院的判决打破了一段时间内形成的自由竞争的法律观念。

3. 经济统制性质的法

由于德国在资本主义发展初期采用了国家扶植资本主义的经济模式,法律在此后随着政治目标的发展日益呈现出更强的经济统制性质。19 世纪末 20 世纪初,由于战备、战争和限制经济过度自由的需要,产生了最初的德国经济法,即 1910 年的《钾矿业法》,前述已经提到这部法律。"这个法律是由于设有共同销售机构的钾卡特尔(即钾辛迪加),因产生了有力的未加入卡特尔的同业者,而濒于崩溃,因而用来抑制企业的新增设,用国家权力扶助卡特尔的法律。"[3] 德国于 1915 年发布了《关于限制契约最高价格的公告》,1916 年发布了《确保国民粮食战时措施令》,1918 年发布了《战时经济复兴令》。1919 年制定了以"经济法"命名、对煤炭和碳酸钾制造工业实行国家管制的《煤炭经济法》和《碳酸钾经济法》,对钾和煤炭工业实行社会化。这些立法充分借鉴了社会主义思想,无论是空想的,还是马克思主义的,这在英、法、美的发展路径中是看不到的,但是这些立

---

1. [美] 施韦卡特,多蒂. 美国企业家三百年商业传奇史. 王吉美,译. 南京:译林出版社,2013:80-81.
2. 清道光十二年,清政府为了消除盐业"引商"们的暴利,进而改革《盐法》,改"纲盐制"为"票盐制",对持有盐引"窝本"的庄家与大户课以"重税"。新式盐引被称为"盐票",价格随行就市,以此打破盐业的垄断与专营。票盐制的利害之处并不是取消了盐引和引商对盐引的垄断,而是取消了行盐地界。
3. [日] 丹宗昭信,著. 厚谷襄儿,编. 现代经济法入门. 谢次昌,译. 北京:群众出版社,1985:22.

法却集中了德国的竞争力量,德国很快成为世界列强并以此为基础与老牌列强展开角逐,最后挑起了第一次世界大战。

我们从历史的法律痕迹上看到了德国集中力量发展经济的过程,这些法律在英法主导的时代是没有先例的,只是在空想社会主义者的著作和马克思主义著作中被描述并论述过。"第一次世界大战后,社会民主党政权根据魏玛宪法的社会化条款(第156条),计划对产业实行社会化和公有化。1919年虽然对钾和煤炭工业实行了社会化,但实际状况只是加强了对卡特尔和辛迪加的保护和监督。以后,其他产业部门与其说也按照社会化的路线实行了经济的计划化,不如说是推荐和采用了卡特尔。此外,与社会化法类似的经济法,在像1935年的能源经济法那样的所谓公益事业部门也出现了。"[1]丹宗昭信的论述一针见血,德国在自由资本主义的理论框架内是找不到这些法律的踪影的,魏玛宪法规定了公民的工作权利和经济权利,国家保护劳动力,对失业者实行救济等,增添了不少"社会主义"新条文。与资本主义由自由竞争向国家垄断的发展相一致,宪法在规定"经济自由""工商业自由""所有权受宪法保护""契约自由"的同时,已不再强调"私有财产神圣不可侵犯",而是根据"社会化"原则,规定了对私有制的限制。根据社会民主主义思想,宪法规定了"劳工会议制度"和"经济会议制度"。[2]无论是空想社会主义还是马克思主义,都对资本主义的自由法律原则进行了无情的揭露和批判,而德国在跟随英国的经济模式时也发现了不适合自己的实际情况,因此努力摆脱自由资本主义的弊端,转而借鉴社会主义思想创制国家资本主义模式,甚至走上国家资本主义的极端模式。这就是当时德国经济法产生的深刻背景与理论基础。从这个角度来看,经济法立法最早出现在德国。

"第一次世界大战后,随着通货膨胀的加剧,对卡特尔的非难逐渐加强。卡特尔被认为利用昂贵物价加速了通货膨胀的进程,特别是消费生活协同组合等提出了强烈反对卡特尔的意见,这种呼声也在议会得到了反映。1923年11月政府

---

1. 同上。
2. 孟钟捷."经济民主"在德国的确立——试论胡戈·辛茨海默与《魏玛宪法》第165条.历史教学问题,2007(6):45.

制定了《经济力滥用防止法》。"[1]这部法律是典型的反垄断法,是法律授权政府对卡特尔行为进行干预,以纠正市场失灵带来的不良后果。这部法律并不是在德国特有模式下出现的,而是自由资本主义发展的必然结果。英、美、法是从自由竞争到垄断,德国是从自由竞争、国家垄断资本主义到垄断,当垄断势力开始危害正常的自由竞争秩序时,资产阶级就会驱动议会制止这种危害,在德国出现的就是这部法律。经过1930年、1932年及1933年的修改,规制内容作了若干变动,在努力加强卡特尔的同时,规制卡特尔的权力实际上从法院转移到了经济部长手中。1933年纳粹执政,制定了强制卡特尔法,扶助和强制卡特尔的建立,积极利用卡特尔来统一市场。

而在美国,33年前就有了《谢尔曼法》。这是资产阶级排除社会主义思想,用资本主义改良模式进行社会变革,以适应制止垄断盛行并危害国家经济的新格局的体现。从这一点来看,经济法立法的出现最早应在美国。虽然美国没有大陆法系的法律部门传统,但是在资本主义的法律原理范围内,本质是一致的。[2]

再如日本。"为了弥补后进帝国主义国家集积起来的再生产结构的脆弱性而制定的经济政策立法(一系列垄断资本救济和扶助立法),具有法的政策化、行政处分化等国家主义的即战前特殊的现代化的性质。不过,这些法律是以公共支出、租税和关税为主要手段,在私人自治的形式范围内,保障垄断特权的东西。同时,第一次世界大战时的1918年颁布了《军需工业动员法》,其自身虽是包含着明显国家主义法原理的经济动员法,但直到1937年还只限于执行平时规定的

---

1. [日]丹宗昭信,著. 厚谷襄儿,编. 现代经济法入门. 谢次昌,译. 北京:群众出版社,1985:22.
2. 导致经济法产生的诱因和历史契机是第一次世界大战。第一次世界大战的肇事国和参战国德国为了战争的需要制定经济性的法律法规来推行战时经济政策,对国民经济进行严厉管制。众所周知,德国挑起和发动了第一次世界大战,在战时大力推行经济管制的战时经济政策,将国家资本主义发展到极端的地步。当时德国建立了战时工业委员会和战时原料管理处,战时工业委员会负责分配政府订货和管理军需生产;战时原料管理处后来升格为原料管理局,由它监督原料分配并支持重要原料的生产,统管的原料最多达到约三百种。德国在战时还控制居民生活,设立了帝国粮食局和帝国服装局,帝国内政部还下设了帝国采购公司等特殊企业,负责对粮食、服装、燃料等生活必需品的供应和分配。
http://www.77y4.com/wenda/zonghe/2186497.htm.

奖励、补助等的公共支出条款。"[1]1931年制定的《重要产业统制法》，强行通过公权力干预私人自治，如果不按规定加入卡特尔，则无法享受政府的支持。1938年出现的战时经济法《国家总动员法》，这种法律已经背离了资本主义的基本价值取向，成为破坏法治和市场经济的罪魁祸首，走向了国家资本主义的极端形式。而这与日本选择发展资本主义道路的目标有关。日本在追随英美的基础上，经过缜密考察与学习，发现德国的很多模式更加适合日本的发展。作为一个后起的封建帝国，日本发展资本主义，必然面临老牌资本主义国家的强劲的挑战与打压，为此它必须找到一种强大的推进力，以弥补私人力量的分散与不足，将私人只利己的盲目竞争状态改变为由国家统一指导与支持的垄断资本主义市场体制，这样，集中了权力、财力与人力于一体的国家资本主义很快迅猛发展起来，同时带动私人资本家的竞争意识，在发展到一定程度后，再放手私营经济的自由竞争。

4. 经济危机对策性质的法

这次以美国为典型。1929年爆发了资本主义世界的经济大危机，以1929年10月24日华尔街股市崩盘为标志，西方世界进入了大萧条时期。为应对资本主义世界经济大危机，1933年就任总统的罗斯福使政府积极介入经济，于1933年6月制定了以两年为期限的《全国产业复兴法》。该法规定了每个产业的公共竞争规约（第三条），成为规制未加入卡特尔、托拉斯组织的同业者的规范。逐渐出现了对公共事业（运输、通讯、金融等）部门直接进行统制的倾向。1935年把州际通商委员会（1887年成立，规制铁路运输）的规制扩大到汽车，并于1938年和1940年分别设立了航空运输方面的民间航空委员会（CAB）和海上运输方面的联邦海事委员会（FMB）。同时，在电力和煤气方面，于1920年成立了联邦动力委员会（FPC）；在广播和电讯电话方面，于1934年成立了联邦通讯委员会（FCC）；在金融方面也成立了联邦储备局（FRB）和证券交易委员会（SEC）等。[2]还成立了田纳西河流域管理局，管理运河的开发与运营。富兰克林·罗斯福总统并非贸然就在自由资本主义盛行的美国推行这一系列国家干预经济的法律与

---

1. [日]丹宗昭信，著．厚谷襄儿，编．现代经济法入门．谢次昌，译．北京：群众出版社，1985：22.
2. 同上，17-18.

政策，而是有着深刻的历史基础并经过深思熟虑的。

　　1901年上台的西奥多·罗斯福是富兰克林·罗斯福的远房叔叔，在支持和纵容美国大公司形成垄断势力的麦金莱总统被刺杀后，西奥多·罗斯福开始意识到垄断大公司给社会经济带来的严重破坏。在1901年12月4日提交国会的咨文中，西奥多·罗斯福提出了自己的反托拉斯政策。他要求国会立法，对托拉斯的经营活动给予合理的限制[1]，并严格地实施《谢尔曼法》，但是国会并没有支持他，于是他支持发动诉讼，用法律的手段解决社会矛盾。他最出名的反托拉斯行动，就是使垄断包括北大西洋铁路、昆西铁路、芝加哥铁路在内的一大片铁路运营范围内运输的北方证券公司遭到起诉，并最终在最高法院以5：4的判决裁定该公司违反了《谢尔曼反托拉斯法》。之后，他先后对40多家公司提起诉讼，解散了牛肉托拉斯、石油托拉斯和烟草托拉斯等。西奥多·罗斯福也因此获得了"托拉斯爆破手"的美名。[2] 20世纪初，铁路被视为强大的力量。罗斯福认为政府应加强对铁路运输和跨州贸易的监管和规范，使国会于1906年通过了《赫本法案》，授权州际贸易委员会设置铁路运费上限，同时也禁止铁路公司为关系公司免费运输货物。当时无人预料到未来蓬勃发展的汽车运输业对铁路的挑战。该法案对消费者和商业企业提供了一定程度的保护。同年，他还促使国会通过《食品和药物纯净法案》和《肉类产品监督法案》，对养畜和肉类加工企业进行稽查和实施强制卫生标准。国会修正了该法案，以免小型屠宰场的不合卫生标准的产品损害出口和国内市场。

　　罗斯福是第一位对环境保护有长远考量的总统，在猎人和渔民阶层获得了广泛支持。1903年3月14日，他在佛罗里达设立了第一个国家鸟类保护区，这也是野生动物庇护系统的雏形。1905年，他敦促国会成立美国林业服务局，管理国有森林和土地。罗斯福设立的国家公园和自然保护区面积比其所有前任所设总和还多，共1.94亿英亩，举世闻名的大峡谷国家公园就是其中之一。1902年，美国矿工联合会发动煤矿工人大罢工，威胁城市取暖燃料供应，引发了一场举国危

---

1. 西奥多·罗斯福：励精图治 遏制垄断. 凤凰网，2016-06-16.
2. 同上。

机。罗斯福召集矿主和劳工领袖在白宫开会，达成妥协，将工作时间从每天 10 小时缩短到 9 小时，并且让工人得到 10% 的加薪，结束了持续 163 天的罢工。[1] 他被称为左派政治家，同情劳工遭遇，心怀社会利益，是大企业家最痛恨的总统，他们在 1901 年时就最害怕他上台。而在那个时代，资本主义改良思潮、社会法思潮、社会主义思潮风起云涌，老罗斯福应该是综合了当时这些最新的社会思潮，而这一切对富兰克林·罗斯福这位后世亲族有着直接的影响。老罗斯福的威望声名远扬，受到了国人和族人的尊重。

富兰克林·罗斯福还受到著名经济学家凯恩斯的直接影响。在中央电视台摄制的大型纪录片《大国崛起》的《危局新政》一集中，人们看到了凯恩斯数次写给罗斯福总统的信件，凯恩斯鼓励罗福斯在这个混乱的时代做好资本主义的代理人和委托人。1928—1933 年苏联一五计划的成功直接吸引了罗斯福总统的注意力。苏联计划经济的成就世界瞩目，很多美国公民移民苏联，总统本人也派出考察团认真学习。这是在资本主义的框架内再次向社会主义学习，但这次学习的不仅仅是理论了，而是社会主义的伟大经济实践。经济法部门系统被勾勒出来，这与社会主义理论和实践存在着密切的联系。我们不能忘记，系统、专门化的经济法概念是在自由资本主义出现大裂痕之时产生的，也是社会主义理论与实践被资本主义思想家和政治家们吸收为现代市场机制的理论基础，至今各发达国家也无法摆脱。

5. 经济复兴法

经济复兴法以危机后（如美国）或第二次世界大战后（欧、日等）的经济复兴和发展等缘由而出现，其中包括在"马歇尔计划"影响下实施的法律。1941 年的垄断调查报告使垄断禁止法在运用上不仅取缔企业在市场上的不当行为，而且以改善市场结构、使其成为竞争结构为目的，积极组织保护市场经济秩序，并且加强了对合并、卡特尔、流通等的规制，直到 20 世纪 80 年代前后。

第二次世界大战后，英、法、美占领区的德国颁布了《反卡特尔法》和《德国经济力过度集中排除令》，对卡特尔和康采恩实行禁止，并且根据特别的军事

---

1. 张亚红，王秋石. 美国两次镀金时代及其后的治理转型. 浙江大学学报：人文科学版 .2012(2):36-37.

指令，对煤炭、钢铁、化学、银行、电影等部门的大企业进行了分割。1957年通过了《反限制竞争法》。社会民主党自1958年以来虽然主张国家管理经济，但认为这种管理应该最大限度地尊重消费者的选择自由和事业者的事业自由，并且还必须是有效率的。因此，依靠竞争的经济管理是最适当的。只是在必要的、不得已的情况下，国家才直接介入经济。国家干预分为不同形式：一是国家立法干预，过去通过协议自由选择，现在被立了法，法定权利与责任；二是过去通过协议自由选择，现在被立了法，设定了由政府公权力审批、核准或监管；三是过去通过协议自由选择，现在改为立法，进行国有化管理。[1]

五、经济法的体系

这个题目在经济法中是一个难题，因为要明确在这个体系中具体包括哪些法律，论证、排列还必须符合逻辑，各自之间还要紧密联系，最后关键是符合经济法原理。像民商法、刑法、行政法、诉讼法、国际法等都体现为这样一种方式，如果经济法做不到，那么还能成为一个法律部门吗？这也是法理的基本原理要求。

根据2016年张守文主编的统编教材《经济法学》[2]第36页的描述，经济法体系可以分为宏观调控法和市场规制法，即二分法。宏观调控法又分为财税调控法、金融调控法和计划调控法，市场规制法又分为反垄断法、反不正当竞争法和消费者保护法。然后又可以细分到具体法律，尤其在第41页明确了具体法律。接着又论述了市场主体法、社会保障法、政府投资法、涉外经济法为什么不应再列入经济法，而过去长期在论述它们为什么属于经济法。

而根据杨紫烜主编的统编教材《经济法》[3]的设计，经济法主体立法属于体系组成部分。从1979年以来，经济法体系的组成部分不断在变化，尤其体现在统编教材之中，这体现了经济法基础理论在中国学术界研究中的不稳定性。从体系

---

1. 这之后经济法的历史发展在研究中就比较少见了，一直至今，这一部分是研究的重要组成部分，它们直接说明经济法演化的历史轨迹，证明经济法发展到现在的情况，这样才能论证清楚现在错综复杂的法律与基本原理之间的密切联系，真正用法律理论来指导法律。这一部分在本书中占有重要地位，将来作为研究内容深化、继续。
2. 张守文. 经济法学. 北京：高等教育出版社，2016.
3. 杨紫烜. 经济法：第四版. 北京：北京大学出版社，高等教育出版社，2010.

的复杂多变角度可以看出经济法的复杂性，因为它的本质是国家对自由体制和私权利的干预，因此与法相伴随，在不同时代、不同国家、不同阶级背景下可能就会有不同内容，因为干预的需求与条件不同。之所以在资本主义的背景下出现系统的经济法立法，是因为资本主义创制了自由度极高的市场竞争体制和地位极高的保护私权的法律，在自由体制受到重创时就需要系统的立法予以纠正。所以经济法部门的体系既有其历史的积淀与传承，又体现时代的变化需求与国家更加灵活干预市场的政策思想，这一点要比传统法律部门的构成不稳定。

民商法有公民、法人、公司、合伙、个人独资等主体，也是法律中塑造的概念，经济法中实则是有的，如消费者、经营者、中小企业、国有企业、监管者等，它不再是过去的各种商事企业法，而是在国家干预经济的背景下与早期民商法典不同的新式立法。

第二章
企业法概论

本章属于市场主体法类,过去包括公司法在内的企业法都是经济法讲授的内容,现在公司法、合伙企业法、个人独资企业法等都被列入商法,对全民所有制工业企业法、中外合资企业法等如何对待就成了大问题。本章主要对企业法、公司法的相关概念进行介绍与辨析,在理解主要原理的基础上,引入相关实践中的难题,将理论与实践相结合,以便更好地帮助学生充分运用原理去指导实践。在企业法中,要重点关注债权债务问题的处理并及时掌握最新的法律法规,这都是我们学习的利器。

本章属于市场主体法类，过去包括公司法在内的企业法都是经济法讲授的内容，现在公司法、合伙企业法、个人独资企业法等都被列入商法，对全民所有制工业企业法、中外合资企业法等如何对待就成了大问题。是列入经济法，还是商法？形而上学地对概念进行分类导致了法学认识上的混乱，争议很大。本章做一个探讨式的梳理，概括法学界一般的通说与基本内容。

第一节　企业法概述

一、知识背景

企业的历史非常久远，但是涉及企业的法律规定却是后期发展起来的。19世纪初，《法国商法典》中就有关于公司的详细规定；19世纪中叶，单行立法的公司法在英国就出现了。按照法律对主体的划分与理解，企业主体法应当是商法的内容，这在西方国家早期的立法中已经非常明确。但是，随着社会情势的变更，自由竞争时代的商法逐渐被现代的经济法所渗透，商法的一些传统内容出现了经济法化的倾向。例如国营或国有企业，在西方国家19世纪末和20世纪初就已经出现了，在社会主义国家更是数量巨大。但是，国有企业能否划入商法主体值得商榷。国有企业法中确实存在传统企业法的基本样态，与传统隶属于私法的企业法存在基本制度的相似性，但是公有制的基本属性与社会主义思想的浸淫使得这类法律性质发生了变化，因为在传统的商法框架中是不存在这种法律的。国有企业法按照西方划分法律部门的标准，应当属于国家干预市场的法律内容，在社会主义国家更是属于国家统制经济的法律内容，划入经济法部门顺理成章。

在中国，企业法的情况比较复杂，首先是有1988年的《全民所有制工业企业法》[1]，还有1991年的《乡村集体所有制企业条例》和《城镇集体所有制企业条例》《乡镇企业法》，这些很难列入商法范畴。其次，《中外合资经营企业法》《中外合作经营企业法》和《外资企业法》也存在这个问题。2019年3月15日，十三届全国人大二次会议通过了《中华人民共和国外商投资法》，从2020年1月

---

1. 本书中所提及的法律法规名称，除另有说明外，均指中华人民共和国大陆地区的法律法规。

1日起施行,"三资企业法"同时废止。由于意识形态和政治理论的差别,我们现存的一些法律很有特殊性,但毕竟我们选择了市场经济体制作为改革目标,因此我们就需要用与市场相符的法律理论来解读这种现象。按照经济法的理论,以上这些法律应当被列入经济法。北京大学刘剑文教授提出"第三法域",例如企业法,不管它是经济法还是商法,都列入企业法,因为这是实践需要。这个观点也有道理,对过去根据调整对象或方法来划分法律体系提出了挑战,是一种实用主义的法学分类。

二、本章涉及内容

1. 主要概念

具体包括国有企业、乡镇企业、城镇集体企业、乡村集体企业、有限责任公司、股份有限公司、合伙企业、个人独资企业、个体工商户、农村承包经营户、法人、企业、分公司、子公司、上市公司等。

2. 主要原理

(1)企业与法人的关系;

(2)企业法的作用;

(3)公司治理结构;

(4)我国企业法的基本制度。

3. 实践难题

(1)设立中的企业:

①性质;

②法律上的行为能力。

(2)清算中的企业:

①性质;

②法律上的行为能力。

(3)企业变更、终结后的债权债务处理。

4. 法律法规目录

2018年《公司法》(1993年颁布,其间1999年、2004年、2005年、2013年修订),2006年《合伙企业法》(1997年颁布),1999年《个人独资企业法》,1988年《全民所有制工业企业法》,1996年《乡镇企业法》,1990年《乡村集体所有制企业条例》,1991年《城镇集体所有制企业条例》,1988年《私营企业暂行条例》,2001年《中外合资经营企业法》(1979年颁布,其间1990年修订),2014年《中外合资经营企业法实施条例》(1983年发布,其间1986年、1987年、2001年、2011年修订),2017年《中外合作经营企业法》(1988年颁布,其间2000年、2016年9月、2016年11月修订),2017年《中外合作经营企业法实施细则》(1995年发布,根据2014年2月19日《国务院关于废止和修改部分行政法规的决定》修订),2016年《外资企业法》(1986年颁布,其间2000年修订),2014年《外资企业法实施细则》(1990年发布,2001年修订,2014年2月修订,自2014年3月1日起施行)。2019年3月15日十三届全国人大二次会议表决通过了《中华人民共和国外商投资法》,自2020年1月1日起施行。同时"三资企业法"废止,保留五年的过渡期。不再局限于"三资企业法"的三种法律形态,而且也不限于这三种形态下的投资,成为一部全面涉及外资的投资促进与保障法。

第二节 企业法基本概念

一、企业

1. 定义

指依法成立并具备一定的组织形式,以营利为目的,从事商业生产经营活动和商业服务的经济组织。

2. 特征

(1)以营利为目的;

(2)企业的存在及其活动有连续性和独立性;

（3）企业应当依法成立并具备一定的法律形式。这种特征既是为了区别于自然人，也是为了处理好企业组织内人与人之间的关系与秩序。

3. 分类

（1）依企业法律形式的不同分为公司企业、合伙企业、独资企业，这是市场经济国家最常见、最普遍的分类；

（2）依所有制的不同分为国有企业、集体企业、私营企业、乡镇企业和三资企业，这是中国和社会主义国家的分类；

（3）依法律地位的不同分为法人企业和非法人企业，这是按照企业的独立性作出的分类。

企业还有很多种不同的分类，这里只做最常见、简明的分类。

知识指引

企业作为一种经济组织，实际上是个人的组合，但是却又大于个人，企业内部存在着复杂的投资、合作、管理等关系，外部存在着债权债务等复杂的关系。企业法的重要作用就是理清这种关系，保障市场运行的通畅。例如全聚德企业组织，它在1864年就创建了，其间更换了几代自然人，企业形式也几经更替，但是"全聚德"字号代表的仍然还是那个百年之前的企业。从中可以看出，企业与其投资人、管理人及工作人员是截然不同的。再如国有企业，无论谁在掌管、经营，财产属性都归公有，国资委就是具体的所有者代表，并非模糊的、看不到谁是所有者的"唐僧肉"，那些贪污了国有企业财产的工作人员都会受到法律的严惩。企业的组织人格与自然人的个人人格是有区别的，即使有时候会重叠，也不能混淆。

二、有限责任公司

1. 定义

又称有限公司，我国所指有限责任公司指根据《公司法》和《公司登记管理条例》(2014年)规定登记注册,由五十个以下的股东共同出资,每个股东以其所认缴的出资额对公司承担有限责任,公司以其全部资产对其债务承担责任的经济组织。有限责任公司包括国有独资公司以及其他有限责任公司。我们在日常经济生活中最常见的是这类公司,在西方国家更多的是中小型公司。"在商事组织的意义上使用'公司'一词,大致年代应为19世纪初或更早一些(18世纪末)。据认为,以'公司'之名来称呼工商企业,也是由海外天地会的工商界人士返传回祖国的。"[1]

2. 特征

股东对投资只负有限责任,公司对债务要负无限责任。这正好反映了公司这种组织形式的先进性所在,既满足了集合性要求,又减少了投资人的投资风险,突破了无限公司的风险不可测的瓶颈,成为当今商品社会的主要市场主体。

知识指引

有限责任公司的"有限"仅指投资人的责任,是激励投资、创业的一种企业制度,有效地保护了投资者。但是其在事实上也存在着逃避债务的风险,例如,交易中以公司的名义对外借债,但是到期后却无法偿还,公司的资产又资不抵债,而公司的管理者却手握大量的资产,债权人也难以根据《公司法》第二十条的规定保护自己。公司股东滥用公司法人独立地位和股东有限责任,逃避债务,严重损害公司债权人利益的,应当对公司债务承担连带责任。这一条需要原告提供证据证明股东与公司存在着人格或财产上的混同,这个举证责任在实践中被证明非常难以实现。因此,有限责任制度是市场中的一把"双刃剑",用好了可以促进经济发展,激励市场繁荣;用不好就会严重损害债权人的利益,毁掉市场的信用。所以《公司法》中规定了"揭开公司面纱"制度,例如上述第二十条,但还需要在实践中能够容易实现,目前在中国确实存在难以揭开的现状。

---

1. 史际春.企业、公司溯源 // 王保树.商事法论集:第1卷.北京:法律出版社.1997:39.

三、股份有限公司

1. 定义

股份有限公司全部注册资本由等额股份构成并通过发行股票（或股权证）筹集资本，公司以其全部资产对公司债务承担有限责任的企业法人。

2. 主要特征

公司的资本总额平分为金额相等的股份，股东以其所认购股份对公司承担有限责任，公司以其全部资产对公司债务承担责任。每一股有一表决权，股东以其持有的股份，享受权利，承担义务。

3. 有限责任公司与股份有限公司的区别

（1）股份是否为等额。有限责任公司的全部资产不必分为等额股份，股东只需按协议确定的出资比例出资，并以此比例享受权利，承担义务。一般来说，股份有限公司必须将股份化作等额股份，这保证了股份有限公司的广泛性、公开性和平等性。

（2）是人合还是资合。有限责任公司注重股东的人身关系与个人信誉，股份有限公司只注重资本形式。

（3）股东数额。有限责任公司因其具有一定的人合性，以股东之间一定的信任为基础，所以其股东数量不宜过多。中国的《公司法》规定为50人以下，允许设立一人公司，取消了原来的有限责任公司最少为2人的下限。股份有限公司的股东具有最大的广泛性和相当的不确定性，中国的《公司法》只规定了发起人为2人以上200人以下，须有半数以上的发起人在境内有住所。

（4）募股集资是公开还是封闭。有限责任公司只能在出资者范围内募股集资，公司不得向社会公开招股集资，公司为出资人所发的出资证明亦不同于股票，不得在市场上流通转让。募股集资的封闭性决定了有限责任公司的财务会计无须向社会公开。与有限责任公司的封闭性不同，股份有限公司募股集资的方式是开放的，无论是发起设立或是募集设立，都须向社会公开或在一定范围内公开募集资本，招股公开，财务经营状况亦公开。

（5）股份转让的要求不同。股东的出资可以在股东之间相互转让，也可向股东以外的人转让；但由于对股东合作关系的特殊要求，决定了其转让要受到严格限制。按照《公司法》的规定，转让必须经全体股东过半数同意；在同等条件下，其他股东有优先购买权。股份有限公司的股份的表现形式为股票，可以在法律要求的交易场所内自由转让。

> **知识指引**
>
> 股份有限公司体现的是资本的大规模聚集，而有限责任公司则可大可小。股份有限公司的经营状况不仅要向股东公开，还必须向社会公开，使社会公众了解公司的经营状况，而有限责任公司不需要。
>
> 为股票投资者开拓投资渠道，扩大投资的选择范围，满足了投资者多样性的投资动机、交易动机和利益需求，一般来说，能为投资者提供获得较高收益的可能性。股份有限公司中有一小部分属于上市公司，还有很多不上市，也可以发行股票、在指定的交易场所交易股票。不上市的原因多种多样，例如：股票不能通过国务院证券管理部门的批准向社会公开发行；公司股本总额不够；开业时间在三年以下，最近三年不能连续盈利；公司在最近三年内有重大违法行为，财务会计报告有虚假记载；有证券管理部门规定的其他条件没能通过。对股份有限公司与有限责任公司两种制度在实践中进行更进一步的区分属于层次较深的知识，例如有限责任公司成立的难度较小，需要的资本、人数一般较少，审批手续简单一些。选择哪一种公司形式除了需要掌握《公司法》的一般规定，还需要在实践中了解这些制度的运行情况。

四、合伙企业

1. 定义

合伙企业，是指自然人、法人和其他组织依照《中华人民共和国合伙企业法》在中国境内设立的，由两个或两个以上的合伙人订立合伙协议，为经营共同事业，共同出资、合伙经营、共享收益、共担风险的营利性组织，其包括普通合伙企业和有限合伙企业。"最早的合伙大概可以追溯到巴比伦的合作收割和希腊和罗马的文艺复兴时期的贸易企业。合伙制度是欧洲地中海地区形成的商法的组成部分。"[1]

2. 分类

（1）普通合伙企业由 2 人以上普通合伙人（没有上限规定）组成，合伙人对合伙企业债务承担无限连带责任。

（2）有限合伙企业由 2 人以上 50 人以下的普通合伙人和有限合伙人组成，其中普通合伙人至少有 1 人。当有限合伙企业只剩下普通合伙人时，应当转为普通合伙企业；如果只剩下有限合伙人，应当解散。普通合伙人对合伙企业债务承担无限连带责任，有限合伙人以其认缴的出资额为限对合伙企业债务承担责任。

3. 个人独资企业和合伙企业的区别

（1）投资人人数不同。个人独资企业的出资人仅为 1 人，合伙企业为 2 人以上。

（2）财产归属不同。个人独资企业的财产归出资人一人所有，合伙企业的财产由全体合伙人共有。

（3）责任承担有所不同。个人独资企业仅由出资人一人承担无限责任，合伙企业则由全体合伙人（有限合伙人除外）承担无限连带责任。

知识指引

合伙企业作为企业的组织形式，历史非常悠久，最初起源于家族共有的一种经营形式，在公元前 18 世纪的《汉穆拉比法典》中就规定了合伙原则。在罗马法中，就有关于合伙的明确规定，将合伙视作一种合意契约。中国合伙企业的存在历史也很悠久，古代就有合伙制，民国时期发展很快。新中国成立后，中央人民政府政务院在 1950 年发布了《私营企业暂行条例》，第三

---

[1] 宋永新.合伙制度的重大革新//王保树.商事法论集：第四卷.北京：法律出版社.2001：39.

条规定:"企业的组织方式如下:(甲)独资及合伙:……(二)合伙——二人以上出资,负连带无限清偿债务责任。"1988年颁布的《中华人民共和国私营企业暂行条例》(2018年3月已经废止)第六条规定:"私营企业分为以下三种:……(二)合伙企业……"明确了合伙企业的法律地位与形式。1997年全国人大常委会通过了《合伙企业法》,以基本法的形式将合伙企业的法律形式固定下来。

根据国务院的规定,从2000年1月1日起,个人独资企业和合伙企业不再缴纳企业所得税,只对投资者个人取得的生产经营所得征收个人所得税。凡实行查账征税办法的,其税率"比照个体工商户的生产经营所得"应税项目,对这种企业形式进行了税法上的特殊安排。这一点值得特别关注,在学术界也引起了较大争议。

五、个人独资企业

1. 定义

个人独资企业,是指由一个自然人投资,全部资产为投资人所有的营利性经济组织。它是一种很古老的企业形式,至今仍广泛运用于商业经营中,其典型特征是个人出资、个人经营、个人自负盈亏和自担风险,企业人格与个人人格在很多方面混同。

2. 特征

(1)个人独资企业仅由一个自然人投资设立,法人和其他组织不能设立。

(2)个人独资企业的全部财产为投资人个人所有,投资人是企业财产(包括企业成立时投入的初始出资财产与企业存续期间积累的财产)的唯一所有者。基于此,投资人对企业的经营与管理事务享有绝对的控制权与支配权,不受任何其他人的干预。

(3)个人独资企业的投资人以其个人财产对企业债务承担无限连带责任。此外,根据《个人独资企业法》的规定,如投资人在申请企业设立登记时明确以其家庭共有财产作为个人出资的，应当依法以家庭共有财产对企业债务承担无限责任。

（4）不具有法人资格，但属于独立的法律主体，其性质属于非法人组织，享有相应的权利能力和行为能力，能够以自己的名义进行法律行为。这一点并不是完全与自然人投资主体相混合，只是部分。

3. 区别

（1）个人独资企业和个体工商户的区别

①设立名义不同。个人独资企业仅能以个人名义出资设立（《个人独资企业法》第十八条：个人独资企业投资人在申请企业设立登记时明确以其家庭共有财产作为个人出资的，应当依法以家庭共有财产对企业债务承担无限责任），个体工商户则可以以一个自然人名义出资设立，也可以以家庭名义出资设立。

②承担责任方式不同。个人独资企业，投资人以其个人财产对企业债务承担无限责任；仅在企业设立登记时明确以其家庭共有财产作为个人出资的，才依法以家庭共有财产对企业债务承担无限责任。而根据《民法总则》第五十六条的规定，个体工商户的债务如属个人经营的，以个人财产承担；属家庭经营的，以家庭财产承担；无法区分的，以家庭财产承担。

③依据的法律不同。个人独资企业依照《个人独资企业法》设立，个体工商户依照《民法总则》《个体工商户条例》及其实施细则的规定设立。

④法律属性不同。个人独资企业是经营实体，是一种企业组织形态，性质上属于非法人组织，具有团体人格的组织体属性。个体工商户则不采用企业形式，属于我国法律中独创的法律形式。

⑤投资资格不同。个人独资企业可以成为公司的股东，从而以企业名义享有公司股东的权利和义务，而个体工商户一般不能以企业名义作为公司股东，只能以个人投资者（自然人）身份成为公司股东。

⑥能否设立分支机构不同。个人独资企业可以设立分支机构，也可以委派他人作为个人独资企业分支机构的负责人，而个体工商户不能设立分支机构。

⑦所有权与经营权是否分离不同。个体工商户的投资者与经营者是同一人，都必须是投资设立个体工商户的自然人，而个人独资企业的投资者与经营者可以

是不同的人，投资人可以委托或聘用他人管理个人独资企业的事务。

（2）个人独资企业和一人公司的区别

①出资人不同。个人独资企业只能由自然人出资设立；一人公司既可以由自然人出资设立，也可以由法人出资设立，还可以由国家出资设立。

②主体资格不同。个人独资企业属于非法人组织，不具有法人资格；一人公司作为公司的一种，是企业法人，在公司成立时取得法人资格。

③责任承担不同。个人独资企业的投资人对企业的债务承担无限责任；一人公司的投资人仅以出资额为限对公司负责，即负有限责任。

④设立的法律依据不同。个人独资企业依照《个人独资企业法》设立，一人公司则须依照《公司法》设立。

⑤税收不同。个人独资企业只需企业所有人交纳个人所得税，一人公司交纳企业所得税后还得缴纳股东个人所得税。

知识指引

个人独资企业在古代常以家族经营的方式广泛存在，其形式有些不同。独资企业作为私营企业的一种形态，在新中国成立初期就已经存在。为了规范和发展私营企业，中央人民政府政务院在1950年发布了《私营企业暂行条例》，第三条规定："企业的组织方式如下：（甲）独资及合伙：（一）独资——一人出资，单独负无限清偿债务责任。……"后来，随着公私合营政策的实施，私营企业逐渐退出了历史舞台。1988年颁布的《中华人民共和国私营企业暂行条例》（2018年3月已经废止）第六条规定："私营企业分为以下三种：（一）独资企业……"明确了个人独资企业的法律地位与形式。1999年全国人大常委会颁布了《个人独资企业法》，将这种企业的法律形式用基本法固定下来。作为企业的一种形式，并非只有企业主才可以了解这种形式的市场价值与功能，法律文化上完全可以深入地研究这种制度的意义。相反，实际使用这种制度的人并不一定有能力或有时间去整理这种文化。

六、国有企业

1. 定义

国有企业,有时也称国营企业。国际惯例中,国有企业仅指一个国家的中央政府或联邦政府投资或参与控制的企业,而在中国,国有企业还包括由地方政府投资参与控制的企业。这是由新中国的社会主义性质所决定的,至今我们的市场经济仍然以公有制为主,这也是中国国有企业的特殊性质,而这种方式形成的国有企业法在西方市场经济国家被称为经济法,是国家干预经济的一种重要方式。在过去计划经济体制下,社会主义国家国营企业是基本经济制度,不是干预经济,而是统制经济。采取了市场经济机制后,私营企业与国有企业中的私有股权是完全市场化的,国有股权也是营利性的,与公益性的企业完全不同,公私关系需要法律进行协调,此时在社会主义国家中国有企业法也属于经济法性质。

2. 概况

在 1978 年改革开放前,乃至 20 世纪末,国有企业一直是政府支持和扶植的对象,其中政府税收的很大部分都投入到国有企业中,大量的国有企业因此而建立和出现,有的国有企业还是由原来的政府部门转变而来的,如中国电信、中国移动,原来是邮电部,后来改为电信局,20 世纪 90 年代末至 21 世纪初改组为中国电信、中国移动等电信企业。至今国有企业仍然是我国经济的重要支柱,与西方的私人大垄断企业集团有很大的不同。2008 年四川汶川大地震中,可以看到国有企业的巨大的社会救助功能,而西方的大垄断集团则不具备这个功能。国有企业作为一种生产经营组织形式,同时具有营利法人和公益法人的特点。其营利性体现为追求国有资产的保值和增值;其公益性体现为国有企业的设立通常是为了实现国家调节经济的目标,起着调和国民经济各个方面发展的作用。国有企业具有一定的行政性。由于历史原因,中国国有企业的分类相当复杂。国际惯例中,国有资产投资或持股超过 50% 的企业即为国有企业,而中国的国有企业,一般指单纯的国有资产投资的企业。我国现在法律的使用中也采用了 50% 的做法。"需要由国有资本控股的企业,应区别不同情况实行绝对控股或相对控股。"[1]

---

1. 中共中央. 关于完善社会主义市场经济体制若干问题的决定. 人民日报,2003-10-22.

―― 知识指引 ――

中外合资或公私合股的国有企业中的工作人员的性质如何认定？这类问题在实践中非常重要且棘手。如果不能准确定性国有企业，则会使法律在实践中的运用受到阻碍。在中国，国有企业的历史源远流长，在古代有"官营"一说，其代表的就是国有、国营。在战国时代的齐国，就出现了官营盐业和铁业。在洋务运动时期，又出现了很多官办的工业企业，如汉阳铁厂、江南制造局等。民国时期的家族企业很多都是以国有、国营形式出现的。新中国成立后，随着1956年公私合营政策的推行，公有制企业制度逐步建立起来，国有（或国营）企业成为基本的经济制度。随着改革开放政策的实施，国营企业制度逐渐进行市场化改革，国有企业的名词逐渐进入人们的视野。1984年10月中国共产党十二届三中全会通过《中共中央关于经济体制改革的决定》，提出改革计划体制首先要突破把计划经济同商品经济对立起来的传统观念，明确认识社会主义计划经济必须自觉依据和运用价值规律，是在公有制基础上的有计划的商品经济。在此基础上，1988年颁布了《全民所有制工业企业法》，使国有企业有了基本法保障，企业经营机制开始改革，出现了承包制、租赁制等国企经营制度。1992年国务院颁布《全民所有制工业企业转换经营机制条例》，进一步深化国企市场化改革。随着1993年底《中华人民共和国公司法》的出台，国企公司化改革逐步启动。至今，国企改革已经进入深水区，央企和地方国企都在逐步完善经营机制和监管机制。

七、上市公司

1. 定义

上市公司是指所发行的股票经过国务院或者国务院授权的证券管理部门的批准在证券交易所上市交易的股份有限公司。上市公司仅是股份有限公司中的一小部分，绝大多数都属于优质企业。

股票上市是为了给公司筹集长期的生产经营资本，而且无须退还，但为了满足投资者不同的投资要求,允许在法定的交易场所内交易股票。法律对这种公司和交易程序提出了严格的要求,但这类公司一般来讲信誉很高,财务透明,法律监管和社会监督都比较严格。

2. 特点

(1)上市公司是股份有限公司。并非所有股份有限公司的股票都上市交易,只有那些业绩良好、信誉极高,经过政府依法严格审查批准并被证券交易所接收后的股份公司的股票才能上市交易。上市公司在整个股份公司中只占很小一部分,各国均是如此。"股份公司通过发行股票、债券向社会公众募集资金,实现资本的集中,用于扩大生产。"[1]

(2)上市公司要经过政府主管部门的批准。按照我国《公司法》的规定,股份有限公司上市必须经过国务院或者国务院授权的证券管理部门的批准,未经批准,不得上市。

(3)上市公司发行的股票在证券交易所交易。发行的股票不在证券交易所交易的,不是上市股票。在中国,在上海和深圳证券交易所交易的股票属于上市公司股票。上市公司最大的特点在于可利用证券市场进行筹资,广泛地吸收社会上的闲散资金,从而迅速扩大企业规模,增强产品的竞争力和市场占有率。因此,股份有限公司发展到一定规模后,往往将公司股票在交易所公开上市作为企业发展的重要战略步骤。从国际经验来看,世界知名的大企业几乎全是上市公司。例如,美国500家大公司中有95%是上市公司。

3. 股市简介

在中国,上市公司可以分为几个板块。最主要的分类:主板、创业板、中小板,主要依据是公司的实力水平。

(1)主板市场:沪市A股票(主板)买卖的代码是以600、601或603打头。深市A股票(主板)买卖的代码是以000打头。主板市场对发行人的要求标准较高,上市企业多为大型成熟企业,具有较大的资本规模和稳定的盈利能力。

---

[1]. 中国证券业协会. 证券市场基础知识. 北京:中国财政经济出版社,2003:29.

（2）中小板市场：中小板股票代码以002打头。流通盘大约1亿以下的创业板块，是相对于主板市场而言的，有些企业的条件达不到主板市场的要求，所以只能在中小板市场上市，但仍属于上市公司。

（3）创业板市场：创业板股票代码以300打头。为中小企业和高科技产业企业等需要融资和发展的企业提供融资途径和成长空间的证券交易市场，是对主板市场的重要补充，在资本市场有着重要的位置。我国创业板市场培育了一批优秀的高科技企业。

上市公司又分为股票型和债券型两类。

知识指引

上市公司是一种非常先进的现代企业制度。英国的东印度公司在1600年时发行股票，但无法正式交易。荷兰的东印度公司在发行股票时范围要比英国广泛，在1608年建立了股票交易场所和制度，设立了阿姆斯特丹证券交易所，出现了世界上最早的上市公司。后来西方国家纷纷仿效，建立了各自的证券交易所，上市公司大量出现。中国在民国时期也建立了证券交易所，出现了上市公司。新中国成立前后，废除了上市公司与股票交易所制度。随着改革开放的进行，1990年建立了上海证券交易所，1991年建立了深圳证券交易所，新中国又重建了上市公司制度和股票交易制度。在近三十年的发展过程中，经历坎坷。1999年全国人大常委会颁布了《证券法》，发展至今，上市公司制度和股市交易制度日益成熟，为中国的公司筹集了巨额的发展资金，为社会主义市场经济的发展做出了巨大的贡献。

八、分公司与子公司

1. 子公司

子公司是指一定数额的股份被另一公司控制或依照协议被另一公司实际控制、支配的公司。子公司是公司经济组织的重要组成部分，是人们在实际经营中的制度创造。子公司具有独立法人资格，拥有自己所有的财产，自己的公司名称、章程和董事会，以自己的名义开展经营活动，从事各类民事活动，独立承担公司行为所带来的一切后果和责任。但涉及公司利益的重大决策或重大人事安排，仍要由母公司决定。在法律上母子公司属于关联性公司，其交易很可能被税法紧密监管。

2. 分公司

分公司是指在业务、资金、人事等方面受本公司管辖而不具有法人资格的分支机构。分公司属于分支机构，在法律上没有独立性，仅仅是总公司的附属机构。分公司没有自己的名称、章程，没有自己的财产，并以总公司的资产对分公司的债务承担法律责任。但它有自己的营业执照、公章和账户，而且经常独立核算。

3. 分公司和子公司的区别

（1）法律地位不同。子公司属于独立法人，而分公司则不属于独立法人，所以分公司的经营能力受到限制，对外签合同也要总公司授权。例如有的公司规定，500万元以上的合同分公司必须报总公司授权方可签订。

（2）承担最终法律责任不同。分公司不是独立法人，业务开展过程中出现不能履行债务的情形时，债权人可以要求总公司承担清偿义务。在诉讼中，可以直接把总公司列为共同被告要求承担责任。子公司由于是独立法人，只能就其本公司资产追究法律责任，除出资股东出资不实或出资后抽逃资金的情况之外，不能清偿的部分也不能向出资股东追偿，诉讼上也不能把母公司列为共同被告。

（3）设立手续不同。在外地创办独立核算子公司，需要办理许多手续，设立程序复杂，开办费用也较大，而设立分公司的程序比较简单，费用开支比较少。

（4）核算和纳税形式不同。子公司是独立核算并独立申报纳税，而分公司不是独立法人，既可以申请独立核算申报纳税，也可以由总公司核算盈亏和统一纳税，如有盈亏，分公司和总公司可以相互抵扣后才交纳所得税。

4. 子公司与母公司分析比较

（1）子公司受母公司的实际控制。所谓实际控制，是指母公司对子公司的一切重大事项拥有实际的决定权,其中尤为重要的是能够决定子公司董事会的组成。在未经他人同意的情况下,母公司自己就可以通过行使权力而任命董事会的多名董事。

(2)母公司与子公司之间的控制关系是基于股权的占有或控制协议。根据股东会多数表决原则,拥有股份越多,越能够取得对公司事务的决定权。因此,一个公司如果拥有了另一公司50%以上的股份,就必然能够对该公司实行控制。但实际上,由于股份的分散,只要拥有一定比例以上的股份,就能够获股东会表决权的多数,即可取得控制的地位。除股份控制方式之外,通过订立某些特殊契约或协议而使某一公司处于另一公司的支配之下,也可以形成母公司、子公司的关系。

(3)母公司、子公司各为独立的法人。虽然子公司处于受母公司实际控制的地位,许多方面都要受到母公司的管理,有的甚至类似母公司的分支机构,但法律上,子公司仍是具有法人地位的独立公司,它有自己的公司名称和公司章程,并以自己的名义进行经营活动,其财产与母公司的财产彼此独立,各有自己的资产负债表。在财产责任上,子公司和母公司也各以自己所有的财产为限承担各自的财产责任,互不承担连带法律责任。

知识指引

母公司与子公司(经常还会出现孙公司)、总公司与分公司的分类在法律上很清晰,原理也很明了,关键是如何在实践中熟练地运用。投资人在考虑选择某种形式时,主要判断设立的快捷性、简洁性,解散或注销的便利性,设立成本的高低,税务处理的方便性,这就是原理知识在实践中的具体体现。公司制度在漫长的历史发展中积累了很多促进投资、激励竞争、保护产权的经验,这些内容被各国纷纷写入法律中,工商业者又在市场实践中频频使用这些法律确定的企业组织形式,并且不断创造出更新的适用方法。

目前各国的大公司规模巨大，地跨全球，通过这种方式很好地积聚资本，统一、集权经营，是非常有价值的企业制度。例如美国的沃尔玛公司，连续 5 年在美国《财富》杂志世界 500 强企业排名中居首位，拥有 8500 家分店，采用子公司或分公司形式，经营秩序井然，资产稳定，管理顺畅。再如中国工商银行，全球金融巨无霸，在中国各省（直辖市、自治区）都有分行（相当于子公司），在各市县（自治州）都有支行（相当于分公司），在各地还有储蓄所（相当于分公司的派出机构），共 22000 个营业网点，并且在境外还设立了近 60 家分行（相当于子公司）。如此庞大的规模企业，靠的就是子公司、分公司的基本法律原理与制度，这就是法律知识在市场经济实践中的具体体现。

第三节　企业法基本原理

一、企业与法人的关系

1. 定义

法人是相对于自然人而言，自然人是以生命为存在特征的个人，我们每个人都是自然人。法人是具有民事权利能力和民事行为能力，依法独立享有民事权利和承担民事义务的组织，是社会组织在法律上的人格化。"法人"一词首先为《德国民法典》所采用，但该法典及以后颁布的资产阶级民法典都未给法人下一定义。1922 年的《苏俄民法典》才第一次以立法形式明确了法人的概念。[1]

2. 主要特征

（1）法人不同于自然人，是一种社会组织。其可以像自然人一样参加民事法律关系，享有权利，承担义务，负担责任。

（2）法人享有民事权利能力和民事行为能力。民事权利能力和民事行为能力是民事主体享有权利和承担义务的地位和资格，是取得法律认可的入门标准。过去奴隶不具有民事权利能力，因此不具备受法律保护的资格。经济组织的独立法

---

1. 同上，136.

律地位在历史上也普遍不被认可，在资本主义战胜了封建主义后，才逐渐在法律中将其确定下来。

（3）法人具有独立的财产。法人之所以能够具有独立的人格就是因为其有独立的财产，这是其参加民事法律关系、享有权利、承担义务的基础，而且这种独立性集中体现在与投资人的财产关系上，与投资人的财产不能混同。

（4）法人能够独立地承担法律责任。这就把法人与投资或经营它的人区分开来，也与在法人中工作的其他任何人区别开来，用自己独立的财产去承担法律责任，包括民事责任、刑事责任、行政责任和其他社会责任。这种制度拟制使社会组织具备了满足各种社会活动的人格化要求，是近代法律制度的一个伟大发明。

3. 功能

法人制度是企业制度真正适合市场经营需求的基础。

法人是近代资本主义商品经济发展的产物。在西方古代社会，由于当时的简单商品经济主要是单个个人活动，所以，根据罗马法，虽然某些团体已具有某种法律地位，但作为民事主体的只能是自然人。

后来，随着社会生活的发展，出现人的结合，即合伙（二人以上，共同出资，共同经营）。合伙靠合同维系，目的是经营共同事业，其种类无限制，成立方式十分灵活。但合伙最大的特点为合伙企业的信用与合伙人个人的信用密切相关，未脱离个人色彩。对于合伙的债务，合伙人相互之间还必须承担连带责任。在合伙关系中，当事人相互依赖，个人风险很大，不适合大规模事业的经营，也不利于资本的大规模集中。

以后，随着资本主义工业的发展，生产规模日益扩大，需要资本的高度集中，需要更多人的结合，而且需要通过分散的投资来分散风险。于是，经过长时期的逐步发展，法人制度应运而生。1900年施行的《德国民法典》第一次对法人制度做了系统规定，随后，各国民法纷纷仿效，在其民法典中对法人制度做了明确规定，使财产关系明晰，责任清晰，把自然人和组织有效地区分开来，克服了自然人简单组合的弊病，使近代公司和有限责任制度充分发展起来了。关于法人的本质，法学界有不同的认识，主要有"拟制说""否定说""实在说"等观点，反映了人们对法人制度的不同认识。[1]

4. 局限性

企业的形式多样化，满足了不同的生产经营需求，并不需要全部法人化。个人独资和合伙企业是人类非常古老的经济组织形式，适合小规模、小范围或家族生计经营，灵活方面，具有很强的个人信用基础，有着极其广泛的适用领域，因此不需要采用法人形式。

在现实生活中，有些股东利用法人独立人格逃债，这反映了法人人格在公司中的独立性。

二、企业法的作用

1. 提供市场主体的标准形式，便于人们识别

现代市场经济创造了企业的基本形态，标准化的要求促使各国将这些基本的企业形式在立法中确定下来，成为一个国家的基本经济组织形式。交易者根据公开的法律规定便可识别各类企业的基本情况，从而加快了交易速度，降低了交易费用和交易风险。

2. 便于人们在交易中识别主体的信用层次

由于企业法详细规定了各类企业的设立条件、组织架构、经营管理方式、经营权利与义务、控制经营风险的各类制度及违法后应承担的法律责任，这样，不同的企业法就规定了不同信用层次的企业制度，根据这些规定就可以判断出一个企业的基本信用层次，从而在交易中作出准确、恰当的判断。

3. 便于投资者、经营者和债权人明确法律关系，便于理清债权债务关系

由于企业法明确规定了投资人、经营者及其工作人员在不同的企业中应当负担的义务，也明确规定了应当承担的法律责任，因此，当债权人主张债权时，便可依据企业法的规定直接找到责任者，使权利主张明确化，使诉讼实现的难度减小。

---

1. 马俊驹，余延满.民法原论：上.北京：法律出版社，1998：139.

4. 便于国家统一管理和控制，维持清晰、有效的市场秩序

通过企业法，国家可以把各类先进的激励制度和风险控制管理制度明确定下来，以法律的形式要求所有的投资者、经营者必须遵守，从而使市场竞争可持续，存在的各类矛盾、风险都可以得到控制，使整个国家竞争环境的基石得以夯实，从而使整个市场秩序得以维持。

5. 便于世界经济贸易的交融与顺利进行

西方市场经济在几百年的实践中创造了既实用又科学的基本企业制度，应利用法律将这些制度确定下来，使各国的企业制度具有相通性。通过明确的法律规定可以熟悉相互之间的相同与不同之处，预期各类行为的后果，从而促进中国更高层次的对外交流，使各国竞争者通过企业法了解竞争的基本规则。

三、公司治理结构

该原理主要介绍了公司制度的核心科学机制，反映了这种企业制度历经几百年而不衰的生命力所在。改革开放之前我们对公司陌生之至，现在人们已经深深融入公司的文化之中，我们需要了解这种制度文化的深刻内涵。

1. 含义

公司治理结构是一种联系并规范股东（财产所有者）、董事会、高级管理人员权利和义务分配，以及与此有关的聘选、监督等问题的制度框架。简单地说，就是如何在公司内部划分权力。对应于我国过去全民所有制企业的厂长—经理负责制，公司治理结构成为我国构建现代企业制度的主要标志。这种结构使复杂的合作利益关系变得清晰、简洁，形成各自均衡的利益链条。良好的公司治理结构，可解决公司各方的利益分配问题，对公司能否高效运转、是否具有竞争力，起到决定性的作用。我国公司治理结构是采用"三权分立"制度，即决策权、经营管理权、监督权分属于股东会、董事会或执行董事、监事会。通过权力的制衡，使三大机关各司其职，又相互制约，保证公司顺利运行。

2. 公司治理结构的作用

公司治理结构要解决涉及公司成败的两个基本问题。

第一是如何保证投资者（股东）的投资回报，即协调股东与企业的利益关系。在所有权与经营权分离的情况下，由于股权分散，股东有可能失去控制权，企业被内部人（即管理者）所控制。这时控制了企业的内部人有可能做出违背股东利益的决策，侵犯了股东的利益。这种情况引起投资者不愿投资或股东"用脚表决"的后果，会有损于企业的长期发展。公司治理结构正是要从制度上保证所有者（股东）的控制与利益。

第二是企业内各利益集团的关系协调。这包括对经理层与其他员工的激励，以及对高层管理者的制约。这个问题的解决有助于处理企业各集团的利益关系，又可以避免因高管决策失误给企业造成的不利影响。

四、我国企业法的基本制度

1. 设立制度

（1）投资人要求

主要从诚实信用原则的角度对投资人的资格、身份与能力等方面进行规范，以维护市场竞争的正常秩序。例如《公司法》中对股东或发起人人数的要求，个人独资企业对投资人的身份要求，合伙企业对投资人身份和资格的要求等。

（2）资本形式要求

主要从资本信用角度规范了投资于企业的各类资本形态，有货币、土地、厂房、设备等有形资本，也有商标、商誉、专利、劳务等无形资本。企业形式不同，要求也各不相同，最终体现了信用基础。

（3）设立条件中的其他要求

除了以上条件，设立企业可能还有其他不同要求，比如设立方式，是只登记呢还是核准后再登记。这反映了国家对不同企业的设立态度。重要的企业必须经过核准发证才能去工商部门登记，一般的企业直接到工商部门登记即可。

2. 组织结构制度

（1）企业结构的设置制度

企业内部的组织架构形成运营、管理结构，反映了公司的投资者、经营者和从业者之间的利益关系，是人类社会多年积累的社会经验的结晶，用法律将其固定下来是明智的选择。例如，公司的一般架构是"股东会—董事会—监事会"，根据经营管理需求再细化，实现一般的利益均衡化。再如个人独资企业，投资者可以自己经营，也可以委托他人经营，实现个人和企业组织的有效分离与联合。合伙企业中合伙人会议与经营管理层也适当分权，将投资者利益和专业化经营需求全部考虑进去了。

（2）会议制度

会议制度反映了投资者、管理者如何有效分工的问题，既要保障投资者的利益，又要保障管理层的实际经营需要，事关重大的问题由全体投资者通过规范的会议程序作出决定，一般的问题由管理层处理即可，但也需要会议表决程序，因为这也涉及第三人利益的问题和国家统一管理的法律需要。例如有限责任公司的很多重大事项如公司的经营方针等都由股东会会议表决，一些次重要事项如经营计划可以由董事会会议表决，细节问题由董事长或经理决定即可。会议制度严格的程序表决要求反映的是众多利益相关者面前，公平与正义如何实现，这是一把鲜明的标尺。

3. 资本金制度

（1）注册资本金制度

这是一项资本数额公示的法律制度，展现的是资本的信用基础。开办企业必须拥有资本，通过注册登记便于国家管理，同时也便于交易对方和社会了解其信用层次和基础。例如2005年后我国有限责任公司的注册资本一般是要求人民币3万元，而2005年以前是10万元。经过考察，因造成资金闲置，门槛过高，也与国际上很多发达国家不符，于是降为3万元，2014年后取消最低限额。2005年后股份有限公司的注册资本是500万元，而2005年之前是1000万元，2014年后《公司法》第八十条规定，股份有限公司采取发起设立方式设立的，注册资本为在公司登记机关登记的全体发起人认购的股本总额。在发起人认购的股份缴足前，不得向他人募集股份。股份有限公司采取募集方式设立的，注册资本为在公司登记机关登记的实收股本总额。法律、行政法规以及国务院决定对股份有限公司注册资本实缴、注册资本最低限额另有规定的，从其规定。这都反映了注册资本制度公示信用的相对作用。在境外，一些国家和地区只需要很少的资金便可注册企业，例如在英国、中国香港地区，理论上一英镑便可注册一个企业。中国大陆地区现在也在逐渐效仿。

（2）法定或约定企业基金制度

公积金、公益金、风险准备基金等制度都是吸收了人类几百年来市场经济的实践经验总结而成的，对于抵御企业经营风险、保护债权人的合法利益乃至整个社会的交易安全，都起到了至关重要的作用。我国近代的民间伙计制企业被西方公司取代的一个重要原因，便是缺少强制性的企业法将这些优秀的经营制度统一固定下来，从而导致风险贫乏，最终这些制度只能在博物馆或文学作品中找到痕迹。

（3）资本转让制度

该制度反映了资本转让对内、对外的安全交易保障。转让必须取得内部的程序统一，再通过公示使外部易识别。例如我国有限责任公司规定，股东之间一般可以随意转让股权，但向股东以外的人转让股权须经其他股东过半数同意。不同意的须购买，不购买的则视为同意，充分考虑股东的权利和利益，然后再考虑股东以外的主体的利益。上市公司的股票转让则更加自由，按照股东自己的意愿进行。再如我国合伙企业也有类似的规定。合伙人之间转让合伙财产时，需要通知其他合伙人。向合伙人以外的人转让的，在同等条件下，其他合伙人有优先购买权。这也是充分考虑保护合伙人的利益在先。

（4）注册资本等

注册资本是指有限责任公司、股份有限公司、股份制合作企业的股东实际缴付的出资数额，注册资金是指全民所有制、集体所有制企业法人经营管理的财产或者全部财产的货币表现。

出资额是指合伙企业的合伙人实际缴付的出资或个人独资企业申报的出资，资金数额是指全民所有制、集体所有制、股份合作制企业为所设立的营业登记单位拨付的资金数量。

4. 经营、管理制度

该制度主要涉及的是企业事务的具体执行问题。在架构已经确定的基础上，企业内部的经营管理呈现日常化特征，事务的运行需要有一定的秩序，企业法就明确规定了具体运行方式。例如合伙企业的日常经营管理，全体合伙人就需要推举一个或几个合伙人具体代表合伙企业开展日常业务，公司中的总经理或经理也是执行此类事务的。法律明确规定了他们的权限与职能，使具体经营管理制度法律化。

5. 变更、终止制度

企业在设立登记后，在开展经营过程中有很多事项可能发生变更，例如注册资本、法定代表人、住所地、投资者姓名或名称、企业的名称、生产经营范围、企业分立或合并等，都需要登记，以便进行公示，使债权人的利益得以保护。同样，企业在终止时需要进行清算，然后需要进行终止登记。这样，企业发生的变化或所处的法律状态就很清晰，债权债务的处理或转移也就明确了。

6. 对外责任

该制度主要涉及投资者和企业对企业的债务承担法律责任的情况。公司制度中投资者对自己投资范围内的损失以已投入资本承担责任，包括一人公司，公司要对自己的债务承担无限责任。但是对于合伙企业和个人独资企业，一般情况下投资人要对企业债务承担无限责任，企业对自己的债务也要承担无限责任。

7. 权利、利益分配

企业的权利包括对财产的所有权和对企业的经营权等内容，在《企业法》中这些权利都被细细分割，分散到具体的各个投资者或经营者手中，使各自的利益法律化，从而实现在法律的框架中自如运行的目标。利益分配也是如此，投资者通过章程或协议可以约定收益分配，但是不能突破法律的界限，例如所有的收益由一方投资者拥有就违法。这样就可以保障弱势投资者的利益，例如中小投资者。

8. 清算方式

清算制度涉及债权人的利益和投资人的利益能否得到法律的有效保护，是自行协商清算还是强制清算关系到众多利益者的利益。清算通过诉讼进行，判决以后如何执行在中国还是一个大难题。

9. 是否具备法人资格

该项制度主要体现的是企业的独立性问题，最终涉及的是债权债务的最终承担保者是谁的问题。

第四节 现实问题与案例分析

一、公司登记行为的效力分析

案例分析 虚假登记的法律后果

某公司注册资本100万元,股东闫某于2009年向公司存款10万元,并擅自将10万元变造为900万元,取得了验资机构的验资报告,并在某区工商局做了增资登记。后闫某将股份转让给王某。王某于2019年发现后以公司名义起诉闫某,要求追回闫某所欠公司注册资金890万元,因为存款凭证显示只入账10万元。一审法院判决要求闫某支付未到账投资款890万元。闫某不服,上诉至二审法院。闫某同时在原工商登记机关申诉,请求登记机关将错误的登记行为改正,但原登记机关不予处理。继续申诉至市一级市场监管局,答复认为登记正确,不予处理。闫某继续申诉至省一级市场监管局。同时闫某起诉了原登记机关,法院不予受理,上诉至市一级法院,答复认为已过诉讼时效,驳回上诉。

争议焦点 如何用法律正确对待本案,并给出处理思路。

法理评析 实缴制下的证据证明,公司股东闫某已经缴纳注册资本,已经实缴,如果有假,那是工商局纠错的问题。现在法官将实缴制与认缴制混淆在一起,本案根本不存在认缴协议,也没有在工商局登记认缴数额,而法院却下了判决认可,完全是自相矛盾。

如果法院支持认缴,尚缺890万元,那么原工商局登记注册的材料证明已经缴过了,登记行为就是证据。这就是自相矛盾,说明工商局的登记增资行为没有法律效力,而且是法院不认可该效力。

890万元应是认缴制下股东的认缴承诺,签过认缴协议,进行过工商登记才能得到法律支持。但现在并没有,法院却自作主张将实缴制改换为认缴制,并且无视工商局的登记增资结果，直接认为还缺890万元的认缴资本。

这就造成了一个冤案，企业买卖总共才700多万元，现在却要回890万元，白给了企业不说，还搭上了190多万元的赔款。

二、债权债务处理问题

设立中和清算中的企业、企业终结后的债权债务处理问题是现实中的难题，需要充分运用企业法原理去实践。

1. 设立中的企业

我们在法律现实生活中最常接触的是设立中的公司。它指公司发起人订立设立公司的合同或协议，根据《公司法》及相关公司法规的规定着手进行公司成立的各种准备工作的过程中形成的特殊组织。

案例分析 筹备中的公司对外签约的效力

张某与刘某签订了合作投资协议，准备建立一个商贸公司。在筹建阶段，由于没有营业执照，张某与刘某以公司的名义与某工程安装公司签订了《工程施工合同》，署名公司、张某、刘某。公司领取营业执照后，工程竣工验收，投入使用，但是由于市场不景气，公司未能支付工程款。

争议焦点 该合同的效力如何？工程公司是否可以起诉成立后的公司？如果公司未能领取营业执照，工程公司是否可以起诉发起人张某和刘某？为什么？如何分担责任？

法理评析 合同有效，工程公司可以起诉成立后的公司。设立中的公司虽然不具有法人资格，但是属于其他经济组织，属于合法的民事主体。可以起诉的理由是：《最高人民法院关于适用〈中华人民共和国公司法〉若干问题的规定（三）》第三条规定，发起人以设立中公司名义对外签订合同，公司成立后合同相对人请求公司承担合同责任的，人民法院应予支持。

可以起诉张某和刘某，理由是：《最高人民法院关于适用〈中华人民共和国公司法》若干问题的规定（三）》第四条规定，公司因故未成立，债权人请求全体或者部分发起人对设立公司行为所产生的费用和债务承担连带清偿责任的，人民法院应予支持。

部分发起人依照前款规定承担责任后，请求其他发起人分担的，人民法院应当判令其他发起人按照约定的责任承担比例分担责任；没有约定责任承担比例的，按照约定的出资比例分担责任；没有约定出资比例的，按照均等份额分担责任。

2. 清算中的企业

我们在法律现实生活中经常接触到清算中的公司。清算中的公司，其存在的目的只是便于清算，相应地，其权利能力和行为能力只存在于清算范围内，而不得从事非以清算为目的的其他法律行为。

案例分析 清算中的公司对外签约的效力

某公司因违法经营被市场监管局吊销了营业执照，被迫进入清算程序，成立了清算组。该公司很快回收了几笔债权，又对外签订了销售合同。后来又接到债权人起诉的某法院传票。而这些行为都是清算组代表公司实施的，公司原来的管理层并不同意，于是公司原来的管理层与清算组发生了争议。

争议焦点 该公司能否回收债权？能否对外签订合同？公司可否做被告？请说明理由。

法理评析 该公司可以回收债权，但不能对外签订销售合同；公司可以做被告，但具体主体是该公司的清算组。理由如下：公司解散后，还待清算组清算完毕并办理注销登记，公司才告终止。而公司解散后直至清算终结并办理注销登记这一期间，一般称之为清算中公司。此时，公司虽仍然维持着法人地位，但其存在目的与以往公司的存在目的有着本质区别，其权利能力限定在清算目的的范围内，与一般意义上的公司法人毕竟不同。这种差异性导致了对公司在清算期间的法律属性的不同认识。我国现今对清算中公司法律属性的认识，主要有四种学说：清算法人说、同一人格说、拟制存续说和同一人格兼拟制说。回收债权符合清算目的，但是对外签订销售合同则突破了经营资格的限制。《公司法》第一百八十五条规定：清算组在清算期间代表公司参与民事诉讼活动。

3. 企业终结后的债权债务

案例分析 企业注销后债务如何处理

甲为乙企业施工，验收竣工后乙企业无力支付工程款，导致施工方拖欠工人工资，引发工人到政府上访。甲于是将乙企业起诉到法院，法院经过审理，判决乙企业支付给甲所欠工程款。判决指定的付款期到后，乙没有支付，于是甲向法院申请强制执行。在执行过程中，法院发现乙企业已经被注销。经查，乙企业债权债务已经被丙企业负担，于是法院将执行主体变更为丙企业。丙企业指出，在他们签订的收购协议中并不存在这笔或有债务，他们认为让丙企业承担没有道理。

争议焦点 丙企业的主张是否合法？

法理评析 企业法人终止后，该企业的股东有义务组织成立清算组织。清算组织依法清理企业财产，可以对外起诉主张债权并直接受偿，可以应诉并以清理所得的财产偿还债务。企业在注销之前债权债务必须由其他主体承接，否则不予注销，若违法注销则由工商登记机构承担责任。所以丙企业的主张不合法。根据《最高人民法院关于适用〈中华人民共和国公司法〉若干问题的规定（二）》第十九条及第二十条的相关规定，公司未经依法清算，以虚假清算报告骗取公司登记机关办理法人注销登记的，或者公司未经清算即办理注销登记，导致公司无法进行清算，债权人主张有限责任公司的股东、股份有限公司的董事和控股股东，以及公司的实际控制人对公司债务承担清偿责任的，人民法院应依法予以支持。现在清算组已经将债权债务转移给丙公司，则由丙公司承担。

三、"揭开公司面纱"制度

我国《公司法》规定了有限责任公司制度,但是在现实中,很多投资经营者利用有限责任公司制度逃避债务,使得债权人无可奈何,看着债务人将个人财产与公司财产分离,却无法从法律上突破这一块"公司面纱"。后来在修订《公司法》时引进了"揭开公司面纱"制度,如果有证据证明有限责任公司股东将个人人格与公司法人人格混同,则法院可以依此否定股东对公司债务承担的有限责任,从而保护债权人的利益。

案例分析 执行程序中可否直接运用"揭开公司面纱"制度?

2000年至2003年,某生公司向某缆公司购买电缆,共计欠某缆公司电缆款220万元。双方于2003年3月15日达成还款协议,约定某生公司至2007年全部还清欠款,但某生公司未予偿还,某缆公司遂向法院起诉。在法院的主持下,双方达成调解协议,由某生公司分三次偿还某缆公司电缆款220万元。法院以民事调解书对协议予以确认,但某生公司未履行调解书所确定的义务。于是,某缆公司持已经发生法律效力的民事调解书向法院申请对某生公司予以强制执行。

因被执行人某生公司暂无可供执行的财产,后法院终结本次执行程序。2015年6月30日,法院作出执行裁定书,依照《公司法》第二十条、第一百八十条、第一百八十三条,《最高人民法院关于适用〈中华人民共和国公司法〉若干问题的规定(二)》第十八条,《规避执行行为的若干意见》第二十条的规定,裁定追加第三人郑某、李某、张某为该案被执行人。

某生公司因未按规定年检,于2005年5月30日被河南省新密市工商局吊销营业执照,新密市工商局责令其股东在15日内组成清算组进行清算。但某生公司的股东郑某、李某、张某至今未对公司进行清算。2012年8月20日,李某因涉嫌非法吸收公众存款被羁押于河南省郑州市第三看守所。2015年10月16日,法院在郑州市第三看守所对李某进行讯问,其称某生公司在吊销营业执照时人都走了,不清楚当时公司财产情况,目前公司已无财产。

争议焦点 《公司法》"揭开公司面纱"制度在执行程序中是否可直接运用？是否可在执行过程中直接追加郑某、李某、张某为被执行人？

对此，形成两种不同的意见：

一是《公司法》第二十条及《公司法解释（二）》系针对人民法院审查公司解散和清算案件适用法律问题作出的规定，不能在执行程序中直接引用。

二是执行程序中可以参照实体法律规定，对相关主体是否构成被追加事由进行审查。有限公司被吊销营业执照，公司股东未在十五日内进行清算，公司债权人起诉公司获得胜诉后经执行程序无财产可供执行的，公司股东应承担清算赔偿责任。

法理评析 依照《公司法》及其相关司法解释的规定，执行程序中可以参照实体法律规定追加相关主体为被执行人，理由如下：

第一是符合《公司法》第二十条关于"揭开公司面纱"制度的立法精神。股东有限责任制度的立法目的是增进市场效益，但却使股东将经营中的风险无限地转嫁给了债权人，实质上是债权人承担了股东的经营风险，这在一定程度上有悖公平交易原则。"揭开公司面纱"制度则是股东有限责任的例外，立法目的为对股东有限责任制度的法律矫正，是对债权人合法权益的保护。《公司法》第二十条规定："公司股东应当遵守法律、行政法规和公司章程，依法行使股东权利，不得滥用股东权利损害公司或者其他股东的利益；不得滥用公司法人独立地位和股东有限责任损害公司债权人的利益。公司股东滥用股东权利给公司或者其他股东造成损失的，应当依法承担赔偿责任。公司股东滥用公司法人独立地位和股东有限责任，逃避债务，严重损害公司债权人利益的，应当对公司债务承担连带责任。"根据该规定，股东在法定期限内怠于履行清算责任而造成企业财产损毁、灭失、贬值等实际损失，致使债权人的债权受到实际损失的，基于其过错，股东应当承担侵权损害赔偿责任。该案中某生公司股东郑某、李某、张某负有对某生公司及时进行清算的义务，却在长达十余年的时间内怠于履行清算义务，致某缆公司长达十几年的债权至今无法实现，符合"揭开公司面纱"制度的适用情形。《公司法》第二十条虽然是实体法，但是我国法律并无明文规定执行程序中不能参照、适用实体法。相反，执行程序中参照、适用实体法更有利于实现其保护债权人合法权益的立法目的。

第二是相关司法解释对追加被执行主体有比较明确的规定。2011年《最高人民法院关于依法制裁规避执行行为的若干意见》第二十条规定："有充分证据证明被执行人通过离婚析产、不依法清算、改制重组、关联交易、财产混同等方式恶意转移财产规避执行的，执行法院可以通过依法变更追加被执行人或者告知申请执行人通过诉讼程序追回被转移的财产。"该案中，因某生公司未履行生效调解书所确定的义务，某缆公司向法院申请对某生公司予以强制执行。在执行过程中才发现，因郑某、李某、张某未对某生公司及时进行清算，导致某生公司的住所地及经营场所已无处可寻，其主要财产、账册、重要文件亦无处可查。郑某、李某、张某存在滥用公司法人独立地位和股东有限责任恶意转移财产、逃避债务之嫌，其行为严重损害了某缆公司的利益，应当对公司承担连带责任。

第三是有利于在司法实务中实现执行的效率原则。执行程序依据的是已经生效的法律文书，即执行案件的事实已由司法程序确认。司法实践中，实际执行过程中才会发现一些并不影响生效法律文书所认定的事实的问题，如果这些问题必须再一一回到诉讼程序进行权利确认，一是有重复诉讼之嫌，会增加民事诉讼诉累；二是被执行人增加了转移财产、逃避债务的时间和机会；三是在严峻的执行难背景下明显加大了执行法院查找财产的难度。该案审理过程中，某生公司并未如实向法庭陈述其已于2005年被新密市工商行政管理局吊销营业执照及股东一直未对公司进行清算的事实，而且在某缆公司不知其已被吊销营业执照及股东一直未对公司进行清算的情况下与某缆公司达成调解协议，并被法院作出的民事调解书予以确认。在该民事调解书的强制执行中才发现，某生公司的住所地及经营场所早已无处可寻，其主要财产、账册、重要文件亦无处可查。在某生公司三股东故意滥用公司股东有限责任，逃避债务，并严重损害债权人利益的情况下，仍然要求债权人通过民事诉讼程序去确认这一明显的事实，并不是法律所追求的公平。迟来的正义非正义。因此，执行过程中直接运用实体法有利于补充审理中的漏洞，提高工作效率。

综上，法律是维护社会公平正义的"最后一道防线"，执行是维护法律尊严、保障债权人利益的"最后一条路径"。执行法官有职责、有义务去保障已经司法程序确认的债权的实现，法院在执行程序中结合实体法与程序法直接将郑某、李某、张某追加为被执行人并无不当。

第三章
反垄断法概述

本章属于市场规制法或竞争法组成部分,被学术界公认为经济法的核心组成部分。对危害市场竞争的垄断行为进行法律控制已经是当今很多国家的法律选择,熟悉这些法律法规可以很好地识别哪些是危害竞争的垄断行为,哪些是有利于市场竞争的行为,法律对此是如何进行规范的。关于本章的学习,要从基本概念入手,掌握垄断、反垄断法、市场支配地位、相关市场、垄断协议、经营者集中、滥用行政权力、排除与限制竞争的行为、自然垄断、本身违法原则与合理原则等概念。此外,还要掌握基本原理与制度,了解国内外反垄断法的历史沿革,明晰反垄断法与反不正当竞争法的关系。最后,要熟知法律法规的规定,并结合相关知识分析实际问题,达到对理论知识的灵活运用。

本章属于市场规制法或竞争法组成部分，被学术界公认为是经济法的核心组成部分。对危害市场竞争的垄断行为进行法律控制已经是当今很多国家的法律选择，熟悉这些法律法规可以很好地识别哪些是危害竞争的垄断行为，哪些是有利于市场竞争的行为，法律对此是如何进行规范的。本章可以帮助我们了解市场竞争的特点，了解控制垄断的基本法律。反垄断法在市场竞争中起着维护竞争秩序的基本作用，常被称为市场经济的"宪法"。

第一节　本章概述

一、知识背景

反垄断法系统立法、概念的明确出现，是在1890年的美国，美国国会通过了《保护贸易和商业不受非法限制与垄断之害法》，又被称为《谢尔曼法》，理由是该法案由约翰·谢尔曼参议员提出。《谢尔曼法》的制定标志着美国反托拉斯法律制度的建立，也标志着世界出现了第一部现代意义的反垄断法。该法只有八个条文，却奠定了现代反垄断法的基础。在19世纪后半叶，资本主义由自由竞争阶段向垄断阶段过渡，大公司通过不断地兼并与打压竞争对手，逐渐集中，出现了巨型的寡头垄断大企业，在电气工业革命和金融股份制的支持下，各类大寡头和大托拉斯如雨后春笋般涌现，严重地威胁着自由竞争原则支配下的资本主义列强国家。各种社会矛盾不断激化，大企业与中小企业进行着你死我活的斗争，企业主与劳工的矛盾呈现出阶级对立的后果，经营者肆无忌惮地损害、剥削、欺诈消费者，自由秩序背景下的资本主义就像一头脱了缰绳的野马，一路狂奔，不考虑后果，导致资本主义世界处在濒临崩溃的边缘。马克思主义顺势崛起，共产主义运动风起云涌，资本主义自由竞争导致的社会恶果不断蔓延。"而在自由贸易条件下人们可以不受任何限制地开展贸易。这里就产生了矛盾，因为人们可以运用自由订立契约的权利来限制他们之间的自由贸易的权利。"[1]反对共产主义思想

---

1. [英]亚格纽. 竞争法. 徐海，盛建明，席文红，译. 南京：南京大学出版社, 1992: 4.

的资本主义世界的"有识之士"开始考虑在资本主义的框架内改良资本主义政治经济及法律制度，同时又受到共产主义、社会主义的理论和实践的影响，也受到美国联邦党人思想和德国李斯特思想的影响，开始用国家的力量来更多地干预市场，其中一个手段就是用法律的力量来干预，具体表现就是通过立法，将过去受契约自由原则支配的各种自由竞争行为纳入法律的调整对象，用强制性的法律规范确定了很多契约行为属于非法性质，用公法立法取代了私法自治，国家意志开始取代私人意思表示，契约行为开始受到经济法、行政法、刑法的规范。反垄断法就是在这样一种背景下出现的。

1992年中国开始进行市场经济体制改革，经过16年的竞争实践，垄断也开始危害、影响中国的自由竞争。市场经济国家的经验表明，遏制垄断的危害，牵引这些独占或寡头企业进入法律轨道运行势在必行。于是，2008年中国出台了《反垄断法》。经过十年的发展，这部法律在市场中起着越来越重要的作用，执法部门的严厉已经使很多大企业，无论是外资企业、外国企业还是国有企业、民营企业，都感到不寒而栗，自由竞争的社会主义市场竞争越来越离不开《反垄断法》的支持。

二、本章涉及内容

1. 主要概念

本章的主要概念有：垄断，反垄断法，市场支配地位，相关市场，垄断协议（联合竞争行为、横向联合、纵向联合），经营者集中（经济力集中），滥用行政权力，排除、限制竞争的行为（行政垄断），自然垄断，本身违法原则与合理原则。

2. 主要原理

（1）规模经济、范围经济和市场结构的经济学原理；

（2）反垄断法的历史沿革；

（3）反垄断法的调整对象（含例外情形）；

（4）反垄断法的适用。

3. 实践难题

(1)滥用市场支配地位的司法认定；

(2)经济力集中的反垄断审查；

(3)纵向协议垄断案；

(4)行政垄断案。

4. 法律法规目录

2008年《反垄断法》，2008年《国务院关于经营者集中申报标准的规定》，2009年《国务院反垄断委员会关于相关市场界定的指南》，2012年《最高人民法院关于审理因垄断行为引发的民事纠纷案件应用法律若干问题的规定》，2010年《反价格垄断规定》，2011年《反价格垄断行政执法程序规定》，2015年《关于禁止滥用知识产权排除、限制竞争行为的规定》。

第二节 反垄断法基本概念

一、垄断

1. 垄断的定义

垄断是与竞争相对应的概念。在反垄断法领域，垄断有着独特的含义——经营者或其利益代表者，滥用已经具备的市场支配地位，或通过协议、合并或其他方式谋求市场支配地位，或者谋求后滥用市场支配地位，借以排除或限制竞争，最终谋取超额利益，依法应予以规制的行为。

2. 垄断的特征

(1)垄断的客观方面是垄断行为而非垄断结构；

(2)垄断的主体是经营者或其利益代表者；

(3)垄断的主观方面是谋取超额利益；

(4)垄断的后果是排除、限制乃至消除竞争。

3. 垄断的分类

根据不同的标准，垄断有不同的分类：

（1）根据垄断组织的不同，分为卡特尔、辛迪加、托拉斯、康采恩；

（2）根据垄断的性质不同，分为合法垄断和非法垄断；

（3）根据垄断成因的不同，分为经济性垄断和行政性垄断。

知识指引

垄断是市场中常见的一种现象，自古至今一直存在，是为了操控市场竞争的一种行为。在古代，铁业和盐业一直被国家垄断，据考证，在战国时期就开始了，管仲向齐国建议实行盐铁专营，实行垄断。霸占市场份额、操控市场价格形成的垄断严重损害了公平竞争的原则，一直以来都受到诟病。在资本主义国家，伴随着工业革命的开始，市场竞争日趋激烈，资本不断集中，工业资本、金融资本不断积累，企业的规模迅速增长，企业的市场支配地位越来越大，中小企业生存的空间不断缩小。这些大企业不断向中小企业发号施令，操控价格，决定产量，控制销售区域，凡是违抗者一律被打压，而且这些大企业经常向中小企业发出收购令，不从者一律被挤压致死。洛克菲勒收购了宾夕法尼亚州上百家中小炼油厂，致使很多拒绝的企业破产。这种情况到了19世纪后期愈演愈烈，严重威胁着资本主义市场经济的竞争秩序。很多有识之士强烈呼吁国家介入垄断管控，因此最早在美国出现了针对托拉斯的立法——《谢尔曼法》，拉开了人类历史上通过专门化经济法控制垄断行为的序幕。到现在为止，世界各国都纷纷颁布了自己的反垄断法，对垄断行为开始了严格的控制。

二、反垄断法

1. 反垄断法的定义

指为了维护自由、公平的竞争秩序而对各种垄断行为进行规范，加以约束的法律规范的总称。

2. 反垄断法的特征

（1）是诸多调整竞争关系法律规范的综合体；

（2）是以反垄断和反限制竞争为内容的法；

（3）既包括实体法，也包括程序法。

知识指引

反垄断法是一种专门性的经济立法，具有很明显的针对性和系统性，理解这个概念需要掌握一些关于市场的基础经济知识，例如市场份额、市场占有率、价格、竞争机制等，需要了解这种法律产生的历史背景。在西方市场经济发展到19世纪中叶时，私法发达，契约自由制度盛行，国家将市场完全让渡给私人资本，这种机制催生的后果就是极端个人主义和自由主义泛滥成灾，自由成为毁灭竞争的法律幌子，全方位的、大范围的、深层次的垄断格局已经不是靠有良心的法官的正义精神就能纠正。必须正视矛盾的尖锐性，通过国家干预，从立法、行政、司法角度科学地、系统地、全面地介入竞争，破解垄断格局，打击垄断行为，恢复有效竞争。因此，反垄断法体现了很突出的经济性、综合性、专门性，契约自由制度被严格限制，大量私法契约被公法化，其法律效力由国家法律评判，大量违约责任被侵权责任取代，许多民事责任被行政责任以及刑事责任充实、延伸，垄断行为作为一种公害被法律高度监管。法律严厉地控制着这种破坏市场竞争机制的行为。

三、市场支配地位

1. 市场支配地位

市场支配地位是指经营者在相关市场内具有能够控制商品价格、数量或者其他交易条件，或者能够阻碍、影响其他经营者进入相关市场的地位。

2. 相关市场

相关市场是指企业在特定市场上对特定的商品在价格、产量、销售等方面所具有的控制市场的力量。特定市场即为相关市场，相关市场通常指同类产品或替代产品存在的一定的时间、空间范围。

知识指引

市场支配地位是对大垄断企业的一种法律描述，法律是用来实施的，因此必须有很强的可操作性。大企业规模达到一定程度，就有了操控市场的力量，这个规模要根据市场竞争的状况与立法经验去确定，各国国情不同，所确定的法律标准也有所不同。有了这个标准之后，法律上就有了监管大企业滥用优势的强大力量。达到了这个标准之后，黑名单监控与动态监管就产生了，监管机构就有了明确的目标，对预防垄断行为的产生有很好的作用，对大企业滥用优势地位的预谋有很强的震慑力。反垄断法被称为经济宪法，其功能表现为对公平竞争秩序的保障和维护，与传统的民商法、行政法等有明显的区别。有一些法律人不认可经济法部门的存在，但是如何给反垄断法定性就成了问题，所以，经济法作为一个法律部门，最直接的体现就是反垄断法专门立法的产生。古老的法律部门在工业革命时代衍生出现代经济法，与古代的经济法表现出极大的不同。反垄断法是现代经济法的核心，是经济法鼎立的坚实基础。

四、垄断协议（联合限制竞争行为）

1. 定义

指两个或两个以上经营者达成的具有限制相关市场竞争内容的协议。

2. 特征

（1）主体数量的多元性；

（2）主体地位的独立性；

（3）主体意思的一致性；

（4）行为的限制竞争性。

知识指引

垄断协议制度是反垄断法中最能直观体现经济法性质的内容。在资本主义契约自由的法律时代，契约、合同、协议是自由主义在法律上的最鲜明体现，极端个人主义与极端自由主义哲学体现在协议中就是：任何意思表示一致的约定，在法律上都是被认可的，即使该约定显而易见地损害了公共利益或者弱势群体的权益。反映在市场竞争中就是很多存在竞争关系的企业携起手来进行合作，摒弃竞争，以协议的方式固定价格，确定数量或划分销售区域，这使得竞争被同业者操控，扭曲了市场中的供求关系，使得价格机制失灵，最终损害了其他未参加协议的同业竞争者，剥削了消费者，毁灭性地破坏了市场竞争体制，在历史上多次引发资本主义经济秩序的崩溃，造成了巨大的社会动荡。因此，反垄断法以公法的形式将这些协议纳入经济法，直接废弃了私人意思表示，植入国家意志，民商法的范畴转变成经济法的范畴。这就是这个概念的特殊之处，体现了国家用综合的传统法律知识和手段来干预因竞争秩序泛滥造成的困境。

五、经营者集中

1. 定义

经营者集中是指经营者通过合并、收购、委托经营、联营或控制其他经营者业务或人事等方式，集中经营者经济力，提高市场地位的行为。

2. 中国法律的要求

经营者集中达到国务院规定的申报标准的，经营者应当事先向国务院反垄断执法机构申报，未申报的不得实施集中。

> **知识指引**
>
> 经营者集中，有时也称为经济力集中，鲜明地体现了经济法的性质。这种集中主要体现为企业的合并、兼并行为，而且是以协议、合同的法律形式呈现的。在私法自治、契约自由盛行的时代，很多中小企业都是被大企业兼并或收购的，无论是股权并购还是资产收购，大企业往往是为了消灭竞争对手而发号施令，如果中小企业不屈从，则很可能被大企业挤垮，最后以低廉的价格被收购。因此，国家为了维护市场竞争秩序，采取了干预主义的法律态度，对经济力的集中行为进行法律监督，对超出法律容忍范围的并购意图与计划进行审查。如果存在可能导致市场过度集中而产生消除竞争的后果，则法律授权政府禁止这种集中，以防止大企业借助协议行为损害社会公共利益。当代世界是以民族国家作为组成单元的，世界主义只是资产阶级的谎言，民族经济的保护也是为了保证一个国家的政治经济体制安全，所以在审查外资并购内资企业中法律的意义很明显，如果不符合安全标准，坚决禁止集中行为，例如2008年可口可乐欲并购汇源果汁的申请就被拒绝，保护了我国果汁饮料市场的安全。

六、行政垄断

1. 定义

行政垄断是指政府及其所属部门滥用行政权力限制竞争的行为。根据中国《反垄断法》的规定，可以把行政垄断界定为行政机关和法律、法规授权的具有管理公共事务职能的组织滥用行政权力，排除、限制竞争的行为。

2. 中国的类型

主要有行政强制交易，地区封锁，对外地经营者实行差别待遇，排斥或限制外地经营者招投标行为，强制经营者从事垄断行为，从事排除、限制竞争的抽象行政行为。

> **知识指引**
>
> 行政垄断是社会上的习惯用语，在法律上被称为滥用行政权力限制竞争行为，是中国反垄断法中独特的制度，在发达国家的反垄断法中并没有该制度。这体现了中国国情的特殊性。我国从计划经济脱胎为市场经济，改革就是要不断地将国家管控的经济领域还给市场，让竞争产生的原动力、让追逐利润产生的强大推进力支撑社会的不断进步。改革开放四十多年来，逐步削减了政府的微观经济职能，初步建立了法治框架下的宏观调控与竞争监管体制。反垄断法中规定的限制行政垄断的法律制度，体现了改革开放的进步精神。这个过程非常缓慢，难度很大，斗争也很激烈，但是毕竟基本法将这种制度确定了下来，既给深化市场改革指明了方向，也将改革的成果固定在法律之中，反映了我国反垄断法的务实性与针对性。学习这个概念时需要多了解一下权力干预正当竞争的情况，多掌握几个实际案例，才能更深刻地理解我们的市场机制与法治建设。

七、自然垄断

1. 定义

自然垄断是指在一定时空范围内，在一定技术、需求、制度等条件下，由于规模经济或范围经济所导致的只能有一家企业生存下来的状态。

2. 我国自然垄断行业的产业特征

（1）自然垄断行业具有规模经济效益；

（2）自然垄断行业内部基础设施投入较大，沉没成本较高；

（3）自然垄断行业为人民谋利，给人类造福；

（4）自然垄断行业发展的同时也带动了其他部门的发展。

> **知识指引**
>
> 自然垄断在法律上并没有规定,但在经济社会中经常被用到。在经济学中,自然垄断理论被详细论证,以探讨某些关系国计民生的行业。在其固定资产投资额非常巨大的时候,如果允许完全竞争,可能会造成巨大的浪费与毁灭性竞争,因此法律允许在一定的区域内垄断经营,尤其是独家垄断经营。这样就可以降低竞争度,保护该行业均衡发展,为与人民生活关系非常密切的领域保驾护航。但是该类行业一般都是微利经营,行业价格一般受到严格管制,以保护社会消费者的整体利益。如果价格难以控制,则社会的基本秩序都难以保障,所以这种行业较为特殊。

3. 存在问题

(1)信息不对称;

(2)通过垄断使行业内部大额获利,内部无动力来提高效率,外部没有同行业所带来的多方面的竞争力;

(3)政企不分现象使垄断行业中的政府规制难以中立;

(4)政府设立的规制管理集中力度差。

4. 规制思路

(1)除去垄断,增加行业内部的公开竞争;

(2)建立特定的部门规制自然垄断行业;

(3)完善立法,建立符合市场机制的法律法规制度;

(4)设置鼓励性机制。

八、本身违法原则与合理原则

1. 定义

本身违法原则,是指对市场上的某些限制竞争行为,可以直接认定严重损害竞争构成违法而进行禁止的原则,不必考虑该行为的具体情况和后果。合理原则是指对市场上的某些限制竞争行为违法与否的认定视具体情况来判定,即进行合理性的判断。

2. 二者的界限与区别

固定价格、限制产量、划分市场适用前者，限制转售价格由前者到后者。

知识指引

本身违法原则主要体现在反垄断法中的垄断协议中。由于其危害性非常之大，所以法律在审查处理这类行为时采取了固定的原则。通过垄断协议将价格固定，将产量控制，将市场固定，这些行为将市场自由竞争驱逐出去，毁损了市场机制，对现代市场经济体制造成了毁灭性的冲击。因此，为了从法律上有效打击、制止这类违法行为，在判例中逐渐摸索出了这两个原则，在 1940 年"索科尼真空石油公司案"中最终得以确定。因此，只要一个垄断行为被认定为本身违法，就没有必要通过其反竞争的后果证明其违法性，也不用考虑当事人实施垄断行为的主观状态，便可认为其行为非法。

第三节 基本原理和制度

一、规模经济、范围经济和市场结构

1. 规模经济

规模经济指由于生产规模扩大，引起产品平均成本的降低，经济学上叫作长期收益递增。[1]

---

[1] 规模经济定义是，给定条件下，随着产量的增加，平均总成本减小的趋势。在电视台的例子中，电视台的总成本是包括了电视录制转播相关设备的成本和传输线路的架设成本，这些成本都是必需的，前者是固定成本，不会随着观众人数多少而变化，后者是可变成本，会随着观众的分布而变化，但是总体上，观众的数量变动所带来的成本变动是相对较小的，只有线路的成本。考虑到观众的增量带来的生产效益的增加，观众增加的过程中，平均到每个观众上的成本就会减少，这是由于观众人数变多带来的好处（生产量的变大），即规模变大的经济效用（规模经济）。可以量化说明，电视台设备成本 10000000 元，每增加一个观众需要线路费用 10 元，那么，只有一个观众的时候，平均成本就是（10000000+10）/1=10000010。如果观众人数为 1000 人，那么平均成本就是（10000000+10×1000）/1000=10010，平均成本明显减小，这就是规模经济。叶德磊，西方经济学简明原理. 北京：高等教育出版社 .2015：76—77。

2. 范围经济

范围经济是指在一定范围内所能产生的最大经济效益，即两种产品一并生产或联合生产比单独生产每一种产品而产生的单位成本低、效益成本高的状态，就是范围经济效益。[1]

3. 市场结构

市场结构反映的是一国范围内市场上生产集中和分散的程度，以及产品差别水平和进出市场的难度。[2]

二、反垄断法的历史沿革

1. 美国

一般认为，现代反垄断法最早出现于19世纪末的美国，1890年，美国国会通过了《保护贸易和商业不受非法限制与垄断之害法》，又被称为《谢尔曼法》，

---

1. 雷宁，李卫华. 道路运输范围经济与规模经济比较研究，河北交通经济，2008（1）：17. 比如，市话服务、长话服务、电讯产品就是关联产品，微软公司的操作系统、办公软件、浏览器等也是关联产品。IT产业之所以能产生经济效应，主要有以下四方面原因。（1）合成效应：同一个厂商进行多品种生产，在研发、生产、销售等方面的成本比分别生产要低；（2）内部市场：多产品企业可以更多地利用企业内部市场合理配置、整合资金和人力资源，以代替市场机制；（3）减少经营风险：对关联的多元化生产而言，企业生存的产业生态环境多了一条食物链，企业可以从中受益，从而增强抗风险能力，但是无关联的多元化对企业也可能构成发展陷阱；（4）扩大发展空间：在单一产品上企业的发展空间是有限的，面临着来自市场和法律的限制，因此多产品经营可以满足企业扩大经营空间的要求。叶德磊. 西方经济学简明原理. 北京：高等教育出版社，2015：76–77.

2. 旅游需求市场结构，主要指由旅游者市场所决定的旅游需求类型及其变化变动趋势，如游客地区分布、年龄构成、文化构成等。随着社会经济发展和人们生活水平的不断改善与提高，人们对旅游的需求越来越大。旅游需求市场的日益壮大和发展，为旅游市场体系的完善奠定了前提和基础。

人们的旅游需求的变动趋势大致可以分成以下几种：从出游目的看，人们的旅游需求正从单一的观光旅游、文化旅游进一步扩展到度假旅游、商务旅游、特种旅游等综合性旅游；从消费水平看，人们的旅游消费正从经济型消费向中高档消费，乃至豪华型消费发展；从组织形式看，旅游需求正从传统的、单一的团队旅游形式，逐步向以散客、团队和自助旅游相结合的多样性旅游市场发展等。正是人们的这种多样性、高层次性旅游需求促使旅游需求市场体系不断完善。

旅游供给市场结构，是指为满足日益扩大的旅游需求，由旅游经营者市场所提供的全部旅游产品的总和。旅游经营者市场，是指在一定地域范围内向旅游者提供旅游产品的所有旅游企业的集合。随着现代旅游经济的发展，旅游经营者市场也在不断发展和完善，除了传统的旅行商，旅游商品企业等也迅速产生和发展，从而推动了旅游经营者市场的不断壮大和扩展，加快了旅游企业的集团化、规模化和连锁化发展，促进了旅游供给体系的丰富和完善，更好地满足了旅游市场上日益扩大的旅游需求。赵士德. 旅游经济学. 安徽：合肥工业大学出版社，2009：123–125.

理由是该法案由约翰·谢尔曼参议员提出。《谢尔曼法》的制定标志着美国反托拉斯法律制度的建立，也标志着世界出现了第一部现代意义的反垄断法。1914年，美国国会又分别通过了《克莱顿法》和《联邦贸易委员会法》。这三部法律是美国反托拉斯法律制度的三大基石。

2. 其他国家

（1）英国：现代英国竞争法始于 1956 年的《限制性贸易惯例法》，1973 年英国又制定了《公平交易法》，并设置公平交易局，下设公平交易办公室。目前，英国政府主要依据的是 1988 年《竞争法》和 2002 年《企业法》。前者设立了竞争委员会这一反垄断和不正当竞争的机构，该机构基于消费者利益采取合理的可行性方案维护市场正常运营；后者将公平交易局下辖的公平交易办公室升级为独立的法人团体，赋予它独立的法人资格和权力。2015 年 4 月 1 日，英国政府同时撤销了竞争委员会和公平交易办公室，以竞争与市场管理局和金融行为监管局（FCA）取而代之。[1]

（2）德国：从德国 1871 年统一到第一次世界大战前，卡特尔在德国的发展很迅速。"德国与美国不同，卡特尔只要不滥用其地位，就可以不受法律的约束而得到发展。"[2] 1910 年的《钾矿业法》就是继续扶持卡特尔的法律。1919 年对钾和煤炭工业实行了社会化，但实际状况只是加强了对卡特尔和辛迪加的保护和监督。第一次世界大战后，随着通货膨胀加剧，对卡特尔的非难增加，1923 年德国通过了《经济力滥用防止法》，开始用法律控制卡特尔的破坏力。1933 年，纳粹政权制定了《强制卡特尔法》，利用卡特尔开始统制经济。第二次世界大战后，美英法占领区实施了《德国经济力过度集中排除令》（通称为《反卡特尔法》），对煤炭、钢铁部门、化学部门、银行部门、电影部门的大企业实行了分割。德国新反垄断制度以 1958 年生效的《反限制竞争法》为基础，迄今修订 7 次，赋予联邦卡特尔局独立地位和调查、裁决的权力。该局隶属联邦经济部，负责跨州、

---

1. http://www.chinalawedu.com/web/23312/wl1507276504.shtml.
2. ［日］丹宗昭信, 著. 厚谷襄儿, 编. 现代经济法入门. 谢次昌, 译. 北京：群众出版社, 1985：22.

跨国的反垄断事务，雇用大约 320 名职员，其中 140 人是法律和经济领域专家。该局有权获取企业信息、商业文件，得到法院授权后可到企业办公场所搜查取证。

（3）日本：在明治维新获得成功后，日本除了吸收英美自由资本主义的私法自治法原理，在危机时期还利用国家力量给予垄断资本救助和扶持，这些法律体现的不再是私法自治了，而是国家主义的法原理。1918 年的《军需工业动员法》，1931 年制定的《重要产业统制法》，通过公益的名义，变成了强行干预"私人自治"的东西。1938 年制定了《国家总动员法》，它成为根据国家主义的法原理而全面扼杀"私人制度"的法制度。该法规对物资、资金、事业、物价直至劳动进行广泛而无限制的统制，从而用国家统制取代了作为资本主义再生产过程总体媒介的"私人自治"。1946 年的《商工协同组合法》把统制组合转变为以自由和民主为基础的协同组合，1947 年的《过度集中力排除法》试图解散资本的积聚，1948 年的《事业者团体法》试图解散战时统制团体，1949 年的《中小企业等协同组合法》排除大企业对中小企业的支配。[1]

目前，世界上有大约 70 多个国家和地区制定了反垄断法。其中，美国和加拿大是在 19 世纪末制定的，许多西欧国家是在 20 世纪 50 年代制定了这样的法律。从 20 世纪 80 年代以来，许多东欧和非洲国家也开始了这方面的立法。韩国于 1980 年、中国台湾地区于 1990 年、泰国和印尼于 1999 年也分别制定了反垄断法。1993 年中国制定了《反不正当竞争法》，2008 年制定了《反垄断法》。

3. 中国

由于我国长期实行计划经济政策，市场发育程度低，市场竞争的体系和规则迟迟没有建立，基本上在 20 世纪 90 年代之前，我国并没有真正意义上的市场竞争，从而也缺乏关于市场竞争的规则。改革开放政策实施后，商品经济体制逐渐启动，有了最早的一些竞争政策。1980 年 10 月 17 日国务院常务会议通过了《国务院关于开展和保护社会主义竞争的暂行规定》，这是我国改革开放以来第一部调整竞争关系的行政法规，它明确支持商品贸易竞争，鼓励竞争，禁止不正当

---

1. 同上，28—31.

竞争。之后又出台了一系列保护竞争的政策，例如1981年的《国家经济委员会、进出口管理委员会、交通部、对外贸易部关于改革外贸运输管理体制问题会议纪要》，1981年的《国务院关于制止商品流通中不正之风的通知》，1981年的《商业部关于严禁商品搭配的规定》，1982年的《国务院关于在工业品购销中禁止封锁的通知》，1983年的《国家经济体制改革委员会、商业部关于改革农村商品流通体制若干问题的试行规定》，1984年的《国家经济体制改革委员会、商业部、农牧渔业部关于进一步做好农村商品流通工作的报告》，1984年的《国务院关于改革建筑业和基本建设管理体制若干问题的暂行规定》，1984年的《中共中央关于经济体制改革的决定》，从根本上拉开了保护商品市场竞争的大幕。1987年国务院颁布的《广告管理条例》中明确规定了禁止垄断行为和不正当竞争行为。1987年颁布的《价格管理条例》中规定，企业之间或行业组织商定垄断价格的行为违法。

1993年3月第八届全国人大一次会议通过的《宪法修正案》，将《宪法》第十五条关于国家实行计划经济的规定修改为："国家实行社会主义市场经济。"同年11月十四届三中全会举行，通过了《中共中央关于建立社会主义市场经济体制若干问题的决定》，确定了在我国实行市场经济体制的原则。自此后，我国市场经济开始逐渐成长，市场竞争的规则也逐步建立。

我国于1993年制定了《反不正当竞争法》，1997年制定了《价格法》，虽然上述法律中部分条款涉及了经济性垄断的内容，但当时无论从立法还是执法的角度均未将普通的竞争行为规则和调整市场竞争结构的反垄断规则区分开，更谈不上反垄断法律体系的建立。

进入21世纪后，随着我国市场经济的快速发展，尤其是加入WTO组织后，市场竞争日趋激烈，本土不断出现行业巨头，同时大量跨国企业也参与我国的市场竞争，制定反垄断法律法规、建立中国的反垄断法律体系终于提上日程。2008年8月30日，我国《反垄断法》颁布，并于2008年8月1日开始施行。

自《反垄断法》以法律的形式奠定了反垄断的一系列法律原则后，各相关执法部门开始研究对反垄断法律原则进行细化的行政法规及部门规章。除了国务院和商务部在 2008—2009 年发布的一系列关于经营者集中的申报标准、申报程序和审查办法的行政法规和部门规章外，国家工商行政管理总局于 2009 年 5 月 26 日颁布了《工商行政管理机关查处垄断协议、滥用市场支配地位案件程序规定》，并于 2010 年 5 月 25 日发布了三个反垄断法配套规则《工商行政管理机关制止滥用行政权力排除、限制竞争行为的规定》《工商行政管理机关禁止滥用市场支配地位行为的规定》《工商行政管理机关禁止垄断协议行为的规定》的征求意见稿。上述三个征求意见稿于 2010 年 12 月 31 日颁布，并于 2011 年 2 月 1 日起施行。另外，国家发展和改革委员会于 2009 年 8 月 12 日发布了《反价格垄断规定》的征求意见稿，并于 2010 年 12 月 29 日正式颁布，同时颁布的还有《反价格垄断行政执法程序规定》，这两部国家发改委部门规章均于 2011 年 2 月 1 日起施行。

鉴于以上法律法规的颁布施行，可以说基本上我国已经构建了初步的反垄断法律体系。从反垄断实体规制内容来说，相较于世界其他国家，也已经基本涵盖了垄断领域的主要方面，但在程序性规定方面仍然薄弱，比如关于垄断构成的分析方法、垄断豁免的具体操作程序和方式等。

三、反垄断法的调整对象（含例外情形）

1. 我国的情况

（1）滥用市场支配地位的行为；

（2）联合限制竞争行为（我国法律称为经营者达成垄断协议行为）；

（3）经营者集中行为、滥用行政权力排除；

（4）限制竞争行为。

2. 我国的例外情形

（1）特殊主体的特定行为，包括：①电力、煤气、自来水、铁路等自然垄断行业经营者利用市场支配地位的某些符合条件的行为；②部分行业协会、合作社、著作权保护组织、中小经营者及其团体等符合条件的联合行为和集中行为；③知识产权人正当行使知识产权的行为；④经营出口业务的经营者对外贸易中的符合条件的行为；⑤农业生产者及农村经济组织。

（2）非特殊主体特定情形下的特定行为，如为了应对经济不景气而制止销售量严重下降或者生产明显过剩，促进经营者合理化；没有其他更适宜的方法的情形下所采取的联合行为，经过主管机构特许可适用除外规定。

四、反垄断法的适用

反垄断法适用是反垄断法执行机构根据反垄断的规定，依照法定权限和程序，将反垄断法律规范施行于特定对象的专门活动。反垄断法的适用对象范围包括适用的地域范围、时间范围和对人的适用范围，即反垄断的时间效力、空间效力和对人的效力。我国的《反垄断法》第二条规定，中华人民共和国境内经济活动中的垄断行为，适用本法；中华人民共和国境外的垄断行为，对境内市场竞争产生排除、限制影响的，适用本法。这个规定明确了境内外的垄断行为都有可能被我国的《反垄断法》所调查。

当前国际经济贸易结构复杂，竞争在国际市场上日益激烈，跨国巨头企业越来越多，对我国公平的市场竞争环境产生了诸多影响。例如2009年三大矿业巨头绑架了我国钢材市场的价格。当年我国钢材产量为7亿吨，但是市场需求仅为5.6亿吨，按照常理，市场供大于求，价格下跌才对，可是就在那一年，我国的钢材价格不跌反涨，钢材价格不断上涨，出现了囤积钢材产品和惜售的现象，就像炒股票一样，人们开始待价而沽。原因就是力拓、必和必拓和巴西淡水河谷三大矿业巨头在境外联手抬高了铁矿石的价格，对中国钢材市场造成了巨大的冲击。虽然此事最终不是通过《反垄断法》解决的，但是在那一年，《反垄断法》已经生效，从法律上已经有了对付境外企业联手操纵价格的武器，对外国企业也形成了法律上的震慑。

第四节　现实问题与相关法律适用和探讨

一、滥用市场支配地位

案例分析　高通垄断案

2019年7月18日，腾讯新闻题为《高通不服欧盟2.72亿美元反垄断罚款将提起上诉》的新闻，在全世界引起人们的关注。欧盟委员会宣布，对高通处以2.42亿欧元（约合2.72亿美元）的反垄断罚款。理由是高通在2009年至2011年期间进行掠夺性定价，目的是迫使英国手机软件制造商退出竞争。欧盟反垄断专员玛格丽特·维斯塔格在一份声明中称："高通的战略行为阻碍了市场竞争和创新。"对此，高通发表声明称，将向欧盟"综合法院"提起上诉。在上诉待决期间，高通将提供财务担保以代替支付罚款。

高通法律总顾问唐·罗森伯格在一份声明中称："欧盟委员会花了数年时间调查我们面向两家客户的销售情况，但其中的每家客户都表示，他们选择高通芯片不是因为价格，而是因为竞争对手的产品在技术上略逊一筹。"早在2015年7月，欧盟委员会就宣布，已正式启动两项针对高通的反垄断调查，以评估高通是否滥用其市场主导地位强迫消费者使用其芯片。第一项调查的内容是核实高通是否向客户提供了财务激励，以确保客户使用高通的独家基带芯片。第二项调查是评估高通是否参与了"掠夺性定价"，将价格设定在成本以下，以迫使竞争对手退出市场。

针对第一项调查，欧盟委员会在2018年1月宣布，已决定对高通罚款9.97亿欧元（约合12.29亿美元），原因是高通滥用其市场主导地位，通过向苹果公司付费的形式来换取苹果在其智能手机和平板电脑中独家使用高通的芯片。高通随后回应称，将立即提起上诉。

争议焦点　高通是否构成滥用市场支配地位？

法理评析　美国高通公司成立于1985年，总部在加利福尼亚州，是一家拥有

33000多名员工的跨国公司。高通的客户及合作伙伴既包括全世界知名的手机、平板电脑、路由器和系统制造厂商,也涵盖全球领先的无线运营商。依靠技术创新和进步,高通不断引领3G、4G以及下一代无线技术的演进,在推动无线通信产业发展的同时,让先进的无线数字技术能够更好地造福人类。2018年12月10日,高通公司宣布对iPhone系列产品的临时禁令,苹果公司已提出上诉,要求撤销中国对iPhone的销售禁令。12月21日,高通宣布慕尼黑地区法院认定苹果侵犯高通与降低智能手机功耗有关的知识产权,并授予了高通所请求的永久禁令。

高通在芯片市场领域占有着高额的市场份额,根据欧盟反垄断法的规定,其已经构成市场支配地位。在这种情况下,利用其垄断优势进行"贿赂"式的财务激励和掠夺性定价,将价格确定在成本之下,目的就是将竞争对手挤出市场。这种行为严重损害了市场竞争机制的正常发挥,打击了正当竞争者的积极性,最终会再抬高价格以剥削消费者,对市场竞争秩序造成毁灭性破坏。因此,欧盟委员会两次高额罚款就是惩治这种行为的破坏性与危险性,及时制止这种行为对欧盟国家竞争秩序的损毁。在本案中,欧盟委员会首先要根据其占有的市场份额确定其在芯片市场领域中的市场支配地位,然后确认其行为是否构成滥用。在中国,《反垄断法》第十九条规定,有下列情形之一的,可以推定经营者具有市场支配地位:

(1)一个经营者在相关市场的市场份额达到二分之一的;

(2)两个经营者在相关市场的市场份额合计达到三分之二的;

(3)三个经营者在相关市场的市场份额合计达到四分之三的。

有前款第二项、第三项规定的情形,其中有的经营者市场份额不足十分之一的,不应当推定该经营者具有市场支配地位。

被推定具有市场支配地位的经营者,有证据证明不具有市场支配地位的,不应当认定其具有市场支配地位。这个规定就是针对市场份额这个市场占有率的指标来判断是否具有市场支配地位。这个概念可以说是衡量竞争度的一个法宝,帮助国家判断哪些企业的兴风作浪可以掀起大潮,便于国家监管。

二、经济力集中的反垄断审查

案例分析　马士基、地中海航运和达飞三大航运巨头合并被中国商务部否决

2014年6月29日，据中国之声《新闻纵横》报道，航运，对于一国外贸的重要性不言而喻。拿我国为例，我国有超过90%的外贸货物靠海运完成。由于金融危机的影响，我国航运正处在低迷期，但就是这样一个时期，却传来了一个更坏的消息。2013年，世界排名前三位的马士基、地中海航运和达飞三大航运巨头签署协议，拟设立网络中心（简称P3联盟）。该计划在6月19日被商务部依据我国《反垄断法》否决。这是我国第一次禁止外国公司之间的并购。

马士基在丹麦，它是一家"恐龙级"企业，一年的营业额是丹麦全国GDP的20%。它是全球航运业的领导者，更是行业标准的缔造者。而它保持了整整105年的盈利纪录，由于受2008年全球金融危机的影响，在全球航运史上最冷的2009年冬天，被拉下神坛。马士基应对寒冬的办法，是"抱团取暖"。它拥抱的地中海航运和达飞，是行业内的老二和老三。三家拟成立网络中心，统一负责主要航线的运输业务。P3联盟被称为航运史上的最强联盟，这种合作很可能导致我国航运业的窒息。

争议焦点　中国商务部为什么否决这次合并？依据是什么？

法理评析　专家介绍，它这种联盟和其他联盟有本质的不同。其他联盟是通过仓位互换、共同派船，通过协议来进行业务上的合作，它这个联盟实际上是搞了一个实体，它们是统一控制成本，统一定价格，本身它们就很强势，形成巨无霸以后市场就完全听命于它们了。我国每年才60万箱，马士基自己一家是260万箱，第二名是100多万箱，等到第四名就几十万箱了。它们本身单个已经巨大无比了，现在三家合起来之后，它的造船、融资成本都低，因为体量巨大。所以最后结果会是它的单箱成本非常低，把我国的航运企业挤出竞争市场，这是我国绝对不能容忍的破坏市场竞争的垄断合并行为。我国《反垄断法》第二十一条规定，经营者集中达到国务院规定的申报标准的，经营者应当事先向国务院反垄断执法机构申报，未申报的不得实施集中。我们国家实行的是事先申报制度，申报

批准以后,这个并购才能操作。我们管辖的前提,一是经营者集中;二要有一定的营业额,不只是全球的总营业额,在中国市场两个企业要有4亿的营业额,商务部才介入。

《反垄断法》第二条规定,中华人民共和国境内经济活动中的垄断行为,适用本法;中华人民共和国境外的垄断行为,对境内市场竞争产生排除、限制影响的,适用本法。这个规定涉及的管辖权,属于"长臂管辖",其可以管到境外,由效果地国家决定。这个规定,是全球经过一百多年的磨合而形成的。而P3联盟案将直接影响中国的航运企业、外贸企业和港口,因而监管部门需要对未来效果进行预判。

三、纵向协议垄断案

案例分析 第一起纵向垄断协议民事诉讼案件:锐邦诉强生固定转售价格案

2013年8月1日,也即在《反垄断法》实施五周年的纪念日当天,上海市高级人民法院(以下简称"上海高院")对全国第一起纵向垄断协议案件(锐邦诉强生案),作出终审判决——判决上诉人(也即原告)胜诉。本案也是迄今为止第一起二审法院撤销一审判决并判决原告胜诉的反垄断民事案件。争议双方是强生(上海)医疗器材有限公司和强生(中国)医疗器材有限公司(以下合称"强生")与它们的一位经销商——北京锐邦涌和科贸有限公司(以下简称"锐邦"),争议在于强生经销合同中限定最低转售价格的条款。锐邦作为强生吻合器及缝线产品的经销商,双方之间有着长达15年的合作。根据双方之间的经销合同,强生授权锐邦在北京向其指定经销区域中的医院销售强生产品,销售价格不得低于强生确定的最低转售价格。在之后的经销过程中,强生发现锐邦在一次竞标中私自降低销售价格,获取非授权区域的经销权,因此,强生扣除了锐邦的保证金,取消了锐邦在部分医院的经销权,并最终终止向其供货。

于是,2010年锐邦在上海第一中级人民法院(以下简称"上海一中院")对强生提起诉讼,主张强生制定限定转售价格条款,违反了《反垄断法》第十四条第(2)项的规定,并要求强生赔偿损失近1440万人民币。2012年5月18日,上海一中院作出一审判决，因原告未能证明上述协议产生排除、限制竞争的效果等，判决原告败诉。

原告锐邦随即向上海高院提起上诉。经三次庭审（第一次为公开审理，后两次为不公开审理），2013年8月1日，上海高院作出终审判决——撤销了原审判决，判决被上诉人强生应在判决生效之日起十日内赔偿上诉人锐邦经济损失人民币53万元，驳回锐邦的其余诉讼请求。

争议焦点　纵向垄断协议的认定标准是什么？

法理评析　上海高院在判决书中明确指出，《反垄断法》第十三条规定的垄断协议的定义（即"垄断协议，是指排除、限制竞争的协议、决定或者其他协同行为"），适用于纵向垄断协议。一般认为，由于横向协议直接排除、限制了市场竞争，横向协议限制竞争的效果甚于纵向协议。举重以明轻，反竞争效果强的横向协议构成垄断协议尚需以具有排除、限制竞争效果为必要条件，反竞争效果相对较弱的纵向协议更应以具有排除、限制竞争效果为必要条件。

分析固定转售价格协议反竞争效果的四个指标

在衡量固定转售价格的纵向垄断协议是否具有排除、限制竞争的效果时，上海高院在判决书中明确了以下几个考量因素：

（1）在考察相关市场竞争是否充分时，首先需要先界定相关产品市场和相关地域市场，然后考量相关市场内的买方力量、品牌依赖程度、是否存在进入障碍、被告的定价能力等因素进行综合判断。

（2）在考察被告市场地位是否强大时，综合考量以下指标：市场份额、定价能力、品牌影响力、对经销商的控制力等。

（3）如果查明被告实施限制最低转售价格的动机出于限制市场竞争，如回避价格竞争，则也是最终认定协议构成垄断协议的重要因素。

（4）上海高院认为，限制最低转售价格行为既可能限制竞争又可能促进竞争。一方面，由于市场存在一定的自我修复功能，有些限制竞争的效果很快会由市场纠正；另一方面，有些限制竞争的效果会被另一些促进竞争的效果抵消。因此，只有在实际产生难以克服、难以抵消的限制竞争的效果时，限制最低转售价格协议才应被认定为垄断协议。

损害赔偿的认定

在判决书中，上海高院对上诉人主张的损害赔偿进行了详尽的分析说理，并明确了以下几个观点：

（1）涉案合同中的相关产品（医用缝线产品）利润损失与被上诉人执行限制最低转售价格协议的行为存在直接因果关系，故此项损失可以主张赔偿；

（2）上述（1）中所称的损害赔偿，不应按照合同法规则计算（即不应按照履行限制最低转售价格的可得利润来计算损失），而应参照相关市场的正常利润计算利润损失；

（3）在分析相关市场经销商的正常利润率时，将参考被上诉人生产的相关产品价格与其他品牌相关产品的价格差异、经销商进货折扣、税负、被上诉人与经销商之间利润分配等情况酌定上诉人的损失；

（4）对于上诉人诉称的其他损失，如非相关产品的利润损失、高价购货的损失、可以期待获得的利润损失、商誉损失、员工遣散、积压库存损失、推广费用损失等，不予支持。

原告对纵向垄断协议具有排除、限制竞争效果承担举证责任

在一审中，上海一中院是因原告证据不足而判其败诉。而在二审中，上诉人和被上诉人均依据《最高院反垄断司法解释》第十三条的规定委托经济学专家就本案提供经济分析，并对上海高院的最终判决起到了影响。可见，在纵向协议反垄断民事诉讼中，原告若想取得胜诉，还是要就纵向协议是否具有排除、限制竞争的效果提供充分翔实的证据和说理。

四、行政垄断

案例分析　内蒙古自治区公安厅滥用行政权力排除限制竞争案

2013年3月，内蒙古自治区公安厅（以下简称"内蒙古公安厅"）与内蒙古恭安金丰网络印章科技有限责任公司（以下简称"金丰公司"）签订了《新型防伪印章治安管理信息系统建设合同》，约定由金丰公司提供经公安部检测合格的新型防伪印章治安管理信息系统软件，统一负责全区印章治安管理信息系统（以下简称"印章系统"）的升级改造和整合联网，并由金丰公司向全区所有的刻章企业供应符合国家有关技术标准的章材和芯片；内蒙古公安厅为印章系统提供场地、环境以及政策支持，协调自治区有关部门和盟市治安管理部门，为系统建设、运行、推广、维护提供必要条件。

2013年4月23日，内蒙古公安厅向各盟市公安局下发了《全区印章治安管理信息系统整合联网及推广使用新型防伪印章实施方案》（内公办〔2013〕60号，以下简称"60号文"），决定按照"统一领导、统一规划、统一标准、统一建设"的原则，对全区印章系统进行升级改造和整合联网，明确规定"依照政府采购程序，金丰公司为全区新型防伪印章系统建设项目中标单位，负责新型防伪印章系统软件的开发建设"，要求"各地积极支持配合金丰公司建设维护全区印章系统管理平台，杜绝自行其是、各自为政"。但经调查发现，选择金丰公司作为印章系统建设单位，并未履行任何招投标程序。

"60号文"出台后，内蒙古公安厅多次要求各盟市公安局尽快落实文件要求，卸载正在使用的经公安部检测通过的系统软件，安装使用金丰公司的系统软件，并要求全区刻章企业统一向金丰公司采购符合国家有关技术标准的章材、芯片以及配套硬件设备等。2017年1月6日，内蒙古公安厅再次向各盟市公安局下发《关于落实自治区党委巡视组意见强力推动印章系统建设的通知》（内公网传〔2017〕260号），要求"对于已完成金丰系统安装调试却仍在使用旧系统运行的盟市，要切实采取措施，淘汰旧系统，启用新系统；对于至今尚未安装金丰系统的盟市，要迅速制定贯彻落实措施，明确责任部门、责任人，抓紧时间落实"。在内蒙古公安厅的督促下，截至目前，除包头市外，其他11个盟市均已安装金丰公司的系统软件，或者由原系统软件供应商与金丰公司共同建设。

争议焦点　行政垄断的构成条件是什么？

法理评析　行政垄断并不是一个法律概念，而是一个学理概念，表现在我国《反垄断法》中就是第八条、第三十二至第三十七条，具体名称就是利用行政权力限制竞争行为。内蒙古公安厅的相关做法，违反了《反垄断法》第八条"行政机关和法律、法规授权的具有管理公共事务职能的组织不得滥用行政权力，排除、限制竞争"的规定，属于《反垄断法》第三十二条所列"限定或者变相限定单位或者个人经营、购买、使用其指定的经营者提供的商品"的行为和第三十七条所列"制定含有排除、限制竞争内容的规定"的行为。具体体现为以下几方面。

1. 排除和限制了印章系统软件市场的竞争

（1）各地公安机关和刻章企业在选择印章系统软件上拥有自主权，这些地方部门规章具有很强的影响力。2000年4月，公安部颁布《印章治安管理信息系统标准》(以下简称《标准》)，并下发《关于贯彻执行〈印章治安管理信息系统标准〉的通知》(公通字〔2000〕36号)，要求各地公安机关认真贯彻执行《标准》，所应用的印章系统软件必须经过公安部检测并符合《标准》，同时严禁借推广应用印章系统之名，强制更换印章或推行"防伪印章"。2001年8月31日，公安部又下发《关于规范印章治安管理信息系统建设的通知》(公传发〔2001〕2512号，以下简称"公安部2512号文")，明确要求"严禁独家垄断。各省、自治区、直辖市必须通过公开招标的方式，选择3家以上的系统软件在本省范围内供各地、州、市推广使用"。因此，各地公安机关和刻章企业在选择系统软件上拥有一定的自主权。"60号文"出台前，内蒙古自治区10个盟市自行选择了经公安部检测评估合格的系统软件，在各自辖区内建立了印章系统。自治区印章系统软件市场是竞争性、开放性的。

（2）内蒙古公安厅的相关做法排除和限制了系统软件市场的竞争，形成并强化了金丰公司的垄断地位，这使得其他企业的竞争机会被剥夺。"60号文"规定由一家企业统一建设全区印章系统，本身就违背了"公安部2512号文"的精神和要求，而且未经招投标程序直接指定金丰公司，剥夺了其他系统软件供应商参与竞争的机会，也侵犯了各盟市公安机关和刻章企业自主选择系统软件的权利。"60号文"出台后，内蒙古公安厅强迫各盟市公安机关和刻章企业卸载运行良好的现有系统软件，统一安装金丰公司的系统软件，将盟市公安机关拒绝安装金丰公司系统软件视为"不作为""乱作为"，责令相关负责人检讨整改，对未安装金丰公司系统软件的刻章企业的刻章申请不予审批备案，迫使7个盟市更换原有的系统软件，2个盟市原有软件供应商被迫与金丰公司开展合作，导致大量供应商被清除出系统软件市场，形成和强化了金丰公司的垄断地位，严重破坏了公平竞争的市场秩序。

2. 排除和限制了章材和刻章设备市场的竞争，增加了刻章企业和印章用户的成本

"60号文"出台前，刻章企业可以自行选购经过公安部鉴定合格的章材（包括铜质和塑料），自行购置符合《标准》的刻章设备。章材和刻章设备市场存在竞争，交易价格由买卖双方协商确定。据调查，章材价格一般在10元/枚至35元/枚之间。"60号文"出台后，内蒙古公安厅强迫刻章企业更换金丰公司开发的装有加密电子芯片的新型防伪印章，购买金丰公司统一定制的新型防伪印章章材（每枚最低55元、最高85元），采购与金丰公司系统软件配套的"中晶高清扫描仪"（每台1600元）、速拍证卡读写一体机（每台4800元）、全铜印章雕刻设备（每台4万元）等硬件设备。据调查，这些设备的价格要比一般市场价格高出一倍以上。上述做法大大增加了刻章企业的生产成本，导致印章价格明显上涨，加重了印章用户的负担。"60号文"出台前，每枚印章价格最高不超过200元。"60号文"出台后，金丰公司向刻章企业推荐的指导价为每枚280元。

2018年6月19日市场监管总局提出相关整改建议，要求于2018年7月10日前将整改结果函告市场监管总局。

"为恢复公平竞争的市场秩序，保障有关经营者的合法权益，建议内蒙古公安厅作出如下整改：

（1）停止滥用行政权力，强迫各盟市公安机关安装金丰公司系统软件、卸载已有系统软件，强迫刻章企业向金丰公司购买章材和刻章设备的行为。

（2）废止'60号文'关于指定金丰公司负责全区新型防伪印章系统软件的开发建设、强迫各地公安机关和刻章企业安装金丰公司系统软件等排除、限制竞争的规定。

（3）撤销与金丰公司签订的《新型防伪印章治安管理信息系统建设合同》，该合同自始无效。

（4）按照公安部治安管理局2018年3月印发的《加强和改革印章刻制业治安管理工作实施方案》（公传发〔2018〕202号）的部署要求，通过公开招标方式，确定自治区层面的印章系统承建商或运维商，并向经过公安部检测评估合格的系统软件开放自治区印章系统的数据接口。

（5）恢复印章系统软件市场、章材市场、刻章设备市场的公平竞争秩序，允许各盟市公安机关和刻章企业自行选择印章系统承建商或运维商、章材和刻章设备供应商。"

据了解，内蒙古自治区公安厅已决定立即叫停和纠正不合法、不合规的具体行政行为，依法严格规范印章管理工作。[1] 这是一个非常突出的行政垄断行为案例。这种垄断行为动辄通过文件干预市场，自己既制定竞争规则，又参与竞争活动，严重破坏了社会主义市场的竞争秩序。

---

1. 该内容见人民法院报：http://rmfyb.chinacourt.org/paper/html/2018-06/30/content_140628.htm?div=-1，2018-06-30.

第四章
反不正当竞争法概述

反不正当竞争法在经济法理论中有着极其重要的地位。学习本章,要在了解背景的基础上,从重点概念入手,掌握不正当竞争行为、经营者、知名商品、商业秘密等概念,区分驰名商标和著名商标这一对概念。然后,深挖其基本原理和制度,精准把握不正当竞争行为的法律性质,了解反不正当竞争法的历史沿革与不正当竞争私法公法化,明晰反不正当竞争法与反垄断法的关系。最后,用扎实的理论功底去分析现实问题及其法律适用。

本章属于市场规制法或竞争法组成部分，被学术界公认为经济法的核心组成部分。该法与反垄断法同属于竞争法，在历史上专门立法晚于反垄断法，反垄断法更多地面对的是大企业，而该法则面对所有企业与经营者。不正当竞争行为是市场毒瘤，严重破坏了正常的市场竞争。该法列举了相应的危害行为，明确了其性质，规定了相应的法律责任。本章可以帮助我们了解市场竞争的特点，了解控制不正当竞争行为的基本法律。

第一节　本章概述

一、知识背景

在西方，对不正当竞争行为的法律控制在 17 世纪就有了判例。经过长期的发展，法国根据民法典也推出判例原则。1896 年德国出现了专门的立法，且呈现为由民法特别法到公法的发展过程。在资本主义自由竞争阶段形成的专门化的法典立法使得法律部门的概念更加清晰，不止在行为规范性质上做实质性分类，还在条文的聚合上体现了部门的专门化特点与意义。而在传统的宪法、刑法、民商法、行政法、刑事诉讼法、民事诉讼法等几大法律部门或法典之外，又出现了新兴的立法，这样，在旧的法律体系中就难以找到位置。而这个旧的法律部门架构伴随着资本主义政治、经济力量的全面兴起，为资本主义列强的崛起立下了汗马功劳，被尊为那个时代的经典之作与神圣产物，是不可以轻易去怀疑和打破的，是经过一百多年的传承已经被西方资本主义世界的成员们刻骨铭心记录下来的法律经典，像一个神话。要在这个体系中寻找一席之地，难于上青天。1890 年美国的《谢尔曼反垄断法》和 1896 年德国的《向不正当竞争行为斗争法》，都需要在资本主义大陆法系的体系中被接纳。相比于资本主义自由哲学、私有财产权利和自由竞争机制，这种法律为什么会出现？源自哪里？与现有的法律体系关系如何？其法律本质如何确定？这一系列问题开始搅扰着旧的法律体系与部门架构，使得竞争法在摇摇摆摆的行进中进入了公法的视野，并逐渐被理论研究圈定在经济法的部门中。

中国在刚刚推行市场经济体制之初，于1993年颁布了《反不正当竞争法》，依法确定了扰乱市场竞争的各类行为。随着社会的发展，行为种类不断翻新，原有法律无法规范所有的竞争行为，因此，2017年对该法进行了修订，学习中对这次修订要重点对待。在我国的法律体系中，《反不正当竞争法》被明确列入经济法范畴，在学术界也是这么划分的。在中国于1992年正式开始以国家干预的方式推行市场竞争体制时，真正的阻力就来自国家管理体制本身，除了自由竞争者会为了自身利益铤而走险外，更多的就是来自计划经济遗留体制的阻碍，所以中国的《反不正当竞争法》与西方的背景还是有很大差距的。但是，随着市场化改革的深入，计划经济体制的因素越来越少，不正当竞争的调整范围也会发生变化，这就是为什么2017年的修订相较于1993年的立法发生了重大变化。这种基本法立法的形式我们当年是从市场经济国家与地区借鉴而来的，有点"超前"立法的味道，因为1993年中国的市场经济改革才刚刚拉开序幕。但是从今天的市场竞争格局来看，这部法律针对性太强了，专门化程度也极高，体现了国家干预的专业化、系统化特征，它与传统的民商、行政和刑事法律部门的确存在着本质的区别。

二、本章涉及内容

1. 主要概念

本章涉及的主要概念有：不正当竞争行为、经营者、知名商品（2017年后改为"有一定影响的商品"）、驰名商标、著名商标、商业秘密、虚假宣传、诋毁商誉行为、有奖销售行为、妨碍网络产品或服务运行行为。

2. 主要原理

（1）不正当竞争行为的法律性质；

（2）《反不正当竞争法》的历史沿革；

（3）《反不正当竞争法》与《反垄断法》的关系。

3. 实践难题

（1）经营者的法律界定；

（2）有一定影响的商品（2017年前称为"知名商品"）的认定；

（3）商业秘密的认定及其与专利的关系；

（4）商业贿赂的影响及治理思路（违法与犯罪的认定），延伸思考：商业贿赂的民事赔偿责任有哪些？

（5）虚假宣传的法律责任分析。

4. 法律法规目录

2017年《反不正当竞争法》（1993年颁布），2007年《最高人民法院关于审理不正当竞争民事案件应用法律若干问题的解释》，2007年《最高人民法院、最高人民检察院关于办理受贿刑事案件适用法律若干问题的意见》，1993年《关于禁止有奖销售活动中不正当竞争行为的若干规定》，1998年《关于禁止侵犯商业秘密行为的若干规定》（1995年颁布），1996年《制止民用航空运输市场不正当竞争行为规定》，1993年《医药行业关于反不正当竞争的若干规定》，1999年《国家工商行政管理局关于工商行政管理机关应当依照〈反不正当竞争法〉查处邮政企业强制他人接受其邮政储蓄服务的限制竞争行为的答复》，1999年《关于制止低价倾销行为的规定》，1999年《国家工商行政管理局关于〈反不正当竞争法〉第二十三条和第三十条"质次价高"、"滥收费用"及"违法所得"认定问题的答复》，1997年《国家工商行政管理局关于医院给付医生CT"介绍费"等是否构成不正当竞争行为的答复》，1982年《国务院关于在工业品购销中禁止封锁的通知》，2001年《关于非营利性医疗机构是否属于〈反不正当竞争法〉规范主体问题的答复》。

5. 2017年《反不正当竞争法》修订简介

新修订的《反不正当竞争法》对混淆行为、商业贿赂、虚假宣传、有奖销售、商业诋毁、侵犯商业秘密等条款进行了较大幅度的修改和完善，增设了规制互联网领域中不正当竞争行为的互联网专条，删除了公用企业限制竞争、搭售、低价倾销、行政垄断、串通招投标等内容，使《反不正当竞争法》规制的不正当竞争行为从种类和内容上都更加明确。

经营者一旦因不正当竞争行为受到行政处罚，将被记入信用记录，并依照相关规定予以公示。在社会信用体系不断完善的今天，信用记录一旦失守，经营者可能面临被多部门联合惩戒的风险。

第二节 基本概念

一、不正当竞争行为

1. 定义

本法所称的不正当竞争行为，是指经营者在生产经营活动中，违反本法规定，扰乱市场竞争秩序，损害其他经营者或者消费者的合法权益的行为。（2017年）这是中国现行法律给不正当竞争行为下的定义，符合法律逻辑的形式要求，也明确指出了这类行为的本质。（1993年我国《反不正当竞争法》第二条第二款规定："本法所称的不正当竞争，是指经营者违反本法规定，损害其他经营者的合法权益，扰乱社会经济秩序的行为。"最明显的变化就是增加了对消费者的损害。）

2. 特点

（1）不正当竞争行为的实施主体是经营者，应当包括合法经营者与非法经营者，无论其有没有经营资质。它有企业也有自然人，还可能有各类并不是经营主体但是共同参与的主体，可以描述为被吸收主体，在构成共同不正当竞争行为时出现。

（2）不正当竞争行为是违法行为，既包括民事侵权行为，也包括行政违法行为，还包括犯罪行为。

（3）损害了经营者或消费者的利益和市场秩序，既包括同业竞争者的利益，也包括利益相关者的利益，或者是直接损害了消费者的利益，此时与消费者保护法相交叉。

修订后第六至十一条列举了不正当竞争行为：混淆行为、商业贿赂行为（没再列回扣概念，保留了折扣、佣金概念）、虚假宣传行为、侵犯商业秘密、违法有奖销售行为、诋毁商誉行为、妨碍网络产品或服务运行行为。

知识指引

不正当竞争行为的概念支撑起了反不正当竞争法的逻辑基础。这种逻辑下的行为在古代就存在，我国古代的一些法典对此也有相应的规范。例如侵犯商号，更多的是以欺诈名义处以行政或刑事责任，民事责任规定较少。在现代经济法思想的影响下，出现了监督竞争行为的专门立法，将民事的、行政的和刑事的责任统一规定在一部法律中，将国家干预或政府干预的专门制度规定下来，这种法律是传统的法律部门难以界定的，因此我们将其列入经济法部门。然而，在法学界存在很大争议，因为很多学者不认可存在经济法部门。但是，如果经济法部门不存在，这应该属于哪个传统部门他们却又难以回答，这既是逻辑上，也是法律上的现实矛盾。不认可经济法的学者应该拿出《反不正当竞争法》不属于经济法部门的论证意见，同时还得说明这部法律应当属于哪个法律部门。这就是学术的严谨性，一切论点都应当围绕证据的实证论述。

二、经营者

1. 定义

我国《反不正当竞争法》第二条第三款规定：本法所称的经营者，是指从事商品生产、经营或者提供服务（以下所称商品包括服务）的自然人、法人和非法人组织。（2017年）

修订之前的内容是："本法所称的经营者，是指从事商品经营或者营利性服务的法人、其他经济组织和个人。"但是法律如此规定的模糊性，也在现实生活中的执法、司法过程中产生了一定的困扰。前后的概念描述产生了差距，新修订的法律的描述与2017年的《民法总则》一致，从法律概念的专业化程度上也更加准确，法理也更加清晰。

2. 反不正当竞争法的主体原来可以分为两类

（1）普通情形下，经营者指的是从事商品经营或者提供营利性服务的法人、自然人和非法人组织。目前修订后只剩下这一类。

（2）特殊主体。

原来政府及其所属部门实施的限制竞争行为和地区封锁行为也属于不正当竞争行为，2017年后这种主体只在我国《反垄断法》中出现。这种变化的原因需要说明。1993年我国在确立市场化改革之初，曾经起草了《反不正当竞争条例》和《反垄断条例》，但是最终反垄断的内容难以通过。既然这些法律在市场经济国家普遍成为"经济宪法"，在中国肯定不能缺乏，尤其是当时急需解决一些优势企业滥用行为的问题，因此就将《反垄断条例》中的很多内容嵌入了《反不正当竞争法》中。但是2008年我国颁布了《反垄断法》，出现了二法调整对象与范围交叉的情况。考虑到适用法律的统一性，就将《反不正当竞争法》中涉及垄断的内容删除了。

知识指引

不正当竞争行为的实施者和被实施对象都限于"经营者"，而"经营者"的基本特征是营利性，这从一般的市场竞争关系角度来理解似乎并无不当，但我国市场竞争的现实告诉我们事情并非这么简单。很多政府机构、行业协会、事业单位、国有企业可能都参与过不正当竞争行为，法律在适用中可能都会考虑到这些实际情况。这个概念在司法实践中被准确地解释意义重大。因为一个主体只有被列入了法律认可的"经营者"，才能允许适用该法律提起诉讼，利用法律中规定的各项制度保护自己的权利与利益，否则无法适用，使自己的权利处于法律状态不明的尴尬境地。经营者的法律界定是否属于合法经营主体，没有营业执照的经营者是否属于法律规定的经营者？被侵犯的经营者是否可以要求适用该法？从主体资格角度还是行为角度分类，才能真正科学地把握经营者这个主体概念？这些都是学习《反不正当竞争法》中主体概念的难点，也是关键点。无论是理论界还是实务界，对此都存在争议，这就是学术涉猎的重要内容。

三、对他人有一定影响的商品、驰名商标、著名商标

1. 定义

对他人有一定影响的商品：是指在市场上具有一定知名度，为相关公众所知悉的商品。1993年《反不正当竞争法》中称为知名商品，对于商标以外的外观形状仿冒危害很大，因此这个制度的设立对于那些外观仿冒相同或近似的行为都很有震慑力。

驰名商标：是中国国家工商行政管理总局商标局根据企业的申请官方认定的一种商标类型，在中国国内广为知晓并享有较高声誉。这个概念属于世界范围内的法律概念，对于投入巨大的商品标识的保护意义重大，尤其是能够实行跨类保护、相似度保护、国际保护，是《商标法》和《反不正当竞争法》中重要的交叉保护的内容。

著名商标：所谓著名商标是指具有较高市场声誉和商业价值，为相关公众所熟知，并依地方法规被认定的注册商标。这个概念在我国被广泛使用，在很多广告内容中频频可见。人们大多数都认为这是一个官方概念或法律概念，没想到现实竞争中却导致竞争行为乱象丛生，不得不引起最高立法部门的介入。

在现实中，认定驰名商标与著名商标有所不同：（1）认定机构不相同；（2）认定标准不相同；（3）对商标是否注册的要求不相同。对他人有一定影响的商品在实践中需要权利人自身举证，尤其是涉及提起被侵权诉讼之时。

2. 现实困境与法律应对方法

我国商标法只有驰名商标这一概念，并没有关于著名商标的规定，著名商标只是地方政府、有关部门通过一定程序赋予一个商标的荣誉称号，在很长一段时

间内与驰名商标并驾齐驱。有数据显示，目前，由地方政府认定的著名商标大约有1万件以上，全国46个省、自治区、直辖市和计划单列市中，除个别地方外，都分别以各种形式规定了著名商标制度，而且几乎都是以行政认定的方式。2017年11月1日，全国人大常委会法制工作委员会（以下简称"全国人大法工委"）将《对有关著名商标制度地方性法规的研究意见》印送河北省、吉林省、浙江省、安徽省、湖北省、重庆市、四川省、甘肃省和长春市、吉林市、成都市人大常委会，请相关地方人大常委会对有关著名商标制度的地方性法规进行清理。同日，还致函国务院法制办公室，建议对有关著名商标制度的地方政府规章和政府规范性文件开展清理工作。

2017年3月14日，国际消费者权益日前一天，有媒体曝光了陕西西安地铁3号线使用的西安奥凯电缆有限公司的电缆是问题产品，同时还指出，该电缆使用的"五胜及图"商标通过违法手段获得了陕西省著名商标的认定。

事件发生后，针对驰名商标被有的地方政府当成一种荣誉，著名商标、知名商标由地方政府评选认定的做法，国家工商行政管理总局要求，规范驰名商标，暂停著名商标和知名商标的认定。国家工商行政管理总局原党组副书记、局长张茅在媒体公开发表署名文章——《提高认识澄清误区，积极实施商标品牌战略》，其中明确指出："由政府组织评选认定，是用政府公信力、政府信誉为个别企业担保背书。""严重违背了市场公平竞争的基本原则。""政府替代市场的评定误导消费者的选择。"

2017年4月26日，第17个世界知识产权日当天，在上海大学知识产权学院的组织下，来自17所高校的108名研究生联署致信全国人大常委会法工委与国务院法制办，建议对《重庆市著名商标认定和保护条例》等有关著名商标的地方立法进行审查，并提请对全国范围内带有普遍性且问题丛生的著名商标制度的进退与存废给予积极指导。主要理由是，部分地方性法规和地方政府规章规定了著名商标的认定和保护制度，这些地方立法大多规定地方"著名商标"采取"批量申报、批量审批、批量公布"的认定模式和"一案认定，全面保护；一次认定，多年有效"的保护模式，这是对2001年《商标法》第二次修改后已经改变的原驰名商标制度的变相恢复。经梳理，我国现行有效的关于著名商标或者知名商标的地方性法规共有 11 部。其中，省级人大常委会制定的地方性法规 8 部；设区的市人大常委会制定的地方性法规 3 部。另据国家工商行政管理总局提供的情况，除地方性法规外，各地还制定了有关著名商标制度的省级地方政府规章 18 件，设区的市级地方政府规章 7 件，地方政府规范性文件 3 件，还有 6 个地方政府的工商行政管理部门制定了关于著名商标的规范性文件。[1]

据媒体报道，2017 年 11 月，全国人大法工委向一些地方发函，要求对有关著名商标制度的地方性法规予以清理，适时废止。2018 年 2 月，又向多地下发督办函，要求尽快落实。然而，在全国人大法工委二度叫停之后，有部分省份仍将相关工作转交"著名商标协会"等组织继续进行，且评比中的行政属性依然强烈。"回头望"的目的，正在于防止出现"你清你的，我评我的"现象发生。事实则佐证了全国人大法工委的担心。据披露，广东省工商局在全国人大法工委喊停著名商标立法之后仍在"改头换面"继续评比。

虽然著名商标的认定机关由行政部门变为商标协会，但是商标协会会长与评审委员会主任都由广东省工商局副局长钱永程担任。此外，安徽省著名商标评比活动则转交第三方机构安徽省红盾商标事务所，该公司表示今年安徽省仍将举行著名商标的评选工作。其实，早在全国人大法工委要求清理废止各地的著名商标法规之前，2017 年 6 月，国家工商行政管理总局即明确要求规范驰名商标、暂停著名商标和知名商标的认定。可以说，在决策层面，叫停"著名商标"、杜绝行政力量干预微观市场，已经成为共识。[2]这是法治的一大进步，让我们看到了在市场竞争领域国家干预的进一步深入。

知识指引

法律在现实中遇到困惑时就会反映到立法的修正意见上来，这一组概念在现实中对市场竞争的意义重大。从古至今都存在类似制度的制定，以保护勤奋、有智慧、讲诚信的品牌企业或个人。学习这些概念时，一定要先明确

---

1. 该内容见中国新闻网：http://www.chinanews.com/gn/2017/11-14/8375629.shtml，2017-11-14，来源于《法制日报》。
2. 新京报，2018-5-7.

这些制度的价值,即法律为什么要规定这些内容。学习著名商标这样的概念,难度较大,因为在一般的教科书里不会涉及这个概念,更不会对存在的问题进行概括。在社会上影响巨大而在法律职业教育上却没有任何显示,这不符合法律科学的职能定位。因此,认真阅读本书对于著名商标问题的梳理具有很好的启发意义,理解为什么如此习以为常的一个概念却能严重影响市场竞争秩序。这从一个侧面体现了中国市场机制的基础薄弱,政府权力部门使用权力随意干预市场竞争的行为难以得到有效控制,而这就是经济法学研究的重要任务:不仅能够发现它,研究它,最后还能够帮助国家用立法的方式制止它。

四、商业秘密

1. 定义

2017年修订的《反不正当竞争法》第九条第三款对该概念进行了定义:本法所称的商业秘密,是指不为公众所知悉、具有商业价值并经权利人采取相应保密措施的技术信息和经营信息。1993年《反不正当竞争法》第十条第三款为:"本条所称的商业秘密,是指不为公众所知悉、能为权利人带来经济利益、具有实用性并经权利人采取保密措施的技术信息和经营信息。"通过观察可以看到变化,原来界定的标准是具有商业价值,判断标准很模糊,主观性很强,不利于准确地进行法律解释。现在的标准很清晰,看这些信息能否带来经济利益,这样的证据很容易找到,因此这个概念具有很强的可操作性,体现了法律专业的逻辑概念特征。

2. 特点

商业秘密包括以下三个方面:

(1)秘密性。"不为公众所知悉"反映了商业秘密的秘密性。秘密标准不是绝对标准,因为经营主体内部雇员或者其他合作方在一定程度上都会掌握该信息。所以标准应当是相对的,只要权利人的信息在合理的范围内是处于秘密状态的。这一点可以体现新颖性。

（2）保密性。"经权利人采取相应保密措施"反映了商业秘密的保密性特点，即必须是权利人有保护的意图，并采取相应的保密措施予以保护的信息。

（3）价值性。"能为权利人带来经济利益"反映了商业秘密的价值性特征。商业秘密产生于生产、销售和服务活动之中，为权利人带来经济上的利益，使权利人比不知道或者不使用该商业秘密的竞争者处于更加有利的优势地位，在竞争中因此而具备相应的竞争优势。

知识指引

商业秘密从外形上看是一种信息，而且是具备交换价值的信息。这种信息很可能是几代人的智慧结晶，是一种非常复杂的脑力或体力劳动的成果。形成这种信息可能要付出巨大的经济成本，例如药品配方，很可能要经历几代人的研究与改进，"同仁堂"就是如此，再比如"明善堂"伸筋活络丸。很多经营信息也需要付出繁杂的劳动才能获得，如计算方法、经营方式、客户名单、管理方法等。商业秘密在法律上并不是一种明确的权利，但是属于一种受保护的利益。商业秘密与专利有很大不同，商业秘密需要自己证明，而专利权需要行政认定。但是商业秘密无须公开自己的信息内容，而专利权在申请时则需要公开很多重要信息，所以有很多重要的技术信息不去申请专利权，只以商业秘密的形式存在，如可口可乐配方、肯德基配方，等等。侵犯商业秘密的行为危害极其严重，轻则构成侵权行为或者行政违法行为，严重的可能构成侵犯商业秘密罪。窃取别人的商业秘密可能会对拥有者造成毁灭性打击，是一种严重危害市场竞争秩序的不正当竞争行为。

五、商业贿赂行为

1. 定义

我国《反不正当竞争法》第七条第一款：经营者不得采用财物或者其他手

段贿赂有关单位或者个人，以谋取交易机会或者竞争优势。1993年《反不正当竞争法》第八条第一款指出："经营者不得采用财物或者其他手段进行贿赂以销售或者购买商品。在账外暗中给予对方单位或者个人回扣的，以行贿论处；对方单位或者个人在账外暗中收受回扣的，以受贿论处。"但是该条并未使用商业贿赂的概念，这个概念只是理论上的提法。修订后的法律取消了回扣的概念，重点放在谋取交易机会或优势上，对于暗中还是公开不再做要求，这是立法上的一大亮点，说明我们现在规范的不仅仅是暗回扣，还包括有些国家认可的"白回扣"。

2. 特点

（1）目标是交易对方或影响对方的人；

（2）折扣和佣金需入账；

（3）经营者的工作人员行贿的，一般认定为经营者行为。

因商业贿赂而遭受影响的竞争者的损失能否获得侵权赔偿，在我国实践中很少有实例，依法应当可以获得赔偿，提供证据证明自己的损失即可。可以搜集相关案例。另外可以了解一下刑法中对商业贿赂规范的条款与罪名。

知识指引

商业贿赂行为对竞争秩序可能产生毁灭性的破坏，而且严重败坏商业道德和社会风气，绝不仅仅是一种民事侵权行为。在我国的社会主义市场经济实践中，大量的交易领域都设定有竞争制度，比如招标投标制度，以维护正常的交易秩序。但是现实中存在大量的利用商业贿赂行为争取交易机会的行为，例如工程招标投标领域存在的打招呼问题，同等条件下打了招呼的，胜算的概率就高。惩治商业贿赂行为需要科学、发达的法律制度体系，依靠证据和法律，并向社会公开，日益细密、完善的顶层设计使得司法制度越来越透明，监管违法行为的国家治理能力不断增强。

六、虚假宣传行为

1. 定义

虚假宣传行为是指经营者利用广告或者其他宣传方法,对商品或服务做与实际情况不符的公开宣传,引起或足以引起交易相对人对商品或服务产生错误认识的行为。

2. 分类

(1)做虚假或者引人误解的商业宣传,欺骗、误导消费者的行为;

(2)通过组织虚假交易等方式,帮助其他经营者进行虚假的或者引人误解的商业宣传的行为。

知识指引

虚假宣传行为既是一种危害市场竞争者的行为,通过不正当手段占有了他人的竞争机会,又是一种侵害消费者利益的行为,其危害程度日益增大,甚至开始出现对消费者洗脑的教育与宣传,导致消费者作出非理性的消费行为,不仅仅被榨取了钱财,重者丧失了生命。各类保健产品通过各种媒体充斥人们生活的角角落落,很多老年人被虚假宣传搞得晕头转向,直到健康受到危害或病情被耽误方才悔恨不已。这种不正当竞争行为严重破坏了社会主义市场竞争的秩序。目前的法律对此更多的只是作为一种行政违法行为加以处罚,民事上的制裁难度较大,因为受害人需要证明虚假宣传与非理性消费受损之间的因果关系。我们必须与时俱进,加大对虚假宣传的打击与控制力度,使消费者受到保护,也使同业竞争者得到支持,维护健康的市场竞争秩序。

七、商业诋毁行为

1. 定义

商业诋毁行为是指经营者通过编造、传播虚假信息或者误导性信息,损害竞争对手的商业信誉、商品声誉的行为。

2. 后果及法律责任

商业诋毁竞争对手一般给其带来的打击很大,经济损失严重,本法第二十三、三十一条规定了行政、刑事责任,按照第十七条也可以主张民事赔偿,但是此类案件难度较大,可以搜集相关案例。

知识指引

商业诋毁行为直接表现为对竞争对手的侵犯,造成的后果可能非常严重。在剧烈的市场竞争中,有很多实力雄厚、信誉卓著的优秀企业脱颖而出,但也有许多缺德少信、无能经营的竞争者,为了盈利,他们铤而走险,捏造虚假信息,误导社会公众,破坏同业竞争者的商业声誉,用非常卑劣、猥琐的手段贬低、丑化对手的形象。这种行为性质恶劣,经常使对手遭受巨大误解,受调查,被谣言包围,产生巨大的损失,严重的甚至破产倒闭。这不仅破坏了竞争对手的声誉或财产,还对竞争秩序产生了毁灭性的打击。如果这种行为泛滥,市场竞争秩序将会被毁灭,改革开放的目标就难以实现。所以,对于这种缺德违法的不正当竞争行为,法律坚决不予容忍,这样才能逐渐树立起法治的威信与市场竞争者的信心。

八、有奖销售行为

1. 定义

有奖销售行为是指以赠送物品或发放奖品为促销诱因,刺激消费者购买产品和扩大产品知名度的一种促销方法。

2. 不正当有奖销售行为的分类

（1）所设奖的种类、兑奖条件、奖金金额或者奖品等有奖销售信息不明确，影响兑奖；

（2）采用谎称有奖或者故意让内定人员中奖的欺骗方式进行有奖销售；

（3）抽奖式的有奖销售，最高奖的金额超过五万元。

知识指引

这是一种危害很大的不正当竞争行为，会对消费者进行不合理的刺激，产生赌博式的消费心理，进而导致畸形的消费后果，直接损害了消费者的权益。作为正常的促销手段，有奖销售被各国企业普遍使用，以提高销售知名度和数量，赚取更多的利益。不正当的有奖销售实际上是一种欺诈性的销售行为，在实践中有很多有奖销售用假冒伪劣的商品冒充真品，以残次充优良，欺骗消费者。法律上对这种欺骗行为应严格控制。对于性质恶劣、情节严重的有奖销售诈骗，应考虑以诈骗犯罪处置，以震慑这种既损害竞争对手竞争利益，又损害消费者消费利益的行为。

九、妨碍网络产品或服务运行行为

1. 定义

指经营者利用技术手段，通过影响用户选择或者其他方式，实施妨碍、破坏其他经营者合法提供的网络产品或者服务正常运行的行为。

2. 分类

（1）未经其他经营者同意，在其合法提供的网络产品或者服务中，插入链接、强制进行目标跳转；

（2）误导、欺骗、强迫用户修改、关闭、卸载其他经营者合法提供的网络产品或者服务；

（3）恶意对其他经营者合法提供的网络产品或者服务实施不兼容；

（4）其他妨碍、破坏其他经营者合法提供的网络产品或者服务正常运行的行为。

知识指引

网络不正当竞争行为属于新时代下《反不正当竞争法》调整范围扩大后纳入的内容。网络经营行为与网络市场空间已经成为这个时代一个巨大的竞争市场，它不仅是新事物，它由于具有强大的信息传播能力，因此掌握了市场的本质特征，将销售渠道和信息迅速传遍由电子终端构成的各个真实市场，速度之快、范围之广、数量之大都是传统市场无可比拟的。第一次和第二次工业革命将古代的人工、畜力形成的市场范围远远超出，第三次工业革命——信息革命将机器、电气化时代形成的市场范围远远超出。互联网革命让人应接不暇，让传统市场望尘莫及，新事物、新行为层出不穷，之前的法律已经无法规范新式竞争行为，于是新的法律内容应时代要求而产生。对于涉及互联网不正当竞争的行为，它在借鉴法学原理的基础上，结合互联网竞争行为的特点与要求，制订了以上内容，将出现在互联网领域的竞争行为纳入法治轨道，这是法治的进步，也是人们认识的与时俱进。

第三节 基本原理和制度

一、不正当竞争行为的法律性质

不正当竞争行为的法律性质为违法或犯罪行为，它具有以下特性：

（1）竞争性。人类社会中竞争非常普遍，在市场领域更是以竞争为基本法律原则。几千年来，人类交易与竞争共存，缺少了竞争社会很快就会退化。社会主义者欧文曾经办理社会主义实验工厂，消除竞争，最后导致懒惰丛生，优秀工人的上进心丧失。苏联的计划经济体制基本上消除了竞争,最后导致整个国家陷入退化,僵化的国营体制使得官僚主义盛行,工人、农民、普通干部严重缺乏上进心,生产力严重下滑。新中国成立后,构建了计划经济体制,逐渐建立了社会主义公有制经济体系,但是基本消除了竞争,很快出现了"大锅饭"现象,干多干少都一样,因此,工人、农民、干部建设社会主义的热潮逐渐丧失,懒工怠政现象普遍产生,生产力下降。交易与市场是人类的必需,竞争是推动社会进步的巨大动力,市场中有盈利的巨大动力,才出现了技术的不断革新、进步和管理上的不断升级。伴随着竞争,出现了许多不正当竞争的行为,其目的也是竞争,但是不正当的行为方式必须受到法律的管控与制裁,否则就会毁掉竞争,阻碍人类社会不断前进。

(2)反商业道德性。人类的商业贸易与竞争秩序自古有之,商业道德作为道德的组成部分源远流长。古代社会中就存在诚信与欺诈的现象,就存在德与法的区别。商业道德是千百年来各国人民沉淀下来的品质与经验的积累,优秀的商业道德是全人类学习的榜样。在现代社会细致的法律规定出现之前,有很多商业领域依靠的就是商业道德的支撑。在商业领域中流传着许多动人的诚信故事,但是也伴生着很多缺斤短两、欺老欺少的缺德行为,这些行为从历史上来看,首先破坏的就是千百年来人类形成的优良的诚信品质、商业道德,是对无数非正式法律制度但却是优秀榜样的商业品质的挑战,不正当竞争行为就清晰地体现了违反这类商业道德的性质。这些道德规则虽然不一定以文字的方式体现出来,但是却引领着人类的工商业文明。如果不正当竞争行为泛滥成灾,公平正直的市场竞争秩序就难以建立起来,已经建立起来的基本秩序也可能面临崩溃,因此维护商业道德意义重大,势在必行。

(3)违反法律性。道德与法律属于不同的范畴,但是又紧密相连。道德的范畴范围广大,历史悠久,但不正当竞争行为是否被列入法律则要考虑法的发展。有很多违反商业道德的行为,可能自古有之,例如窃取竞争对手的食品配方,可能过去的法律中并不作为违法处理,但是现代社会中却将其列入不正当竞争,这时候该种行为既属于反商业道德的行为,又属于违反法律的行为。在侵权的法律中、在经济法中，或在刑法中将该类行为明确列入，就说明具有了违法性，不仅仅是违反商业道德。这就要看一国法治的发达程度、法律教育与法律文化的发达程度，只要列入了立法的范围，不正当竞争行为就具有了违法性，就可以受到更严密的监督与控制。所以违法性反映了国家出面进行的干预，自由放任已经控制不了其危害了。

二、反不正当竞争法的历史沿革

1. 不正当竞争的提出

不正当竞争的概念最早出现在法国，1850年法国通过适用无正当理由而对他人造成损害必须承担责任的一般民法原则，推出了"不正当竞争"的概念。这是法国法院根据《法国民法典》作出的一个判决。[1] 实际上英国早在17世纪就通过判例法对不正当竞争行为进行限制，这也形成了限制贸易应受谴责的原则。该原则被用来禁止对贸易实施各种不正当的限制行为，但英国直到1948年才颁布《垄断与限制竞争法》。[2]

2. 概述

最早对不正当竞争行为进行定义的是1883年的《巴黎公约》，该公约第十条规定，"凡在工业商业活动中违反诚实信用的竞争行为构成不正当竞争的行为"，首次对这种行为进行概括式描述。

3. 专门立法

1896年德国的《向不正当竞争行为斗争法》将不正当竞争定义为"在营业中

---

[1]. 与反垄断法诞生于北美的加拿大和美国的情形完全不同，欧洲的英国、法国和德国则是反不正当竞争法律制度的开先河者。早在1824年，英国的司法判例就确认了被称为仿冒行为（passing-off）的侵权行为，由此对受到侵害的竞争者提供相应的救济。随后，英国的衡平法院逐步形成了一系列反仿冒的不正当竞争案例。在1850年前后，法国法院在适用《法国民法典》第1382条有关侵权行为的法律规范处理某些案例时，首先提出了"不正当竞争"的概念，即所谓虽未侵犯工业产权，但在某些商业活动中导致欺诈并使人误解或对此负有责任的行为，并由此确立了依靠侵权法制止不正当竞争行为的法例。王洵.纺织品贸易不正当竞争的规制.上海：华东政法大学，2007:3-4.

[2]. http://www.doc88.com/p-377887411673.html.

为竞争的目的采取违反善良风俗的行为",这是世界上第一部反不正当竞争立法,后来各国立法又具体列举各类行为。1909年进行了修订,创制一般条款,其间有过多次修订。2004年德国开始实施新的《反不正当竞争法》,它并不满足于对原法的修订,而是对这部实施了近百年的法律进行了现代化改革,以便与欧盟法同步发展。另一方面,它加强了对消费者的保护。

4. 不正当竞争发展为侵权的过程[1]

(1)古代:野蛮的同态复仇规则——最初的公力救济,主要体现在损害赔偿、罚金等形式上——罗马法规定了各类侵权行为责任,创立了过失行为原则。

(2)近现代:《法国民法典》把侵权行为作为"非合意而生之债",单行法规对工业、交通等事故赔偿做出了规定,由财产和人身权利,逐渐扩大到法律尚未规定,但应当由公民享有的权利(如隐私权)以及各种尚未表现为权利的利益。例如,因他人的不正当竞争行为所遭受的损失,因他人滥用权力而遭受的损失,合同成立以前要约人因他人的不正当行为所遭受的损失等等,都可以依侵权法的规定而使加害人负赔偿责任。

(3)由于加强了对合法利益的保护,一些新的侵权行为责任,如侵害债权、经济损害、滥用权力、妨害邻居等相应产生。尤其是为了加强对个人权利和利益的保护,资本主义国家在产品责任、国家赔偿、交通事故的责任、公害的责任等方面颁布了许多单行法规,从而使这些领域具有成为独立法律的趋势。但是当前不正当竞争行为的性质是违法行为,绝不能简单地概括为仅属于民事侵权行为,那样就太狭窄了。

三、不正当竞争私法公法化

(1)自由竞争即契约自由、营业自由行为向侵权行为转化,责任开始由约定向法定转化。德国于1896年5月27日制定了世界上第一部反不正当竞争单行法《向不正当竞争行为斗争法》,并于1909年对反不正当竞争法做了修改,其中最重要的修改内容便是加入第一条"一般条款"(所谓一般条款,是指规定执法机

---

1. 王利民.民法侵权行为法.北京:中国人民大学出版社,1993:59-69.

关在法律具体列举的不正当竞争行为以外认定其他不正当竞争行为要件的抽象或者概括的规定），该条款对什么是不正当竞争进行了界定："在商业交易中以竞争为目的而违背善良风俗者，可向其请求停止侵害和损害赔偿。"[1]19世纪末20世纪初的德国经济形势是德国竞争法出现的主要原因，这具有历史发展的必然性。而在德国竞争法发展的百年历程中，其从作为民法补充的民事特别法，发展到德国社会市场经济中的经济宪法，所体现出来的各阶段之立法价值取向的变化，是值得任何一个欲建立市场经济体制的社会借鉴的。从具体制度上来分析，德国竞争法中，"一般条款"原则和"绝对禁止"原则对于中国竞争立法的发展和完善有着重大的借鉴意义。[2]

（2）行政或刑事责任出现。

1909年德国《反不正当竞争法》中出现了行政或刑事责任。

刑事责任的出现

第四条 触犯刑法的广告

（1）在公告、对大众的通知上以使人认为有特别有利的条件，而对货物或劳务的性能、来源、制造方式、价格构成，关于商品采购形式或采购来源、关于得奖、关于卖货原因或目的，或关于存货数量，存心制作基本上是非真实的、会使人曲解的说明者，处以1年徒刑或罚金。

行政责任的出现

第六条 出售破产商品

（1）如在公告或对大众的通知上广告出售一批虽已不属于破产财团但是却来自破产财团的商品时，禁止提到该商品本来属于破产财团的情况。

（2）故意或过失违反第1款关于破产财团商品广告的来源规定是扰乱治安行为。该扰乱治安行为可处以1万马克以下罚款警告之。

---

1. http://www.chinalawedu.com/web/23312/wl1507278440.shtml.
2. 何勤华,任超.德国竞争法之百年演变——兼谈对中国竞争法之借鉴意义//河南省政法管理干部学院学报，2001.6:15—24.

四、反不正当竞争法与反垄断法的关系

从广义上说，反不正当竞争法和反垄断法都以竞争行为或者竞争关系为调整对象，同属于竞争法范畴。二者有相似之处，在推动和保护竞争、维护市场经济秩序方面相互交叉、互为补充。但同时二者又有很多不同之处，在一国的经济中发挥着不同的作用。

1. 垄断行为与不正当竞争行为

研究反垄断法与反不正当竞争法的关系，首先应当研究反垄断法与反不正当竞争法的调整对象。从各国反垄断立法与反不正当竞争立法规制的行为看，反垄断法主要禁止垄断行为，有的国家也称之为限制竞争行为，而反不正当竞争法主要禁止不正当竞争行为。这里要区别两个概念：垄断行为和不正当竞争行为。

2. 反垄断法与反不正当竞争法的联系

反垄断法与反不正当竞争法的密切联系主要表现在：一是反垄断法与反不正当竞争法同属竞争法范畴。二是两法的目的一致，都是为促进和保护竞争，规范市场竞争秩序，保护消费者的合法权益。三是垄断和不正当竞争也存在转化和因果关系，如不正当竞争行为可能会使竞争得到恶性发展，从而产生垄断；制止不正当竞争行为可以将一些垄断行为消灭在萌芽状态中。或许正是由于终极目的的统一性和行为的关联性，个别国家和地区如澳大利亚、匈牙利、中国台湾地区将反垄断和反不正当竞争合并立法。反垄断法解决的是有无竞争的问题，目的在于通过消除限制竞争的现象——不管是经营者实施的限制竞争行为，还是使竞争无法展开的市场结构——以促进竞争自由，或者说使自由竞争得以实现，为经营者的自由竞争提供一个舞台；反不当竞争法主要是维护商业伦理和公平竞争。

3. 与反垄断法的区别

（1）反垄断法的对象以大企业为主，而反不正当竞争法的对象以中小企业为主；

（2）垄断行为大都有隐蔽性，而不正当竞争行为多为公开的；

（3）垄断行为的受害者一般不像不正当竞争行为的受害者那样特定具体；

（4）反垄断直接关系到国家的竞争政策及宏观调控，直接关系到社会整体利益，而反不正当竞争与国家、社会整体利益的联系相比之下较为间接。

第四节　现实问题与相关法律适用和探讨

一、经营者的法律概念及其在现实中的运用

我国 2017 年《反不正当竞争法》第二条第二、三款的规定为："本法所称的不正当竞争行为，是指经营者在生产经营活动中，违反本法规定，扰乱市场竞争秩序，损害其他经营者或者消费者的合法权益的行为。本法所称的经营者，是指从事商品生产、经营或者提供服务（以下所称商品包括服务）的自然人、法人和非法人组织。"

1993 年《反不正当竞争法》第二条第二、三款的规定为："本法所称的不正当竞争，是指经营者违反本法规定，损害其他经营者的合法权益，扰乱社会经济秩序的行为。本法所称的经营者，是指从事商品经营或者营利性服务的法人、其他经济组织和个人。"

不正当竞争行为的实施者和被实施对象都限于"经营者"，而"经营者"的基本特征是营利性，这从一般的市场竞争关系角度来理解似乎并无不当，但我国市场竞争的现实告诉我们，事情并非这么简单。

案例分析　商业培训学校是否属于竞争法主体？

甲裁缝培训学校为了与竞争对手乙裁缝培训学校争夺生源，对乙学校的声誉进行诋毁，说乙学校校长（包括乙学校）与黑社会有染，最终被黑社会残杀。乙学校的生源骤减。经调查，乙学校校长得知是甲学校校长所为，于是乙学校准备起诉到法院。如果乙学校起诉甲学校实施了不正当竞争行为，进行商业诋毁，那么就可依据《反不正当竞争法》第二十条的规定请求甲学校赔偿乙学校因此造成的损失；如果学校不能作为经营者，则乙学校校长只能起诉甲学校校长侵犯了名

誉权，依据民法要求甲学校校长赔礼道歉和主张数量不多又很难确定的精神抚慰金。相比之下，乙学校校长肯定选择第一种诉讼思路，但法律和法院如何判断呢？这两个学校属于经营者范畴吗？

争议焦点　是否是《反不正当竞争法》上的经营者，有什么意义？

法理评析　如果按照我国《教育法》第二十五条第二款的规定："任何组织和个人不得以营利为目的举办学校及其他教育机构"，以及《反不正当竞争法》第二条第二、三款的规定，显然这两个学校不属于经营者，但现实并非如此简单。2001年8月6日，国家工商行政管理总局《对保险公司借助学校强制保险行为定性处罚问题的答复》中规定："学校在从事营利性活动时，可以认定为《反不正当竞争法》第二条规定的经营者。"2006年2月，福建省平潭县私立岚华中学与当地国税局因征收税款引发的"福建民办学校第一税案"中，岚华中学最终被法院认定为企业所得税纳税人。[1]当然，该中学应该是教育行业中合法的经营者。这两个实例并不应该仅被简单地归咎于我们对市场体制的特征和形势认识的肤浅，它们说明了现行法律对这个概念的解释不够深入、完整，影响了人们对法律的准确、恰当的使用。[2]

其他主体问题表现在，客观上实施不正当竞争行为的主体，除了经营者这种一般主体外，还涉及其他一些人。例如，有的自然人、合伙企业、个人独资企业在未领取营业执照的情况下或营业执照失效后从事营利性活动，实施了不正当竞争行为。这些都不是合法的经营者，但是他们实施的行为，确实有违公平正义的基本商业道德和规范，属于不正当竞争的范畴。这类情形也应当视前述情形的行为人为广义的"经营者"，以适应现实生活中多变复杂的需求。政府作为不正当竞争主体的情况因2017年修改法律已不存在，只在反垄断法中存在。

---

1. 人民法院报，2006-3-28.
2. 荣国权.对我国《反不正当竞争法》中"经营者"概念的分析.北方工业大学学报，2007，19（4）:16-19.

二、有一定影响力的商品（过去称为知名商品）的认定及法律意义

有一定影响力的商品不是经法定程序评定出来的荣誉称号，而是人民法院和有关行政执法部门在处理个案中认定的法律事实。有一定影响力的商品反映了某一具体商品在特定市场上的一种知名度，这种知名度涉及特定市场的地域因素和人的因素。关于有一定影响力的商品的认定权，虽然《反不正当竞争法》没有具体规定，但该法规定县级以上工商行政管理机关为执法机关，因此，县级以上工商行政管理机关都有权认定有一定影响力的商品。谁办案谁认定。同时，县级以上人民法院在办案中同样有权认定有一定影响力的商品。

有一定影响力的商品是一个相对的概念，必须根据相关的市场情况进行具体分析，执法机关主要根据商品的产销量、销售区域、销售时间、市场占有率、广告发布情况、消费者知悉程度等要素来分析。其次，认定有一定影响力的商品应与仿冒行为相联系，其关键点是看能否造成消费者误认。如果商品的名称、包装、装潢被他人擅自作相同或者相近使用，足以造成购买者误认的，该商品即可认定为有一定影响力的商品。国家工商行政管理总局也只就个案依法对全国有一定影响力的商品进行认定。《反不正当竞争法》对于知名商品的保护力度更加强力，这也是有一定影响力的商品认定的法律意义之一。

案例分析　哈药集团制药六厂诉阜阳新天保健品有限公司、孙某不正当竞争案

哈药集团制药六厂（以下简称"制药六厂"）是专门经营制造化学药制剂、中成药、保健食品等产品的企业，曾获得哈尔滨社会经济综合评价中心、哈尔滨市统计局信息中心1997年3月10日颁发的全国第三次工业普查哈尔滨化学药品制剂制造业利税总额第一名证书，被哈尔滨市人民政府授予2001—2002年度重合同守信用企业和2003—2004年度守合同重信用企业，被黑龙江省质量技术监督局授予2002年黑龙江省质量管理先进企业，获得过哈尔滨市经济委员会、哈尔滨市国家税务局、哈尔滨市地方税务局颁发的2004年哈尔滨市工业企业纳税50强证书和黑龙江省卫生厅颁发的食品卫生等级A级单位证书。

制药六厂于2004年3月12日申请，2004年9月15日获得ZL200430015075.4

包装盒（2）外观设计专利权，该专利说明书摘要注明：请求保护的外观设计包含有色彩。制药六厂将该专利使用于其产品新盖中盖牌高钙片的包装盒。该包装盒长5.2厘米，宽5.2厘米，高10.1厘米，整体基色为蓝白色。盒体正面基色由下向上从蓝色向白色变化，蓝色占2/3；正面上部位于蓝白基色交接处为大字"新盖中盖"，"新"为红框白字，"盖中盖"从左到右由红、黄、绿、黄、红逐渐变化，其右下角为红色小字"牌"，左上角为蓝色保健食品标志和批准文号，右上角为蓝色"盖中盖"文字商标；正面中部为蓝色大字"高钙片"，其下方橘黄色长条横框内为白色小字"每片中含：钙500mg 维生素D100IU"，再下方为激光防伪图案"盖中盖"文字商标；正面下部底端为红白两条横线，横线上方为白框红色字"哈药集团制药六厂"，其上方左侧的橘黄色小椭圆内为白色小字"低糖"，右侧为白色小字"净含量：2.5g×30片"。盒体背面除没有正面的激光防伪图案外，其余相同。

新天公司新钙中王高钙片的包装盒，长5.1厘米，宽5.1厘米，高10厘米，整体基色为蓝白色。盒体正面基色由下向上从蓝色向白色逐渐变化，蓝色占3/5；正面上部为大字"新钙中王"，"新"为红框白字，"钙中王"从左到右由红、黄、绿、黄、红逐渐变化，左上角为"金源"文字和图形商标；中部位于蓝白基色交接处为蓝色大字"高钙片"，其下方红色长条横框内为白色小字母"HIGHCALCIUNMSLICE"，再下方为白色小字"一天一片健康永伴你……"；底端为红色横线，横线上方为白框红色字"阜阳新天保健品有限公司"，其上方为白色小字"净含量：1.8g×30片"。盒体背面与正面相同。盒体侧面印有与盒体正面相同的"新钙中王"和白色"高钙片"文字，其下方印有卫生许可证号阜泉卫食字（2004）第0592号，公司地址安徽阜阳市阜太路383号，生产日期2005年9月8日。

孙某经营的保健品经销部销售新天公司生产的新钙中王高钙片，每盒售价5元，其生产日期为2005年9月8日。

制药六厂举示了影响新盖中盖牌高钙片销售情况的说明，主要内容为：自2004年开始，新盖中盖牌高钙片销售利润逐年下降，被告的产品上市对制药六厂销售利润的影响约 300 万元。

裁判概述

本院认为，《中华人民共和国反不正当竞争法》第五条规定："经营者不得采用下列不正当手段从事市场交易，损害竞争对手：……（二）擅自使用知名商品特有的名称、包装、装潢，或者使用与知名商品近似的名称、包装、装潢，造成和他人的知名商品相混淆，使购买者误认为是该知名商品。"制药六厂是中国保健食品行业百强企业，曾多次获得有关方面授予的先进称号，拥有较好的商誉。在企业药品品牌专业调查中，制药六厂位居企业知名度前列。其盖中盖钙补品被认定为名牌产品和商品优、服务优推荐商品。制药六厂投入了巨额广告宣传费用，新盖中盖牌高钙片取得了较好的销售业绩。在城市居民家庭购买的十大保健品调查中，制药六厂的新盖中盖牌高钙片位居总体购买率和药店购买率以及品牌知名度前列。制药六厂的新盖中盖牌注册商标多次被认定为著名商标。应当认定，制药六厂的新盖中盖牌高钙片在市场上具有较高的知名度，为相关公众所知悉，是知名商品；其使用的包装具有相关公众能够据以判断和识别商品来源的显著特征，并已于 2004 年 3 月 12 日申请，2004 年 9 月 15 日获得外观设计专利权，属于知名商品的特有包装，受法律保护。

判断被控侵权包装物与知名商品的特有包装是否近似，应当以相关公众的一般注意力为标准，既要对包装物的整体比对，又要对包装物的主要部分比对。对比被控侵权包装物与制药六厂的知名商品新盖中盖牌高钙片的特有包装，两者存在诸多相同或相似之处：均使用于同一商品高钙片的包装；大小基本相同；整体基色都为蓝白色，盒体正面基色由下向上从蓝色向白色变化；中上部均为使用同样颜色和同样大号突出字体的"新钙中王"和"新盖中盖"，"新"字都是红框白字，"钙中王"和"盖中盖"都是从左到右由红、黄、绿、黄、红逐渐变化，其下方均是蓝色大字"高钙片"；中部均为颜色相近的长条横框内标注白色字母和小字；下部均为用白色小字标注的净含量；底端均使用红色横线，上方均为白框红字企业名称。可见，被控侵权包装物的总体设计、构图、色彩组合、字体和整体效果，与制药六厂的新盖中盖牌高钙片的包装相比，无论是主要部分，还是整体效果，均相同或相似，足以造成混淆、误认。被告已构成不正当竞争，应承担相应的民事责任。制药六厂请求新天公司立即停止使用和销毁侵权包装物，赔偿经济损失合法。由于制药六厂因侵权所受损失和新天公司实际获利情况均不能确定，本院根据新天公司侵权行为持续时间较长、地域较广、获利较大等实际情况，酌定其应赔偿的数额。因制药六厂没有举示新天公司不正当竞争行为造成不良影响后果和使用瓶签的证据，其请求新天公司赔礼道歉和销毁瓶签的诉讼主张根据不足，本院不予支持。制药六厂关于对新天公司处以违法所得三倍以下罚款的诉讼主张，不属法院审理范围，本院不予支持。

经营保健品经销部的孙某销售新天公司使用侵权包装物的新钙中王高钙片，亦构成不正当竞争侵权，应立即停止销售。因制药六厂确认孙某销售的新钙中王高钙片来源于新天公司，故孙某可不承担赔偿责任。

争议焦点 擅自使用与知名商品近似的名称和包装是否构成侵权的不正当竞争行为？

法理评析 解决本案的争议焦点，至少要解决两个问题，一是原告制药六厂的新盖中盖是否属于知名商品，二是被告新天公司的擅自使用行为是否已经使消费者产生误解，以为新天公司的新盖中王就是原告的新盖中盖而予以购买。

法律规定，知名商品是指在市场上具有一定知名度，为相关公众所知悉的商品。商品名称、包装、装潢被他人擅自作相同或者近似使用，足以造成购买者误认的，该商品即可认定为知名商品。这里涉及两个关键词：一定知名度和相关公众所知悉。制药六厂是中国保健食品行业百强企业，曾多次获得有关方面授予的先进称号，拥有较好的商誉。在企业药品品牌专业调查中，制药六厂位居企业知名度前列。其盖中盖钙补品被认定为名牌产品和商品优、服务优推荐商品。制药六厂投入了巨额广告宣传费用，新盖中盖牌高钙片取得了较好的销售业绩。在城市居民家庭购买的十大保健品调查中，制药六厂的新盖中盖牌高钙片位居总体购买率和药店购买率以及品牌知名度前列。制药六厂的新盖中盖牌注册商标多次被认定为著名商标，所以据此可以认定制药六厂的新盖中盖具有相当知名度，为大多数公众所知悉，所以原告的产品新盖中盖是知名商品。

被告新天公司在其产品新钙中王的包装上，使用了与原告几近相同的设计，颜色分布一模一样，文字显示完全一样，并且包装盒的大小几乎完全一样，所以这完全足以造成相关公众的混淆，误以为该产品就是知名商品，是原告公司的产品。另外，这种产品相对于原告又具有价格优势，所以消费者购买该商品是完全有可能的。而且原告也证实，在被告的商品推出市场后，原告的商品市场销售额直线下降，所以这至少为消费者有没有混淆两者提供了有力的佐证。因此，被告的这种擅自使用与原告近似的包装明显带有主观恶意，已经构成以"不正当手段从事市场交易，损害竞争对手"的不正当竞争行为。它不仅侵犯了经营者的合法权益，也欺骗了广大的消费者。

所以，法院认定其不正当竞争行为成立也是完全合法合理的。

三、商业秘密的认定及其与专利的关系

1. 商业秘密的认定

《反不正当竞争法》第九条第三款指出：本法所称的商业秘密，是指不为公众所知悉、具有商业价值并经权利人采取相应保密措施的技术信息和经营信息。（1993年《反不正当竞争法》第十条对商业秘密是这样定义的："本条所称的商业秘密，是指不为公众所知悉、能为权利人带来经济利益、具有实用性并经权利人采取保密措施的技术信息和经营信息。"）1998年12月3日国家工商行政管理总局修订的《关于禁止侵犯商业秘密行为的若干规定》中规定：

> 第二条 本规定所称商业秘密，是指不为公众所知悉、能为权利人带来经济利益、具有实用性并经权利人采取保密措施的技术信息和经营信息。
>
> 本规定所称不为公众所知悉，是指该信息是不能从公开渠道直接获取的。
>
> 本规定所称能为权利人带来经济利益、具有实用性，是指该信息具有确定的可应用性，能为权利人带来现实的或者潜在的经济利益或者竞争优势。
>
> 本规定所称权利人采取保密措施，包括订立保密协议，建立保密制度及采取其他合理的保密措施。

本规定所称技术信息和经营信息,包括设计、程序、产品配方、制作工艺、制作方法、管理诀窍、客户名单、货源情报、产销策略、招投标中的标底及标书内容等信息。

本规定所称权利人,是指依法对商业秘密享有所有权或者使用权的公民、法人或者其他组织。

实践中确认是否为商业秘密应当考虑:

(1)秘密为权利人的经营范围以外的人士所知悉的情况。当被称为秘密的信息已经被一个与权利人没有任何关系的人士从专业杂志上查到时,秘密就不存在了。

(2)秘密为权利人的经营范围以内的人士(包括雇员和合作伙伴)所知悉的情况。被称为秘密的信息已经被公司的老总和保安同时掌握时,它的秘密性是值得怀疑的。

(3)对内的保密措施。公司与雇员之间的保密协议是不够的,公司还应有自己的保密制度、档案管理制度等。

(4)对外的保密措施。限制外人接触到秘密的一切手段和安全措施,设置的结果可能无法阻止窃密行为的发生,但至少应增加窃密的难度。

(5)秘密的价值。如果是秘密,那么对权利人和竞争对手而言,都是可用于获利的。

(6)开发秘密的难易程度。独立开发、逆向研究不视为侵权。

2. 商业秘密与专利的关系

(1)从保护力度上看,专利的保护力度最强,具有极大的排他性。例如《中华人民共和国专利法》第十一条规定:"发明和实用新型专利权被授予后,除本法另有规定的以外,任何单位或者个人未经专利权人许可,都不得实施其专利,即不得为生产经营目的制造、使用、许诺销售、销售、进口其专利产品,或者使用其专利方法以及使用、许诺销售、销售、进口依照该专利方法直接获得的产品。"而对商业秘密的保护力度明显弱于对专利的保护力度,独立的开发研制和逆向研究是不视为侵权的。

（2）从保护时间上看，专利的保护期是受到严格限制的。对发明专利权的保护期，世界上许多国家均规定20年。而商业秘密的保护期却没有类似的限制，只要处于保密状态，权利就永远存在。由此我们可以得出结论：最强的保护时间最短，最弱的保护时间最长；对同一技术，发明人有权选择自己认为最合适的法律保护。

（3）专利和商业秘密的保护范围不同：我国《专利法》所保护的专利有三种，即发明、实用新型和外观设计。但是，根据国家工商行政管理总局的《关于禁止侵犯商业秘密行为的若干规定》，商业秘密包括：设计、程序、产品配方、制作工艺、制作方法、管理诀窍、客户名单、货源情报、产销策略、招投标中的标底及标书内容等信息。

（4）保护点不同。对于专利而言，法律保护的就是其独用性；而对于商业秘密而言，法律保护的是其秘密状态。

专利保护与商业秘密保护之间并不是完全相互排斥的，在这里我们应注意不同的时间段：（1）在专利申请日之前，秘密是可能存在的；（2）自专利申请日至公开日之前，秘密也是可能存在的；（3）自公开日之日起，秘密消失了。在第一个阶段，给予商业秘密保护，在第二、第三阶段，给予专利保护。

案例分析1 **吉尔生化（上海）有限公司与希施生物科技（上海）有限公司侵犯商业秘密案（民事）**

原告吉尔生化（上海）有限公司（以下简称"吉尔生化公司"）主营氨基酸、多肽类产品的生产和销售，在其十余年的经营活动中投入大量成本整理形成了客户名单。2009年，原告与被告朱某签订劳动合同，指派其负责国际市场开发，并明确约定：在合同期及解除合同的两年内，朱某不得擅自公开、转让或使用吉尔生化公司的商业秘密，也不得直接或间接从事与吉尔生化公司业务相近或构成竞争关系的工作。后双方未再续签劳动合同。2013年2月，朱某从原告处离职。2013年3月朱某与被告希施生物科技（上海）有限公司（以下简称"希施生物公司"）签订劳动合同，而后通过电子邮件，向原告多家客户单位的业务负责人提供相关产品的订货信息,且达成一笔交易。原告认为两被告共同侵犯了其商业秘密而诉至法院。浦东法院认为,两被告侵害了原告的商业秘密,判决两被告在判决生效之日起两年内停止使用原告的商业秘密,共同赔偿经济损失15万元。

争议焦点 客户名单是否构成商业秘密?

法理评析 在本案中,与原告存在长期稳定的交易关系的客户名单,包括名称、联系方式以及交易的习惯、意向、内容等,是区别于公知信息的特殊信息,具有价值性,且经原告采取合理保密措施,构成商业秘密。朱某使用客户名单引诱原雇主的客户、抢夺交易机会,希施生物公司明知朱某的行为而使用涉案客户名单,共同侵害了原告的商业秘密。本案的裁判,既从反不正当竞争法的角度对离职员工使用前雇主经营信息的合理性划定了边界,也为科技创新型企业防范离职人员可能带来的法律风险提供了指引。

案例分析2 非法获取商业秘密供他人牟利被判刑(刑事)

安徽省舒城县人民法院审结一起侵犯商业秘密的刑事案件,被告人以不正当的手段获取权利人的商业秘密,且违反保守商业秘密的约定,披露权利人的商业秘密供他人使用,给商业秘密的权利人造成重大损失,法院依法予以惩处,一审判决被告人徐某犯侵犯商业秘密罪,判处有期徒刑一年,并处罚金20000元;没收被告人犯罪所用的移动硬盘一个,手机两部,上缴国库。

2009年5月,徐某被安排到安徽A食品有限公司关联企业——苏州市A食品有限公司学习产品配方的研发,并与苏州市A食品有限公司于2009年5月17日签订了《就职人员保密协议》。2010年10月,徐某从苏州市A食品有限公司学习结束回到安徽A食品有限公司研发部工作,从事速冻调理品、烤肠、丸子的配方和生产工艺流程的维护,其间,被告人徐某秘密从他人的电脑里拷贝安徽A食品有限公司《B食品配方》和生产工艺流程资料。2014年2月,徐某任泰州市Z食品有限公司副总经理兼研发总监。任职期间,被告人徐某违反了与苏州市A食品有限公司签订的保密协议,将获取的《B食品配方》和生产工艺流程制成《超

B食品配方》，经Z食品有限公司董事长批准后投入生产，食品进入市场销售，并销售给安徽A食品有限公司的部分客户。该食品与安徽A食品有限公司生产的同种食品的颜色、香味、口感、形状等近似。后经舒城安泰会计师事务所审计：泰州市Z食品有限公司利用该食品配方产生的食品销售收入4985202.10元，食品销售纯利润830933.11元。

法院审理后认为：被告人徐某以不正当的手段获取权利人的商业秘密，且违反保守商业秘密的约定，披露权利人的商业秘密供他人使用，给商业秘密的权利人造成重大损失，其行为构成侵犯商业秘密罪，依法应予惩处。被告人被抓获后，如实交代其罪行，构成坦白；权利人安徽A食品有限公司保密监管措施存在漏洞，被告人离职后在竞业禁止期间未予发放保密生活补贴，权利人亦具有过错。泰州市Z食品有限公司未投入研发资金，明知被告人掌握其他公司技术信息，还高薪聘请被告人担任研发总监，批准被告人制作生产该技术产品，泰州市Z食品有限公司行为明显违法。被告人当庭自愿认罪悔罪，系初犯，无违法犯罪记录。综上，被告人法定、酌定的量刑情节以及犯罪成因等因素，可依法对被告人从轻处罚。遂依法作出上述判决。

争议焦点 侵犯商业秘密在什么情况下构成犯罪？

法理评析 侵犯商业秘密最常见的是民事侵权行为，在本案中签订过保密协议，也存在违约的现实结果。大量的侵犯行为损害了对方的直接利益，但是危害的一般是经济利益，而且通过侵权补偿或违约赔偿就可以获得弥补，但是当危害性达到一定程度时，就有可能构成犯罪。根据《刑法》第二百一十九条规定，侵犯商业秘密罪，是指以盗窃、利诱、胁迫或者其他不正当手段获取权利人的商业秘密，或者非法披露、使用或者允许他人使用其所掌握的或获取的商业秘密，给商业秘密的权利人造成重大损失的行为。重大损失就是罪与非罪的界限，根据就是相关司法解释。根据法释〔2007〕6号《最高人民法院、最高人民检察院关于办理侵犯知识产权刑事案件具体应用法律若干问题的解释（二）》的相关规定，单位作为犯罪主体实施了《刑法》第二百一十九条规定的行为，按照《最高人民法院、最高人民检察院关于办理侵犯知识产权刑事案件具体应用法律若干问题的解释》和本解释规定的相应个人犯罪的定罪量刑标准定罪量刑。按法释〔2004〕19号《最高人民法院、最高人民检察院关于办理侵犯知识产权刑事案件具体应用法律若干问题的解释》的相关规定，实施《刑法》第二百一十九条规定的行为之一，给商业秘密的权利人造成损失数额在五十万元以上的，属于"给商业秘密的权利人造成重大损失"，应当以侵犯商业秘密罪判处三年以下有期徒刑或者拘役，并处或者单处罚金。给商业秘密的权利人造成损失数额在二百五十万元以上的，属于《刑法》第二百一十九条规定的"造成特别严重后果"，应当以侵犯商业秘密罪判处三年以上七年以下有期徒刑，并处罚金。按最高人民法院法释〔1998〕4号《关于审理盗窃案件具体应用法律若干问题的解释》的相关规定，盗窃技术成果等商业秘密的，按照《刑法》第二百一十九条的规定罪处罚。具体行为的表现就是：（1）以盗窃、利诱、胁迫或者其他不正当手段获取权利人的商业秘密的；（2）披露、使用或者允许他人使用以前项手段获取的权利人的商业秘密的；（3）违反约定或者违反权利人有关保守商业秘密的要求，披露、使用或者允许他人使用其所掌握的商业秘密的。

明知或者应知前款所列行为，获取、使用或者披露他人的商业秘密的，以侵犯商业秘密论。因此，侵犯商业秘密犯罪在实践中还是有很明确的界定的，与民事侵权或违约有数额上的分水岭，也反映了法律对商业秘密的保护力度。

四、商业贿赂的危害及规制案例

商业贿赂的危害：商业贿赂是市场经济的毒瘤，对公平竞争形成致命的威胁与损毁。因此，在通过案例熟悉商业贿赂时，一定要把握住其核心：以贿赂的手段获取不正当的商业竞争机会。

案例分析 1　商业贿赂的后果

被告人杜某，男，1986年12月出生，江苏省昆山艾丰塑料材料有限公司股东、法定代表人；被告人卓某，男，1984年9月出生，江苏省昆山艾丰塑料材料有限公司股东、监事。因涉嫌犯对非国家工作人员行贿罪，2017年6月杜某和卓某由保定市公安局莲池区分局执行逮捕。经莲池区人民法院审理查明，2014年至2017年期间，昆山艾丰塑料材料有限公司为取得长城汽车股份有限公司的高浓度黑色母销售业务，并谋求该公司内外饰事业部技术员范某（被另案处理）向长城汽车股份有限公司推荐其公司产品，以达到排挤竞争对手获取不正当利益的目的，先后多次通过被告人杜某、卓某给予范某"好处费"共计人民币480500元。

被告人杜某、卓某当庭自愿认罪。法院认为被告人均应按对非国家工作人员行贿罪追究刑事责任。判决如下：被告人杜某犯对非国家工作人员行贿罪，判处有期徒刑9个月，罚金人民币5万元。被告人卓某犯对非国家工作人员行贿罪，判处有期徒刑8个月，罚金人民币3万元。而涉嫌受贿的长城汽车股份有限公司员工范某被另案处理。长城汽车股份有限公司，一家大本营在河北保定的民营车企，依靠皮卡起家，以SUV为主导，已经连续10余年创造高增长和盈利的业绩，是中国自主品牌阵营中最有影响力的车企之一。企业管理严苛是长城汽车股份有限公司或者说是董事长魏建军的一大标签，严厉罚款和狠抓内部腐败之风被业内称为"军事化管理"。因2017年长城汽车股份有限公司总销量未能完成125万辆目标，董事长魏建军及总裁王凤英率先做出表率，分别自罚年薪300万元和200万元，以此方式主动承担管理责任。长城汽车股份有限公司员工收受贿赂，将是其引以为戒的案例之一。

争议焦点 商业贿赂犯罪的构成条件是什么？

法理评析 商业贿赂行为有可能是侵权行为或违法行为，但严重的就构成犯罪行为。最高人民法院、最高人民检察院联合发布了《关于办理商业贿赂刑事案件适用法律若干问题的意见》，明确了商业贿赂犯罪涉及《刑法》规定的八种罪名：（1）非国家工作人员受贿罪（《刑法》第一百六十三条）；（2）对非国家工作人员行贿罪（《刑法》第一百六十四条）；（3）受贿罪（《刑法》第三百八十五条）；（4）单位受贿罪（《刑法》第三百八十七条）；（5）行贿罪（《刑法》第三百八十九条）；（6）对单位行贿罪（《刑法》第三百九十一条）；（7）介绍贿罪（《刑法》第三百九十二条）；（8）单位行贿罪（《刑法》第三百九十三条）。以上这些罪名可能涉及社会经济的很多领域，例如医疗机构中的国家工作人员在药品、医疗器械、医用卫生材料等医药产品采购活动中，学校及其他教育机构中的国家工作人员在教材、教具、校服或者其他物品的采购等活动中，依法组建的评标委员会、竞争性谈判采购中谈判小组、询价采购中询价小组的组成人员在招标、政府采购等事项的评标或者采购活动中，都有可能利用职务优势，收取行贿人不当利益，为行贿人谋取不正当利益。

五、虚假宣传的法律责任分析

我国关于虚假宣传行为的立法始于改革开放之初。像世界上许多其他国家一样，对于虚假宣传这种严重破坏市场竞争秩序的典型不正当竞争行为，我国也采取了综合调整方法，即不仅在竞争法中对虚假宣传进行规制，而且还在其他相关法律、法规中从不同的角度进行调整。这些法律主要有：《反不正当竞争法》《消费者权益保护法》《广告法》《药品管理法》《医疗器械广告管理办法》《化妆品广告管理办法》《食品广告管理办法》等。

虚假宣传不正当竞争行为的法律责任属于综合责任，包括行政责任、民事责任和刑事责任。我国《反不正当竞争法》第二十条规定："经营者违反本法第八条规定对其商品作虚假或者引人误解的商业宣传，或者通过组织虚假交易等方式帮助其他经营者进行虚假或者引人误解的商业宣传的，由监督检查部门责令停止违法行为，处二十万元以上一百万元以下的罚款；情节严重的，处一百万元以上二百万元以下的罚款，可以吊销营业执照。"这是2017年该法修订以后发生的变化，罚款数额大幅度增加，行政责任加重，反映了法律的与时俱进和不正当竞争的严重程度。

同时，根据《反不正当竞争法》第十七条的规定，"经营者违反本法规定，给他人造成损害的，应当依法承担民事责任"。"因不正当竞争行为受到损害的经营者的赔偿数额，按照其因被侵权所受到的实际损失确定；实际损失难以计算的，按照侵权人因侵权所获得的利益确定"。"赔偿数额还应当包括经营者为制止侵权行为所支付的合理开支。经营者违反本法第六条、第九条规定，权利人因被侵权所受到的实际损失、侵权人因侵权所获得的利益难以确定的，由人民法院根据侵权行为的情节判决给予权利人五百万元以下的赔偿"。这是对反混淆行为和反侵犯商业秘密直接进行的法律支持。

据此，虚假宣传的被侵权人，有权向人民法院就该侵权行为提起民事诉讼，要求侵权人承担相应的民事责任。另据我国《刑法》第二百二十二条的规定，广告主、广告经营者、广告发布者利用广告对商品或服务做虚假宣传，情节严重的，处两年以下有期徒刑或者拘役，并处或者单处罚金。

案例分析1 央视"国家品牌"计划？

针对社会反应强烈的"CCTV国家品牌计划"广告用语涉嫌违反《广告法》的问题，国家市场监管总局于2019年1月17日约谈中央广播电视总台，而且已责成北京市市场监管局依法立案调查。在央视的黄金播出时段，广告频繁播出，以CCTV的名义向全世界推广着"国家品牌"，但是有谁知道国家品牌的实际含义是什么呢？

争议焦点 "国家品牌"计划是中国政府推出的商业活动吗？约谈如何定性？

法理评析 我国政府一般不会以国家名义参与市场竞争与经营活动，因此该品牌计划可能涉嫌虚假宣传。国家市场监管总局指出，一段时间以来，一些媒体和企业在广告中宣称所谓"国家品牌"，既误导消费者，又破坏公平竞争市场秩序。对此，群众反应强烈。这是市场监管总局在进行调查取证后作出的判断。国家市场监管总局指出，品牌的知名度和影响力，源于消费者信赖和市场选择。利用"国家"名义为企业品牌背书，涉嫌违反《广告法》《反不正当竞争法》《消费者权益保护法》等法律。《广告法》第九条规定："广告不得有下列情形：……（二）使用或者变相使用国家机关、国家机关工作人员的名义或者形象；（三）使用'国家级''最高级''最佳'等用语。"该规定明确禁止在广告中使用国家机关名义和"国家级"用语，规定不得欺骗、误导消费者，不得在广告活动中进行任何形式的不正当竞争。广告用语使用"国家品牌"，实质就是在使用国家机关名义以及"国家级"禁用语,易使消费者以为"国家"为企业背书,对其产品质量、性能、功能产生误导性认识,造成不公平竞争。

国家市场监管总局认为,媒体利用"国家品牌"售卖广告资源,开展商业营销,人为地将企业分为三六九等,扰乱市场竞争秩序。消费者出于对新闻媒体的信任,对入选"国家品牌"的企业会更加信赖,往往将所谓的"国家品牌"作为选择企业产品的重要依据。这一行为给消费者带来极大误导,严重侵害了消费者合法权益。特别是个别问题产品缴费入选所谓"国家品牌",更是引发社会广泛质疑。媒体用国家名义为企业担保背书,发布违法广告,最终也会损害自身公信力。

约谈是指拥有具体行政职权的机关,通过约谈沟通、学习政策法规、分析讲评等方式,对下级组织运行中存在的问题予以纠正并规范的准具体行政行为。这是近年来在我国广泛使用的一种政府干预行为,如楼市捂盘行为约谈、共同维持价格行为约谈等,它是一种良好的预防行为,带有明显的警示性和劝导性,可以在发现问题之后及时介入,并适时引导、规范,防止事态进一步恶化。本案中使用约谈后,央视及时更正了自己的行为。

案例分析2　权健保健品牌的虚假宣传

深为广大消费者熟悉的百亿保健帝国权健,被公安机关立案侦查。自"权健事件"联合调查组进驻以来,经过调查取证,事件处理工作取得了阶段性进展。据联合调查组介绍,经前期工作发现,权健公司在经营活动中,涉嫌传销犯罪和涉嫌虚假广告犯罪,公安机关已于2019年1月1日依法对其涉嫌犯罪行为立案侦查。同时,相关部门依法查处取缔不符合消防安全规定的火疗养生场所,开展集中打击清理整顿保健品乱象专项行动。

2018年12月25日,丁香医生一篇题为《百亿保健帝国权健,和它阴影下的中国家庭》的公众号文章在微信平台阅读量迅速达到10万+,将天津权健公司再次推上风口。文章称,2018年12月12日是周洋的三周年忌日。三年前,内蒙古女孩周洋的父母误信权健疗法,耽误了周洋的癌症治疗,最终她不幸离世,年仅4岁。离奇的是,周洋过世后,一份宣传文件反而宣扬"周洋生殖细胞瘤被权健秘方治愈"。求证电话如雪片般打给周洋父母,让他们的悲痛雪上加霜。

愤怒的周洋父亲将权健告上法庭，要求删除信息，却被判决无法证实侵权信息出自权健官方，周洋父亲败诉。2018年12月26日凌晨，权健自然医学科技发展有限公司通过官方微信号发布"严正声明"，称丁香医生微信号发布的刷屏文章《百亿保健帝国权健，和它阴影下的中国家庭》不实，指责其"利用从互联网搜集的不实信息，对权健进行诽谤中伤，严重侵犯权健合法权益，致使社会大众对权健品牌造成误解"。声明还要求丁香医生撤稿并道歉，权健还将通过法律途径维护自身权益。2018年12月26日傍晚，国家市场监管总局发布了《关于进一步加强保健食品生产经营企业电话营销行为管理的公告》，明确规定，保健食品经营者以电话形式进行保健食品营销和宣传时，应当真实、合法，不得作虚假或者误导性宣传；不得明示或暗示保健食品具有疾病预防或治疗功能；涉嫌违法犯罪的，及时移送公安机关处理，形成"一处失信、处处受限"的高压态势。武清区市场监管局表示，该局注意到了媒体对天津权健集团相关产品的质疑，已介入调查，正在核实相关情况。

争议焦点 该行为可能构成虚假广告罪吗？

法理评析 根据《刑法》第二百二十二条的规定，虚假广告罪是指广告主、广告经营者、广告发布者违反国家规定，利用广告对商品或者服务作虚假宣传，情节严重的，处二年以下有期徒刑或者拘役，并处或者单处罚金。其主要的行为特征就是违反国家广告管理法规的规定，利用广告对其提供的商品或者服务做出虚假宣传，其中包括产品的性质、用途、质量、价格、疗效和售后服务等，虚构某种保健品的功效或者夸大其功效，这种虚假宣传达到严重程度就可能构成犯罪。如何把握严重程度？根据最高人民检察院、公安部《关于经济犯罪案件追诉标准的规定》的有关规定，广告主、广告经营者、广告发布者违反国家规定，利用广告对商品或者服务作虚假宣传，涉嫌下列情形之一的，应予追诉：（1）违法所得数额在10万元以上的；（2）给消费者造成的直接经济损失数额在50万元以上的；（3）虽未达到上述数额标准，但因利用广告做虚假宣传，受过行政处罚2次以上，又利用广告做虚假宣传的；（4）造成人身伤残或者其他严重后果的。在实践中，若长期实施，并在较大的范围内，例如全国或者全省经常性地进行违法虚假宣传,或者受害人较多,就都属于"情节严重"。本案中权健从被质疑到被行政查处,又到刑事立案,体现了其中的情节不断被发现严重,尤其是大范围的影响与严重丧失底线的虚假宣传,致使其可能构成虚假广告罪。

六、诋毁商誉的法律责任

案例分析 鸿茅药酒被诋毁

2017年12月22日,内蒙古鸿茅国药股份有限公司到凉城县公安局报案称:互联网上有人对"鸿茅药酒"进行恶意抹黑,称"鸿茅药酒"是"毒药"。网上的大量不实言论和虚假信息,致多家经销商退货退款,给鸿茅国药股份有限公司造成重大损失。凉城县公安局于2018年1月2日立案侦查。经查,2017年12月19日,广州医生谭某发布网帖《中国神酒,来自天堂的毒药》,并在网上进行大量传播,谭某的行为损害商业信誉、商品声誉,犯罪事实清楚,证据确实充分,凉城县公安局于1月10日对嫌疑人谭某采取刑事拘留强制措施。1月25日经检察机关批准对其逮捕,然后依法移送检察机关审查起诉。

2018年5月17日,微博认证信息为谭某家人发布个人声明称:"承认在标题用词上考虑不周,缺乏严谨性。如果因该文对鸿茅国药股份有限公司带来了影响,本人在此深表歉意,同时希望鸿茅国药股份有限公司予以谅解。"2018年5月17日,鸿茅国药股份有限公司在微博上发表声明说,经公司研究,决定接受谭某本人所做的致歉声明,并向凉城县公安局撤回报案并从凉城县人民法院撤回侵权诉讼。"鸿茅药酒案"当事双方谭某和鸿茅国药股份有限公司已相互达成和解,并分别通过微博平台公开发表声明。2018年5月17日,凉城县公安局决定依法撤销该案。

争议焦点 发布一个网帖的后果如何构成犯罪?

法理评析 "鸿茅药酒"在国内名声显赫,广而告之,产品遍布大江南北。谭某发帖后造成大量的转帖与关注,很快对"鸿茅药酒"的商誉造成了巨大的损伤,随之而来的就是直接的经济损失,以及不断出现的间接损失与各种麻烦。《刑法》

第二百二十一条规定了损害商业信誉、商品声誉罪，并指出，捏造并散布虚伪事实，损害他人的商业信誉、商品声誉，给他人造成重大损失或者有其他严重情节的，处二年以下有期徒刑或者拘役，并处或者单处罚金。如何判断情节严重呢？2010年5月，最高人民检察院、公安部颁布的《立案追诉标准（二）》第七十四条规定："捏造并散布虚伪事实，损害他人的商业信誉、商品声誉，涉嫌下列情形之一的，应予立案追诉：（一）给他人造成直接经济损失数额在五十万元以上的；（二）虽未达到上述数额标准，但具有下列情形之一的：1. 利用互联网或者其他媒体公开损害他人商业信誉、商品声誉的；2. 造成公司、企业等单位停业、停产六个月以上，或者破产的；（三）其他给他人造成重大损失或者有其他严重情节的情形。"谭某的行为无论数额多少，已通过互联网公开损害了鸿茅药酒的商业声誉，涉嫌损害商业信誉、商品声誉罪，只是获得企业谅解后，司法部门可以依法考虑不予追究刑事责任。

第五章
产品质量法概述

本章属于经济法中市场规制法或广义竞争法的组成部分，从产品责任和产品质量角度对市场竞争行为进行规制。无论是产品责任法还是产品质量法，都已经从最初的民事特别法角度进入了公法领域，但仍然保留着公私法兼具的特点，这就是产品质量法的性质。本章从产品质量法的历史沿革入手，深入剖析了产品质量监督管理法律制度和产品质量侵权民事责任，并阐释了农产品质量安全法与食品安全法的相关制度。通过介绍产品质量法的主要原理和基本制度，使读者对产品质量法有一个科学的认识。

本章属于经济法中市场规制法或广义竞争法的组成部分，从产品责任和产品质量角度对市场竞争行为进行规制。无论是产品责任法还是产品质量法，都已经从最初的民事特别法角度进入了公法领域，但仍然保留着公私法兼具的特点，这就是产品质量法的性质。通过本章可以了解产品质量法的基本概念与原理。产品质量法属于我国立法界对现代经济法作出的一个重要贡献，因为我国立法突破性地将产品质量行政监管、产品纠纷民事责任以及产品致害刑事责任统一规定在一部法律之中，这在以前的国内外立法中是没有的。

第一节 本章概述

一、知识背景

19世纪末20世纪初，在食品和药品领域出现了大量的掺杂掺假现象，于是出现了专门规范食品和药品的法律，这种法律最开始更多地表现为作为民法特别法的补充，将营业自由与契约自由的行为纳入侵权法领域，用法定替代自由和约定。由于过度竞争，导致生产产品的行为大范围地威胁着人们的生命与健康，只依靠契约自由的法律原则与个别严峻的法律判例已经无法解决日积月累的社会矛盾，甚至靠侵权特别法的规定也已经难以控制大范围的质量纠纷与社会危害，国家干预的全方位进行势在必行。私法公法化的方向不断明确，专门化的质量立法确立了侵权的法定责任，司法机构更便捷地通过判决来保护受害者，专业行政监管机构的设立开始了规制的专业化、常态化与持久化，更为严厉的行政、刑事责任在质量立法的专门化法典中与私法中的损害赔偿责任同时并列，这一切的应对措施使得质量竞争行为得以被规范，一直至今。这也是对机器大工业生产以来的生产经营行为进行的一次法律大审查，将机器工业的经济特征和规律用法律的语言表达出来。美国的《1906年联邦纯净食品和药品安全法》开了现代质量专门化立法的先河。

我国在1993年颁布了《产品质量法》，与西方国家常见的产品责任法有所区别，不光确立了责任制度，还将现代质量监督与管理制度植入法律之中，规定了专门化的监管机构的地位与职能，体现了国家全方位干预的经济法理念。

二、本章涉及内容

1. 主要概念

本章涉及的概念主要有产品、农产品、产品质量、产品责任、标准化、食品安全、缺陷、瑕疵、严格责任（无过错责任）。

2. 主要原理与基本制度

（1）产品质量法历史沿革；

（2）产品质量监督管理法律制度；

（3）产品质量侵权民事责任分析；

（4）农产品质量安全法基本法律制度概述；

（5）食品安全法基本法律制度概述。

3. 实践难题

（1）生产许可证的法律意义；

（2）召回法律制度性质分析；

（3）产品"缺陷"的法定标准；

（4）产品无过错责任与过错推定责任的适用；

（5）产品刑事责任的分析。

4. 直接与相关法律法规目录

2000年《产品质量法》（1993年颁布），2006年《农产品质量安全法》，2017年《标准化法》（1988年12月29日通过），2017年《计量法》（1985年颁布，2009年、2013年、2015年修订），2015年《药品管理法》（1985年7月1日实施，2001年、2013年修订），2015年《食品安全法》（2009年颁布），2009年《食品安全法实施条例》，2013年《缺陷汽车产品召回管理条例》，2004年《缺陷汽车产品召回管理规定》，2015年《食品召回管理办法》，2011年《废弃电器电子产品回收处理管理条例》，2008年《乳品质量安全监督管理条例》，

2012年《关于依法严惩"地沟油"犯罪活动的通知》，2002年《关于产品侵权案件的受害人能否以产品的商标所有人为被告提起民事诉讼的批复》。

第二节 基本概念

一、产品

1. 定义

在我国，1993年制定、2000年修订的《产品质量法》第二条第二款和第三款规定："本法所称产品是指经过加工、制作，用于销售的产品。建设工程不适用本法规定，但是，建设工程使用的建筑材料、建筑构配件和设备，属于前款规定的产品范围的，适用本法规定。"第七十三条规定："军工产品质量监督管理办法，由国务院、中央军事委员会另行制定。因核设施、核产品造成损害的赔偿责任，法律、行政法规另有规定的，依照其规定。"国家技术监督局颁布实施的《中华人民共和国产品质量法条文释义》第二条第四款中规定："本法调整的产品范围包括：以销售为目的，通过工业加工、手工制作等生产方式所获得的具有特定使用性能的物品。未经加工的天然形成的产品，如原矿、原煤、石油、天然气等，以及初级农产品，如农、林、牧、渔等产品，不适用本法规定。'建设工程不适用本法规定'是指建筑物、工程等不动产不适用本法规定。不动产中的动产适用本法。"如在超市中销售的烟酒糖茶属于典型的产品的范围。

产品最早是经济学中的一个术语，后来应用于法学领域。经济学上的产品是指人类创造的物质资料，这是广义的产品。而在法学领域所说的产品，其范围要小于广义的产品。对产品的法律含义界定也因国与国的社会制度、意识形态、价值观念和经济发展水平的不同而呈现出明显的地域差异。[1]例如，美国1979年1月公布的《统一产品责任示范法》将产品界定为：人体组织和器官以外的，任何

---

1. 朱崇实，卢炯星. 经济法. 厦门：厦门大学出版社，2007：452.

具有内在价值,能够整体或者部分转让并用于贸易或者商业销售的物品。1985年《欧洲共同体产品责任指令》第二条将产品定义为:所有的动产,包括构成另一动产或不动产之一部分以及电,不包括原始农产品和狩猎物。日本《制造物责任法》第二条第一款规定:制造物(产品)是指被制造或加工的动产。实践中,日本以不动产为制造物(产品)而肯定其责任的判例已有多件。中国台湾地区的产品责任立法由于受美国的影响,亦采用了宽泛的产品定义,其《消费者保护法》及其《施行细则》将产品界定为:交易客体之不动产或动产,包括最终产品、半成品、原材料或零组件。

随着市场经济的发展,国际上对"产品"范围的界定有扩大化的趋势,煤气、自来水、电、一些智力产品、人体器官、血液等逐渐纳入"产品"的范围之内。我国也应及时修改对"产品"范围的界定,以符合社会经济需要和顺应国际发展趋势。

2. 产品与商品

产品和商品的区别在于,商品是用来交换的产品,商品的生产是为了交换,而当一种产品经过交换进入使用过程后,就不能再称为商品了。当然,如果产品又产生了二次交换,那么在这段时间内,它又能被称为商品了。我们买了手机之后,手机是用来使用而不是用来交换的,因此手机已经不是商品而仅仅是产品。但若我们卖掉旧手机换新手机,旧手机又是用来交换的,因此旧手机又成为商品。

---- 知识指引 ----

产品是我们在日常生活中习惯使用的概念,每个人都根据自己的生活经验理解产品。但是法律上的产品概念必须符合法律逻辑,即这个概念必须是范围明确的,具有可操作性的。只有符合产品的概念,才能在纠纷发生时适用产品质量法。因为不同的法律法规规定的内容可能不一样,使用人可以根据自己的需要选择适用。例如机械设备就属于产品,在买卖设备合同约定的

产品保质期过了以后，购买者才发现了质量缺陷，如果根据合同法，购买者则难以主张权利。但是，根据产品质量法，只要有证据证明产品存在缺陷，而且诉讼时效期间也没过，购买者就可以依据产品质量法要求设备提供方承担相应的法律责任。这对起诉方来讲非常重要，起码可以获得诉讼上的保护。如果产品不能列入产品质量法中的产品概念范围，则无法适用产品质量法。所以在学习中要学会驾驭这个概念，在法院实践中灵活、巧妙地应用法律保护好当事人的利益，使所学知识活学活用。

二、农产品

1. 定义

我国2006年制定的《农产品质量安全法》第二条规定，农产品是指来源于农业的初级产品，即在农业活动中获得的植物、动物、微生物及其产品，如我们经常吃的米饭、土豆等。

2. 农产品与产品

《产品质量法》将农产品排除在产品范围外，主要是由于农产品是未加工过的天然产品，容易产生潜在的缺陷却难以确定缺陷的来源以及责任者。但随着科学技术的发展、无土栽培等技术的运用、农业生产者控制自然条件能力的增强，在生产过程中使用催熟剂或滥用化肥、农药的现象普遍存在。这都会增加农产品缺陷产生的可能性，从而对消费者的健康造成危害。现实中由于农药残留量过大而导致的中毒事故已经屡见不鲜。我国针对农产品质量安全也专门制定了《农产品质量安全法》《农药管理条例》《兽药管理条例》《饲料和饲料添加剂管理条例》等法律法规。因此，将初级农产品纳入产品的范围，不仅不会与传统观念冲突，还具有积极的现实意义。

> **知识指引**
>
> 产品质量法中的产品是包括经过加工、制作的产品，属于工业化的过程，而农产品则不含工业化的加工、制作过程，不受机械的切割与碾压，但是种植过程可能经常含有工业化的要素，比如化肥、农机等，因此农产品质量安全与普通工业产品的质量安全有很大区别，所以在立法上分别规定。农产品的生长过程受自然规律的影响，但是，由于现代科技的快速进步，用科技手段干预自然规律的情况越来越多，例如：使用危害人体健康的杀虫剂，喷洒有害的催熟剂，给动物喂养有害的添加剂，西瓜成长过程中增加有害的膨大剂，牛奶中添加三聚氰胺，鸭蛋心里增加苏丹红……这些在农业社会时代只靠自然规律才可以形成的过程现在介入了人为因素的干扰，农产品的结构与功能受到了破坏，这一切都可能对人类的生命健康造成巨大的危害。因此法律须介入干预，严格制定安全标准与流程，认真实施监督与管理，及时制止危害人类生命健康的市场竞争行为。这就是经济法的本质，是国家对农产品生产过程的干预，以保证现代农业生产销售的健康方向，而不是为了利润不择手段。这就是农产品专门化立法的宗旨。

三、产品质量

1. 定义

产品质量是指产品性能在正常使用条件下，满足合理使用用途要求所必须具备的物质、技术、心理和社会特性的总和。产品质量是产品生命，是产品生存和发展的前提。产品质量的好坏，取决于使用者和消费者对产品的安全性、适用性和其他特性的综合要求。一般认为产品质量有以下特性：

（1）安全性，是指产品在使用中保障人体健康和人身、财产安全免受损害的能力，这是产品质量最基本的要求。比如我们在喝啤酒的过程中，啤酒瓶不能无缘无故地破裂等。

（2）适用性，是指产品在一定条件下实现预定目的或者规定用途的能力。任何产品都具有其特定的使用目的或者用途，如胶水就应当能粘东西才行。

（3）可靠性，是指产品在规定的条件和规定的时间内完成规定功能的程度和能力。一般可用功能效率、平均寿命、失效率、平均故障时间、平均无故障工作时间等参量进行评定，如我国对白炽灯的平均寿命就有明确要求。

（4）可维修性，是指产品在发生故障后能迅速维修、恢复其功能的程度和能力，通常采用平均修复时间等参量表示。如我们的台灯在发生故障后，由专业人士能很快修好。

（5）经济性，是指产品使用的能耗、维修保养的难易程度等。如一些豪华跑车追求的是奢侈与速度，因此其经济性较差。

（6）美观性，是指产品的造型、色泽等外观条件须具有一定的美感。如iPhone 的外观设计是其畅销的一个重要原因。

2. 产品质量的标准

我国《产品质量法》第二十六条明确了产品质量的具体化标准："质量应当符合下列要求：（一）不存在危及人身、财产安全的不合理的危险，有保障人体健康和人身、财产安全的国家标准、行业标准的，应当符合该标准；（二）具备产品应当具备的使用性能，但是，对产品存在使用性能的瑕疵作出说明的除外；（三）符合在产品或者其包装上注明采用的产品标准，符合以产品说明、实物样品等方式表明的质量状况。"

知识指引

"产品质量"一词从表面上分析是一个内在极其复杂的词语，因为"质量"一词如何用描述的方法来定性是一件有难度的事情。但是，产品质量法中终须给质量下一个定义，这样这部法律才具有可操作性。因为人们要用这部法律主张权利，权力部门要用这部法律做出裁决，所以概念必须充满法律的逻辑性，具体表现就是用一些可以量化的指标来描述产品的若干性能，这样就将质量这种行为定位在法律的框架之中，帮助人们准确操作这部法律。

因此，理解这个概念时一定要从几个侧面性能角度出发，这样就可以抓住要领，否则，这个较为抽象的概念理解起来有一定的难度。

四、产品责任

又称产品侵权责任，是指产品的生产者、销售者因其生产、销售的产品存在缺陷造成他人人身、该产品以外的其他财产损害而依法应承担的赔偿责任，它属于因产品缺陷而承担的赔偿责任。在实践中经常出现的火锅煤气炉造成的伤害，属于典型的产品责任。我国产品责任问题主要规定于以《产品质量法》为主的各项有关产品质量的法律、法规中，通常有"产品责任"和"产品质量责任"两种说法来表述产品使用过程中造成损害而承担的赔偿责任。关于二者的区别及产品责任的相关内容，将在本章第三节中的《产品质量侵权民事责任分析》做详细论述。

知识指引

法律责任的概念是明确的，包括民事责任、行政责任和刑事责任，产品责任是产品质量法中使用的概念，它实际上就是法律责任在产品质量法中的体现。但是各国在使用"产品责任"一词立法时是有明确范围的，那就是民事侵权责任，西方很多国家都是这么立法的。但是我国在1993年立法时称为产品质量法，而不叫产品责任法，这就体现了我们立法的特殊要求与时代性。我们叫产品质量责任，包括民事责任、行政责任和刑事责任，与产品责任严格区分开来。这就是这个概念的特殊性，实际上是与不同的立法历史、立法背景相联系的。因此，在学习这两个概念时，要深入了解这些背景，这样才容易掌握。有些区分难度较大的知识点应多次反复学习，才能掌握得较为扎实。

第三节　主要原理与基本制度

一、产品质量法历史沿革

1. 产品质量法的概念

产品质量法是调整国家在监督、管理产品生产、流通和消费过程中因产品质量所发生的产品质量管理关系的法律规范的总和。它包括广义的产品质量法和狭义的产品质量法。广义的产品质量法是指有关产品质量的所有法律、法规、规章及其他规范性法律文件，包括《标准化法》《产品质量认证条例》等等；狭义的产品质量法仅指产品质量基本法，一般国家称为《产品质量法》。不同法系不同国家的产品质量法走过了不同的发展历史。

2. 国外的产品质量立法

国外产品质量立法最早可追溯到公元前18世纪的古巴比伦，《汉穆拉比法典》便有建筑师建造房屋和船工建造船舶质量不合格要受处罚的规定。[1]罗马法作为反映商品生产和交换关系的最完备、最齐全的法律，更注重对产品质量的调整，规定了卖方对标的物的瑕疵的担保义务。这些规定为后世普遍接受罗马法思想的大陆法系国家的民法典所普遍遵守，如《法国民法典》《德国民法典》和《日本民法》等。工业革命以后，随着科学技术的不断进步和发展，产品缺陷更加隐蔽，产品危险日益增强，损害事件日益增多。对消费者的基本权利的保护，使之拥有期待产品安全、了解产品真相和选择产品的权利，拥有其意见被尊重以及受到缺陷产品损害时得到法律救济的权利，成为各国制定消费者政策及法律的基础，使得资本主义国家的产品质量立法进入了一个新的时代。

19世纪中期，产品责任最早产生于英国的判例，其后在美国有长足的进展，逐步形成了产品质量责任制度。在美国的镀金时代，自1879年到1905年的二十余年间，有190项与食品药品立法相关的议案提交给美国国会，但均未获得通过。[2]1906年美国颁布了《联邦纯净食品和药品安全法》《肉类检查法》，1907年

---

1. 黄锡生，曾文革. 经济法学：重庆：重庆大学出版社，2002: 217–218.
2. 张亚红，王秋石. 美国两次镀金时代及其后的治理转型. 浙江大学学报：人文科学版 .2012(2):36–37. 1906年，美国社会学作家辛克莱尔出版了小说《屠场》，对芝加哥肉类罐头工厂令人作呕的罐头加工过程作了细致描写，引起了强烈的民愤。6月30日，美国总统西奥多·罗斯福签署通过了《联邦纯净食品和药品安全法》。

应制造商和使用者的请求，出台了第一部《经许可的色素规章》，1914年《哈里森麻醉剂法》面世。1927年化学局重组为两个单独的实体：监管职能归于食品、药品和杀虫剂管理局，非监管研究归于化学和土壤局。1930年《麦克纳瑞－梅朴思修正案》授权联邦食品药品局关于罐装食品的质量和容器的装填的标准，肉类和牛奶制品除外。1933年联邦食品药品局建议彻底修正已过时的1906年《联邦纯净食品和药品安全法》。从将第一项议案提交给参议院开始，开始了一场为期五年的立法之战。1938年国会通过《联邦食品、药品和化妆品法》，1940年联邦食品药品局从农业部划归联邦安全署，1941年通过了《胰岛素修正案》，1944年通过了《公共健康服务法》。之后法案不断推出，如1972年美国颁布《消费品安全法案》，美国商务部1979年公布了专家建议文本《统一产品责任示范法》，国家干预的范围与力度越来越大，一直至今。[1]

产品责任制度先后突破契约责任，将产品责任引入侵权法领域，确立疏忽责任，随后是瑕疵担保责任、严格责任，逐渐成为一个相对独立的领域及侵权责任领域。1852年，纽约州最高法院的托马斯诉温彻斯特案中首次排除"契约当事人原则"，判令与受害人并无买卖合同关系的药品制造人承担赔偿责任。1916年纽约州法院的卡多佐法官在麦克弗森诉别克汽车公司案中，进一步要求所有提供商品的人，对合理预见的第三人所受损害负责。卡多佐法官结合托马斯诉温彻斯特案解释道：如果他有过失，危险可预知，他就有责任。卡多佐法官的一个重要论据就是制造商的社会义务。此案判决后，其他许多州也陆续摒弃了"契约当事人原则"，追究制造商的过失侵权责任。这样，缺陷产品损害在美国由契约法单独规范时期，发展到契约法与侵权法共同规范时期。在过失侵权产品责任发展的同时，许多州法院的法官出于保护受害者的需要，将传统英美契约法上的明示及默示担保责任运用于产品损害赔偿诉讼责任中。[2] 各国也制定了相应的产品责任法律，如1989年联邦德国通过了《有缺陷产品责任法》、1985年欧共体理事会制定了《欧共体产品责任指令》，英国于1987年制定了《消费者保护法》，日本

---

1. 张江艳.产品侵权的法律问题探究.法制与经济，2014(1):27.
2. 李义松.美国、德国产品责任法比较研究.江苏公安专科学校学报，2000，11.

1994年颁布了《产品责任法》等。同时，随着经济的全球化，国际交往日益频繁，国际间的产品责任事件日益增多，有关产品责任的国际公约应运而生。当今世界，主要有四个产品质量方面的国际性公约，它们包括：1973年《关于产品责任适用法律的海牙公约》、1976年欧洲经济共同体制定的《使成员国产品责任法互相接近的指示草案》、1977年欧洲经济共同体理事会制定的《关于造成人身伤害与死亡的产品责任的欧洲公约》和1985年欧洲共同体理事会通过的《关于对有缺陷产品的责任指令》。

韩国在《民法》中有一个"缺陷物保修责任法"，规定了对产品的缺陷确认后，要给用户赔偿；对产品的重要部件，修理3次仍未修好的，应予更换。根据汽车的特点，韩国的厂商将发动机、变速器列为重要部件，3次修不好（含更换总成），可以换车。但没有退车的规定。

3. 我国的产品质量立法

（1）我国古代产品质量立法

我国古代产品质量法主要体现在产品质量的规定上。自西周开始，历经秦汉，至唐朝中华法系的形成，再经宋元到明清，都有不少关于产品质量、规格和责任的规定，体现了自古以来对产品质量问题的重视。同时，由于"诸法合体、刑民不分"，各朝代没有编撰独立的经济法典，产品质量的规定零散分布在有关调整手工业产品和市场管理方面的相关条目中，如：秦律的《工律》《均工律》《工人程律》，《唐律疏仪》之《杂律》和《唐六典》,《大明律》之《工律》等。[1] 这些法律涉及产品的含义和范围、产品责任的主体、承担产品责任的形式和产品质量的行政管理制度等内容，其所建立的一些产品质量管理制度，到现在我们还沿用着。

（2）现行的产品质量立法

新中国成立以来，比较重视产品质量立法，尤其是改革开放以后，逐步推行全面质量管理，加强产品质量法制建设，先后颁布了《工业产品质量责任条例》《标准化法》《产品质量监督试行办法》《产品质量认证管理条例》《农产品质量安

---

1. 何莉萍.中外产品责任发展简史.湖南省政法管理干部学院学报，2009，18(5).

全法》等数十个有关产品质量的专项法律法规，同时，在颁布的《商标法》《药品管理法》《食品安全法》《反不正当竞争法》《消费者权益保护法》及《合同法》《民法通则》等法律中也规定了产品质量的内容，这些法律法规的制定对提高我国的产品质量起到了积极的推动作用。

1993年2月22日，第七届全国人大常委会第三十次会议通过了我国第一部全面、系统的规定产品质量的《中华人民共和国产品质量法》(以下简称《产品质量法》)，为我国产品质量的监督管理及消费者的权益保护提供了基本的法律依据。为了适应经济全球化及科技的发展，2000年7月8日，第九届全国人大常委会对《产品质量法》进行了重大、全面的修改完善，使之更符合现代社会的需要。

现行《产品质量法》将产品质量法的调整对象分为产品质量监督管理关系和产品质量责任关系，在此基础上形成了我国产品质量宏观管理制度，具体包括产品质量标准制度、产品质量监督检查制度、产品质量认证制度、企业质量体系认证制度、产品质量评比奖惩制度、生产许可证制度等。

从以上产品质量法的历史沿革中我们可以看出，在市场经济较为发达的工业国家，产品质量法以产品质量责任立法为主；而在中国，产品质量法则表现为全面的质量管理立法，是具有中国特色的法律规范。

二、产品质量监督管理法律制度

产品质量监督管理是指法律规定的产品质量监督管理机构根据各种产品标准，依照法定职权和法定程序，对产品质量所进行的监督管理活动。根据《产品质量法》的规定，我国确立了专门的产品质量监督管理体制，对产品质量进行监督管理。

1. 产品质量监督管理体制

产品质量监督管理体制，是指产品质量监督管理机构的设置及其权限划分制度的统称。我国产品质量法确立了统一管理、分工负责的产品质量监督管理体制，将产品质量监督管理部门从中央到地方分为三级，各级产品质量监督管理部门在其职权范围内，依法履行职责。我国《产品质量法》第八条对我国的产品质量监督管理体制做了原则性规定：国务院产品质量监督部门主管全国产品质量监督工作。国务院有关部门在各自的职责范围内负责产品质量监督工作。县级以上地方产品质量监督部门主管本行政区域内的产品质量监督工作。县级以上地方人民政府有关部门在各自的职责范围内负责产品质量监督工作。法律对产品质量的监督部门另有规定的，依照有关法律的规定执行。

（1）国务院产品质量监督管理部门

根据我国《产品质量法》的规定，国务院产品质量监督管理部门主管全国产品质量监督管理工作。按照国务院的机构设置，国家市场监督管理总局为国务院产品质量监督管理部门，对全国产品质量工作进行统一管理，组织协调，对产品质量管理进行宏观指导。

按照国务院确定的"三定"方案以及《国务院关于机构设置的通知》精神，国家市场监督管理总局的职能在原来的基础上做了一些调整，更加侧重于宏观政策上的指导和组织协调。如划出了部分产品质量监督的职能，把产品质量纠纷的仲裁交给人民法院或社会中介组织解决。还有些职能则交由企业依法自主管理，如工业企业内部的标准化、计量、质量管理和非强制检定计量器具的检定等事项。

根据以上职能调整，国家市场监督管理总局的主要职责是：第一，组织起草有关质量监督检验检疫方面的法律、法规草案，研究拟定质量监督检验检疫工作的方针政策，制定和发布有关规章、制度；组织实施与质量监督检验检疫相关法律、法规，指导、监督质量监督检验检疫的行政执法工作；负责全国与质量监督检验检疫有关的技术法规工作。第二，宏观管理和指导全国质量工作，研究拟定提高国家质量水平的发展战略。第三，统一管理计量工作。第四，拟定出入境检验检疫综合业务规章制度，负责口岸出入境检验检疫业务管理，负责商品普惠制原产地证和一般原产地证的签证管理。第五，组织实施出入境卫生检疫、传染病监测和卫生监督工作。第六，组织实施出入境动植物检疫和监督管理。第七，组织实施进出口食品和化妆品的安全、卫生、质量监督检验和监督管理等等。

（2）国务院有关部门的产品质量监督

国务院有关部门在各自的职责范围内负责产品质量的监督管理工作。这是指除国家市场监督管理总局以外的其他与质量监督工作有关的部门，这些部门包括：国家工商行政管理总局、国家食品药品监督管理总局、国家出入境检验检疫局。国家工商行政管理总局的职责之一是承担监督管理流通领域商品质量和流通环节食品安全的责任，组织开展有关服务领域的消费维权工作，按分工查处假冒伪劣等违法行为，指导消费者咨询、申诉，受理消费者举报，处理和支持网络体系建设等工作，保护经营者、消费者合法权益，如对超市产品进行监督检查属于其职责范围。国家食品药品监督管理总局的职责之一是监督生产企业、经营企业和医疗机构的药品、医疗器械质量，定期发布国家药品、医疗器械质量公报；依法查处制售假劣药品、医疗器械等违法行为。国家出入境检验检疫局的职责之一是管理出入境检验检疫标志、进口安全质量许可、出口质量许可并负责监督检查，管理和组织实施与进出口有关的质量认证认可工作。此外，国家其他一些部门根据其职责也有一些质量监督方面的工作。

（3）地方监管部门

县级以上地方人民政府管理产品质量监督工作的部门的职能主要是负责本行政区域内的产品质量监督管理工作，其中包括依法查处生产、销售伪劣产品等质量违法行为。结合近年来国家有关产品质量监督管理体制改革的内容，其中省部级产品质量监督管理部门的职责是按照国家法律、法规的规定和省级人民政府赋予的职权，负责组织、协调省级范围内的产品质量监督管理工作，而市（州、盟）、县（区）级管理产品质量监督工作的部门则在省级产品质量监督管理部门的垂直统一领导下，按照职责分工，做好产品质量监督工作。

地方产品质量监督部门主要包括地方质量监督检验检疫部门和工商部门，这二者在产品质量监督管理中的分工如下：第一，生产流通领域中的产品质量问题，由质量监督检验检疫部门查处，工商行政管理部门给予协助，如对产品生产厂家的产品质量问题进行查处；第二，生产、经销掺假产品、冒牌产品的，由工商行政管理部门查处，质量监督检验检疫部门给予协助，比较典型的是市场的小商小贩贩卖假的名牌产品的行为；第三，倒卖、骗卖劣质产品的，若质量监督检验检疫部门发现，则由其处理，工商行政管理部门给予协助；若工商行政管理部门发现，则由其处理，质量监督检验检疫部门给予协助。

我国的产品质量监督管理部门除上述三个之外，还包括大量的行业协会、部门、企业的质量监督管理机构，其广泛的质量监督活动属于内部监督的性质，起到补充作用。

2. 产品质量监督管理制度

产品质量监督管理具有严格的科学性和规律性，包括我国在内的许多国家在长期的管理实践中，创立了许多实用的管理制度，其中最为重要的是产品质量标准制度、质量认证制度、产品质量检验制度、产品质量监督检查制度等。

（1）产品质量标准制度

国家标准 GB/T 3935.1-83 对标准的定义为："标准是对重复性事物和概念所做的统一规定，它以科学、技术和实践经验的综合为基础，经过有关方面协商一致，由主管机构批准，以特定的形式发布，作为共同遵守的准则和依据。"产品质量标准制度是指关于产品质量标准的制定、实施、监督检查的各项规定的总称，是产品质量管理的依据和基础，是实现产品质量管理专业化、社会化和现代化的前提，也是促进科技进步、改进产品质量、提高社会经济效益的保障。

我国《产品质量法》和《标准化法》规定确立了我国以国家标准、行业标准为中心，辅之以地方标准和企业标准的标准体系，形成了评价产品质量的统一模式。

①产品质量标准的制定

根据我国《标准化法》的规定，工业产品的品种、规格、质量、等级或者安全、卫生要求，工业产品的设计、生产、检验、包装、储存、运输、使用的方法或者生产、储存、运输过程中的安全、卫生要求，有关环境保护的各项技术要求和检验方法，建设工程的设计、施工方法和安全要求，有关工业生产、工程建设和环境保护的技术术语、符号、代号和制图方法等需要统一的技术要求的，应当制定标准。重要农产品和其他需要制定标准的项目，由国务院规定。

依据制定主体及适用的范围，产品质量标准可分为国际标准、国家标准、行业标准、地方标准和企业标准。如我们常喝的某种酸奶执行的产品标准代号便是GB19302，是国家标准。

②产品质量标准的实施

根据我国《标准化法》的规定，国家标准、行业标准分为强制性标准和推荐性标准。强制性标准必须执行，不符合强制性标准的产品不得生产、销售、进口。其中保障人体健康，人身、财产安全的标准和法律、行政法规规定强制执行的标准是强制性标准；省、自治区、直辖市标准化行政主管部门制定的工业产品的安全、卫生要求的地方标准，在本行政区域内是强制性标准。我国的强制性标准具体包括：药品标准、食品卫生标准、兽药标准；产品及产品生产、储运和使用中的安全、卫生标准，劳动安全、卫生标准，运输安全标准；环境保护的污染排放标准和环境质量标准等。而推荐性标准，是指强制性标准以外的不具有强制执行力的产品标准，国家鼓励企业采用。根据《标准化法》的规定，国际标准是推荐性标准，其中比较典型的是国际标准化组织（ISO）制定的企业质量体系认证标准和产品质量认证标准，为包括我国在内的许多国家和地区广泛采用。

为了推进产品标准制度的实施，《产品质量法》第十三条规定："可能危及人体健康和人身、财产安全的工业产品，必须符合保障人体健康和人身、财产安全的国家标准、行业标准；未制定国家标准、行业标准的，必须符合保障人体健康和人身、财产安全的要求。禁止生产、销售不符合保障人体健康和人身、财产安全的标准和要求的工业产品。"

（2）质量认证制度

按照国际标准化组织（ISO）和国际电工委员会（IEC）的定义，认证是指由国家认可的认证机构证明一个组织的产品、服务、管理体系符合相关标准、技术规范（TS）或其强制性要求的合格评定活动。《中华人民共和国标准化法条文解释》第十五条规定："认证是依据标准和相应要求，经认证机构确认并通过颁发认证证书和标志，以证明某一产品符合相应标准和要求的活动。"我国《产品质量法》将认证分为企业质量体系认证和产品质量认证两种。

(3) 企业质量体系认证制度

我国《产品质量法》第十四条第一款规定："国家根据国际通用的质量管理标准，推行企业质量体系认证制度。企业根据自愿原则可以向国务院产品质量监督部门认可的或者国务院产品质量监督部门授权的部门认可的认证机构申请企业质量体系认证。经认证合格的，由认证机构颁发企业质量体系认证证书。"

企业质量体系认证制度是指由国家认可的认证机构，按照国家质量管理和质量保证系列标准，对自愿提出认证申请的企业的质量体系，进行检查确认并颁发认证证书，以证明企业的质量体系和质量保证能力符合相应标准要求的一种制度。我国的企业质量体系认证制度具有以下特点：

第一，企业质量体系认证的认证机构是国务院产品质量监督部门认可的或者国务院产品质量监督部门授权的部门认可的认证机构。目前，中国国家认证认可监督管理委员会是国务院决定组建并授权，履行行政管理职能，统一管理、监督和综合协调全国认证认可工作的主管机构。中国认证机构国家认可委员会是经中国国家认证认可监督管理委员会依法授权设立的国家认可机构，负责对从事各类管理体系认证和产品认证的认证机构进行认证能力的资格认可工作。

第二，企业质量体系认证的依据是国家质量管理和质量保证系列标准。《产品质量法》第十四条规定我国采用国际通用的质量管理标准，具体是指 ISO 9000 系列国际标准。我国对企业质量体系认证的现行依据是 CB/T19000–ISO 9000 质量管理和质量保证系列国家标准。

第三，企业质量体系认证实行企业自愿申请原则，企业可根据自己所具备的质量保证模式，自由选择质量体系认证机构。经认证合格的，由认证机构颁布企业质量体系认证证书。

第四，企业质量体系认证制度，有利于促进提高企业的质量管理水平，提高企业的质量信誉，从而增加企业在产品市场的竞争力。很多企业在广告宣传中明确表示已通过 ISO 9000 或 9001 认证，这无疑会提高企业的质量信誉。对消费者而言，可以增进对企业的了解，方便对产品质量的监督检查。同时企业质量体系认证是国际通行的保证和提高质量管理水平的基本手段和保障，我国企业要进入国际市场，参与国际竞争，也应实行企业质量体系认证。

（4）产品质量认证制度

产品质量认证制度是指认证机构依据产品标准和相应的技术要求，对申请认证的产品进行检验，对符合相应标准和相应技术要求的产品颁发认证证书和标志予以证明的制度。我国《产品质量法》第十四条第二款规定："国家参照国际先进的产品标准和技术要求，推行产品质量认证制度。企业根据自愿原则可以向国务院产品质量监督部门认可的或者国务院产品质量监督部门授权的部门认可的认证机构申请产品质量认证。经认证合格的，由认证机构颁发产品质量认证证书，准许企业在产品或者其包装上使用产品质量认证标志。"我国的产品质量认证制度具有以下特点：

第一，国务院标准化行政主管部门统一管理全国的认证工作，国务院标准化行政主管部门直接设立的或者授权国务院其他行政主管部门设立的行业认证委员会负责认证工作的具体实施。县级以上地方人民政府标准化行政主管部门在本行政区域内，对认证产品进行监督检查。产品质量认证实行第三方认证制度，即由独立于生产方和购买方的专门认证机构进行认证。所谓"产品质量认证机构"是指具体实施产品质量认证工作的组织，也称为"行业认证委员会"。这些委员会主要由生产、销售、使用、科研等有关部门的专家组成。我国自1982年加入国际电工委员会（IEC）以来，至今已先后建立了电子元器件、电工产品、水泥、汽车用安全玻璃、玩具产品、卫星地球站设备等10个认证委员会。其中，电子元器件和电工产品两个认证委员会已经成为国际电工委员会电子元器件质量评定体系（IECQ）和国际电工委员会电工产品安全认证体系（IECEE）的全权成员。

第二，产品质量认证的对象是实物产品，即经过加工、手工制作等生产方式所获得的具有特定物理、化学性能的物品。产品质量认证的依据是具有国际水平的国家标准和行业标准以及其他技术要素。对于我国的名优产品，当没有国家标准和行业标准的时候，可以依据经过国家质量技术监督局确认的标准开展产品质量认证；对于我国与国外有关认证机构签订了双边或多边认证合作协议的产品，依据双边或多边认证合作协议中规定的标准进行认证。

第三，产品质量认证制度和企业质量体系认证制度一样实行自愿申请原则，即企业根据自愿原则可以向国务院产品质量监督管理部门或者国务院产品质量监督管理部门授权的部门认可的认证机构申请产品质量认证。但根据我国《强制性产品认证管理规定》第二条的规定："为保护国家安全、防止欺诈行为、保护人体健康或者安全、保护动植物生命或者健康、保护环境，国家规定的相关产品必须经过认证，并标注认证标志后，方可出厂、销售、进口或者在其他经营活动中使用。"国家对实施强制性产品认证的产品目录由国家市场监督管理总局、国家认监委联合发布，并会同有关方面共同实施。

第四，产品质量认证主要分为安全认证和合格认证。安全认证是指以安全标准为依据进行的认证或只对产品中有关安全的项目进行的认证，它是对商品在生产、储运、使用过程中是否具备保证人身安全与避免环境遭受危害等基本性能的认证，属于强制性认证。实行安全认证的产品，必须符合《标准化法》中有关强制性标准的要求。合格认证是依据商品标准的要求，对商品的全部性能进行的综合性质量认证，一般属于自愿性认证。实行合格认证的产品，必须符合《标准化法》规定的国家标准或者行业标准的要求。认证机构经审查，对符合标准或要求的申请，颁发产品质量认证证书，准许企业在其获准认证的产品上使用规定的产品质量认证标志。所谓"产品质量认证标志"是指由产品质量认证机构设计，按照法定程序批准、发布的一种用以证明某项产品符合规定标准或者技术规范，经过认证机构允许，可以在获准认证产品上使用的专用标志。它代表产品的质量，也是企业信誉的象征。目前我国使用的产品质量认证标志有三种，即用于电工产品的"长城"标志、用于电子元器件产品的"PRC"标志以及可以用于其他产品的"方圆"标志。企业在使用这些经过批准的标志时，必须严格按照国家质量技术监督局规定的样式印制，可以放大或者缩小，但是不可改图案，并必须在图案正下方标出认证委员会的代码、证书编号、认证依据的标志编号等。

第五，实行产品质量认证制度的目的在于保证和提高产品质量，提高产品信誉，增强产品的竞争力，同时扩大和促进对外贸易和发展国际间的产品质量认证合作，提高我国产品在国际市场的竞争力。

（5）产品质量检验制度

产品质量检验是指检验机构根据特定的标准，对产品的一项或多项质量特性进行观察、测量、试验，并将结果与规定的质量要求进行比较，以判断每项质量特性合格与否的一种活动。对这一活动的方法、程序、要求和法律性质加以确定就形成了产品质量检验制度。产品质量检验是对产品质量合格与否的评价，具有以下特点：

第一，产品质量检验机构是指具备相应的检验条件和能力，经省级以上人民政府产品质量监督部门或者其授权部门考核合格，县级以上人民政府质量监督管理部门依法设置的，为社会提供公正检验数据和检验结论的社会中介部门。产品质量检验机构必须依法设立，不得与行政机关和其他国家机关存在隶属关系或者利益关系，必须依法按照有关标准，客观公正地出具检验结果，不受任何第三方的影响。

第二，产品质量检验按照检验主体，可分为生产经营者自己检验和第三方检验。我国实行三检制，即实行操作者的自检、工人之间的互检和专职检验人员的专检相结合的检验制度。按照检验方式可分为全数检验和抽样检验，按照检验的环节可分为进货检验、工序检验和完工检验等。

（6）产品质量监督检查制度

产品质量监督检查制度是指国务院产品质量监督部门和县级以上地方产品质量监督部门依据国家法律、法规的规定，以及人民政府赋予的行政职权，对生产领域、流通领域的产品实施质量监督的一种制度。这项制度的目的在于加强对生产、流通领域的产品质量实施监督，以督促企业提高产品质量，从而保护国家和广大消费者的利益，维护社会经济秩序。根据《产品质量法》的相关规定，它具有以下内容。

①监督检查工作的规划和组织

产品质量的监督检查由国务院产品质量监督部门规划和组织，县级以上地方产品质量监督部门在本行政区域内也可以组织监督抽查。法律对产品质量的监督检查另有规定的，依照有关法律的规定执行，如《食品安全法》和《药品管理法》分别赋予了食品安全和药品监督管理机关对食品、药品的质量的监督检查权。

②监督检查工作的方式及重点

国家对产品质量实行以抽查为主要方式的监督检查制度。对依法进行的产品监督检查，生产者和销售者不得拒绝。根据《产品质量法》，监督抽查工作的重点是是三类产品：第一类是可能危及人体健康和人身、财产安全的产品，如药品、食物等；第二类是影响国计民生的重要工业产品，如钢铁、石油制品等；第三类是用户、消费者、有关组织所反映的有质量问题的产品。在实践中，监督检查工作的主要形式是在超市中随机抽查样品进行监督检查。

③监督检查中的产品检验

根据监督抽查的需要，可以对产品进行检验。抽查的样品应当在市场上或者企业成品仓库内的待销产品中随机抽取。检验抽取样品的数量不得超过检验的合理需要，并不得向被检查人收取检验费用。国家监督抽查的产品，地方不得另行重复抽查；上级监督抽查的产品，下级不得另行重复抽查，从而避免重复抽查。此外，为了防止重复抽查乱收费的问题，减轻企业负担，《产品质量法》规定，抽查检验费用按照国务院规定列支，不得向企业收取。

生产者、销售者对抽查检验的结果有异议的，可以自收到检验结果之日起十五日内向实施监督抽查的产品质量监督部门或者其上级产品质量监督部门申请复检，由受理复检的产品质量监督部门做出复检结论。

④监督抽查的产品质量不合格的处理

《产品质量法》第十七条规定："依照本法规定进行监督抽查的产品质量不合格的，由实施监督抽查的产品质量监督部门责令其生产者、销售者限期改正。逾期不改正的，由省级以上人民政府产品质量监督部门予以公告；公告后经复查仍不合格的，责令停业，限期整顿；整顿期满后经复查产品质量仍不合格的，吊销营业执照。监督抽查的产品有严重质量问题的，依照本法第五章的有关规定处罚。"

三、产品质量侵权民事责任分析

产品质量侵权民事责任，又称产品责任，是指产品制造者和销售者由于生产和销售质量不合格的产品，致使他人的人身遭受伤害或财产受到损失所应承担的损害赔偿责任。在1986年制定《民法通则》时，第一百二十二条规定了侵权法制度："因产品质量不合格造成他人财产、人身损害的，产品制造者、销售者应依法承担民事责任。运输者、仓储者对此负有责任的，产品制造者、销售者有权要求赔偿损失。"（2017年《民法总则》中取消了这一条）之后，1993年2月全国人大常委会制定了《中华人民共和国产品质量法》，完善了我国的产品侵权责任制度。2000年7月8日第九届全国人大常委会第16次会议上通过了《关于修改产品质量法的决定》，进一步对产品质量法进行了修改完善。

1. 产品责任与产品质量责任

产品质量责任是指产品的生产者、销售者以及其他对产品质量负有责任的人违反产品质量法律规范，不履行产品质量义务所应当承担的法律后果。它是一种综合的法律责任。在"三鹿奶粉"事件中，我们可以看到有三鹿集团对消费者的赔偿责任，也有三鹿集团承担的行政责任及部分高管的刑事责任。

产品责任与产品质量责任是两个既有联系又有区别的概念。产品责任包含于产品质量责任之中，仅指因产品缺陷导致受害人人身、财产损害而发生的特殊侵权责任。因此二者是整体与部分的关系。它们两者之间的区别，可以具体分为以下几个方面。

（1）责任性质不同：产品质量责任既调整平等主体之间的关系，又调整不平等主体之间的关系，是一种综合责任，包括民事责任、行政责任、刑事责任。民事责任又分为因瑕疵而发生的合同责任和因产品缺陷而发生的产品责任。产品责任只调整平等主体之间的关系，仅是民事责任中的一种特殊侵权责任。

（2）责任主体不同：产品质量责任的责任主体包括产品的生产者、销售者以及其他对产品质量问题负责的组织或个人，如《产品质量法》第六十一条规定的产品的运输者、保管者、仓储者等。而产品责任的责任主体仅限于产品的生产者与销售者。

（3）归责原则与举证责任不同：在产品质量责任中，责任形式不同，归责原则与举证责任也不同。如产品瑕疵担保责任，适用一般归责原则，且不以有损害事实为要件，一般是"谁主张谁举证"；而产品责任的归责原则，对生产者适用严格责任原则，对销售者适用过错推定责任原则，且必须有损害事实。产品责任的受害人，不须证明加害人的过错，生产者也不能通过证明自己无过错而免责，受害人只需证明损害事实及因果关系即可。

（4）责任形式与赔偿范围不同：产品质量责任的责任形式包括修理、重做、更换、减少价款或报酬、赔偿损失、罚款以及追究刑事责任等，赔偿范围仅限于因产品质量问题而造成产品本身的损失以及消费者因此而产生的运输费、交通费等经济损失，不包括精神损害赔偿；而产品责任的责任形式仅为赔偿损失，赔偿范围为因产品存在缺陷而造成的人身、缺陷产品以外的其他财产损失，不包括缺陷产品自身的损失。此外还包括受害人的精神损害赔偿。

2. 产品责任的构成要件

产品责任是一种侵权责任，承担产品责任，必须符合以下要件。

（1）产品存在缺陷。产品责任与产品缺陷有着密不可分的关系。承担产品质量责任的根据是产品存在"缺陷"，这是承担产品质量责任的先决条件。"缺陷"是我国《产品质量法》中的一个重要概念，第四十一条规定："本法所称缺陷，是指产品存在危及人身、他人财产安全的不合理的危险；产品有保障人体健康和人身、财产安全的国家标准、行业标准的，是指不符合该标准。"判断产品是否存在缺陷的依据一般有两个标准：

第一，推定性标准，即仅规定衡量产品是否有缺陷的一般条件。如我国有关法律将"不合理的危险性"作为衡量"缺陷"是否存在的推定性标准，即缺陷应当是不合理危险，如果是合理危险，例如当时的科学技术水平还无法检验出来产品存在对人身、财产有损害的危险等，则不构成产品缺陷。这种标准在适用上有很强的灵活性。产品的危险有合理与不合理之分，只有不合理的危险才可归入产品缺陷范畴。不合理的危险包括两种情况：首先，产品本身应当不存在危及人身、财产安全的危险性，但因设计、生产上的原因，导致产品存在危及人身、财产安全的危险，如丰田汽车的刹车系统问题；其次，产品本身的性质具有一定的危险性，但在正常合理使用的情况下，不会发生危及人身、财产安全的危险，这类产品的这种危险属于合理危险。如果因产品设计、制造等原因，导致这类产品在正常合理使用的情况下存在危及人身、财产安全的危险或者生产者未能用警示说明、清楚地告诉使用者使用的注意事项，未能提醒使用者对危险的预防，而导致了危及人身、财产安全的危险，即均属于存在不合理的危险。比较典型的是一些儿童玩具经常出现"本产品适合3周岁及以上儿童使用"等标识，这些产品对某些消费者而言就有一定的危险性。

第二，确定性标准，即明确规定产品的质量和安全标准，如果产品不符合这类标准，就是有"缺陷"的产品。美国产品责任法律虽然对"产品缺陷"没有明确的规定，但是根据美国的侵权行为法和法官们的司法实践，产品缺陷就是指商品具有不合理的危险性。所谓"不合理"，其判断标准是可预见的使用目的，即"生产者应使其产品得以在预见的可能使用范围内，具有合理的安全性"。这里，对安全性的判断是以一般使用人的认识与预期为标准。如威士忌是一种烈性酒，饮酒过量会喝醉。对于这种危险，正常的消费者都能认识到，因而不属于不合理的危险。如果威士忌酒中含有杂醇油，或者被兑以工业用酒精，则属于不合理的危险，因为正常的消费者不会希望自己所购买的威士忌中含有会致人失明其至丧生的工业用酒精。[1]欧洲共同体的《产品责任指令草案》中也把"产品缺陷"规定为"若产品未给人们和财产提供一个有权期待的安全，则该产品有缺陷"。我国法律参照了国际上的立法惯例，《产品质量法》第三十四条规定："本法所称缺陷，是指产品存在危及人身、他人财产安全的不合理的危险。"同时，更进一步详细规定了"产品有保障人体健康，人身、财产安全的国家标准、行业标准的，是指不符合该标准"。

我国《产品质量法》并未对产品缺陷的种类做出规定。产品缺陷可依不同标准分类。依缺陷形成的时间不同，它可分为产品投入流通前形成的缺陷和投入流通后形成的缺陷；按缺陷的隐蔽程度，它可分为当时科学上能发现的缺陷和当时

---

1. 王勇. 产品缺陷及认定标准比较研究. 安徽警官职业学院学报, 2004, 3(3).

科学上尚不能发现的缺陷；依据产品缺陷的原因不同，可将缺陷分为设计缺陷、制造缺陷、开发缺陷（是指依当时科学技术水平不可能发现的缺陷）。我国产品质量法将产品投入流通前形成的缺陷和当时科学上能发现的缺陷作为产品责任的构成条件，其他缺陷作为免责的范围。

（2）有损害事实发生

这是指造成了缺陷产品的用户、消费者的人身伤害或者除缺陷产品本身以外的财产损失。这是构成产品责任的重要前提。如果产品存在缺陷，但该缺陷尚未造成人身伤害，也未造成缺陷产品以外的其他财产损失，则不构成产品责任。如在很多汽车召回事件中，汽车仅仅是存在缺陷，并未实际造成损害，这时汽车生产者承担的就不是产品责任，而是一种义务。

（3）产品缺陷与损害事实之间存在必然的因果关系

因果关系是指客观事物之间前因后果的关联性。产品缺陷与损害事实之间有因果关系，意味着产品缺陷与损害事实之间是引起与被引起的关系，而且产品缺陷是引起损害的原因，损害是产品缺陷产生的结果。如果损害事实不是因产品缺陷造成的，则不构成产品责任。

以上构成产品责任的三个条件必须同时具备，缺一不可，否则生产者不承担产品责任。

3. 产品责任的归责原则

所谓产品责任的归责原则，是指产品损害事故发生后，法律是应以行为人的主观过错，还是以发生的客观损害事实作为价值判断标准，从而确定行为人是否承担赔偿责任和承担怎样的赔偿责任，简单地说就是据以确定行为人主观过错是否为产品责任构成要件的原则。产品责任的归责原则是用以确定产品的生产者和销售者承担产品责任的基本准则，它是产品责任的核心问题，贯穿于产品质量法的始终。从世界范围来讲，产品责任的归责原则大致经历了一个由合同责任向侵权责任、过错责任到严格责任的演进。[1]现在国际上通行的是严格责任和过错推定责任原则。

---

1. 吴国林.论产品责任性质和归责原则.社会科学论坛，2006，8.

（1）"无合同，无责任"原则

"无合同，无责任"原则又称为"无契约则无责任"的契约责任原则。这一原则确立于1842年的温特博特诉赖特这一历史名案。案件中的被告赖特是邮车制造商和修理商，他和驿站长订有契约，为后者提供合格和安全的马车来运送邮件。后被告没有信守承诺，造成原告温特博特在驾驶其中一辆马车时，因马车的一个轮子崩塌而受到伤害。但判决结果是被告不负损害赔偿责任。法院认为，被告保证马车处于良好状态的责任是向另一签约方承担的契约责任，被告无需对马车夫负责，由此形成了这样一种理论：在没有契约关系的情况下，对于缺陷产品的受害人，产品提供者不仅没有契约上的责任，更没有侵权方面的责任。这一原则，第一次为产品责任案件的处理提出了准确的规则，并将产品责任问题作为一个专门的法律问题来对待。因此可以认为，它是现代产品责任法律制度形成和发展的起点。

（2）过错责任原则

过错责任原则，即当产品造成人身、财产损害后，受害人必须证明产品的生产者、销售者在主观上存在过错，才能获得赔偿。这一原则源于罗马法时代，在当时具有极大的进步意义，因为它将加害人主观因素考虑在其中。但随着科学技术的发展，产品的技术性能及生产制造工艺日益复杂，要求不具备各种产品专业知识的消费者提供证据证明制造者或销售者有过错，限制了受害人获得法律保护的机会。因此，为了保护消费者权益，现代各国产品责任法普遍抛弃了这一原则，确立了严格责任和过错推定原则。

（3）过错推定原则

过错推定原则又称疏忽原则，是指由于生产者或销售者的疏忽大意，造成产品缺陷或者生产者、销售者应当知道产品缺陷而没有知道，并把有缺陷的产品投入市场流通，从而造成消费者人身、财产损害，生产者、销售者就存在过错，应当承担赔偿责任。根据这一原则，原告能够证明其所受的损害是由被告所致，而被告不能证明自己没有过错，则应推定被告有过错并应负赔偿责任。由此可看出它是从保护受害人的权益角度出发，推定行为人主观上存在过错，应当负赔偿责任，免除了被害人举证的困难，而加重了侵权人的责任。

过错推定原则最早是在 1916 年纽约州上诉法院"麦克弗森诉别克汽车公司案"的判决中确定的，随后被许多国家所采用。但是，这一原则承认了缺陷产品的生产者或销售者通过证明自身无过错而免责的可能性，不利于消费者权益的保护。近年来，产品责任的归责原则逐渐向严格责任发展，已经成为各国法律的发展趋势。

我国《产品质量法》第四十二条规定，由于销售者的过错使产品存在缺陷，造成人身、他人财产损害的，销售者应当承担赔偿责任。销售者不能指明缺陷产品的供货者的，销售者应当承担赔偿责任。从这些规定中我们可以看出。销售者承担产品责任，应当以其过错的存在为前提，并按照过错推定原则来适用，以此给消费者提供更好的保护。

（4）严格责任原则

严格责任原则，又称为无过错责任原则，是指生产者生产的产品因缺陷造成人身和他人财产损害时，不论生产者是否有过错，均应向受害人赔偿损失。严格责任原则认为，由于科技的进步，产品工艺的复杂性使得消费者对产品缺陷的可认识性越来越低，与此相反，生产者可获得的信息就处于绝对优势地位。因此，依照该原则，受害者只需证明产品存在缺陷及产品缺陷与损害后果之间有因果关系，缺陷产品的生产者就应当承担产品责任，而无须对生产者的过错承担举证责任。

严格责任原则最初于 1944 年由美国的特雷诺法官在"艾斯柯拉诉可口可乐瓶装公司案"中提出来的。[1] 这一原则明显对消费者有利，适应了社会经济高度社会化、技术化的现实，可以使消费者的人身、财产安全得到保障，尽快维护，同时也可以促进生产者重视产品质量问题，减少缺陷。如今这一原则在世界范围内得到了广泛运用，欧共体 12 国的产品责任法已采用了严格责任原则，其余国家也正逐步向严格责任原则发展，这已成为现代产品质量立法的发展趋势。

我国《产品质量法》第四十一条规定，因产品存在缺陷造成人身、他人财产

---

1. 曲振涛，赵大利等 . 产品质量法概论 : 北京 : 中国财政经济出版社，2002 : 56.

损害的,生产者应当承担赔偿责任。这一规定贯彻了严格责任原则,顺应了世界产品质量立法的发展潮流。

4. 产品责任的免除

产品的生产者根据严格责任原则承担产品责任,但严格责任并不意味着绝对责任。按照严格责任的理论,生产者只要能提出法律规定的免责事由,进行抗辩,就可以免除赔偿责任。根据我国《产品质量法》第四十一条的规定,生产者能够证明有下列情况之一的,不承担赔偿责任。

(1)生产者未将产品投入流通的

"未将产品投入流通"是指生产者生产的产品未出厂、销售,此时即使产品有缺陷造成了损害,也不适用产品质量法的规定,生产者也不承担产品责任。如生产者有缺陷的产品还存放在库房中未销售,则不会承担产品责任。

(2)将产品投入流通时,引起损害的缺陷尚不存在的

这是指产品在出厂、销售时,还不存在产品缺陷。产品缺陷是在产品脱离生产者的控制之后,在流通环节或消费过程等其他环节中形成的。如一些电器本身没有产品缺陷,但销售者在销售中由于没有采取保护措施,致使其受潮,造成线路短路,由此对消费者造成损害,此时生产者则不应当承担产品责任。

(3)将产品投入流通时,当时的科学技术水平尚不能发现缺陷存在的

这一免责事由又称为"发展风险"。在现代社会,科技日新月异,科技的发展速度超过了以往任何时代,因此,以前的科技不认为是缺陷或无法发现的缺陷,在产品投入流通后,就有可能被发现。由于这是科技发展的必然结果,因此对于这种缺陷造成的损害,不能由生产者承担责任。否则,生产者就会消极地研究新产品、推进技术进步。

为了保护消费者的合法权益,判定是否属于发展风险,不是以生产者所掌握的生产技术为依据,而是以当时社会的科技水平为依据的。只有根据当时的科技水平尚不能发现产品缺陷的,生产者的产品责任才能免除。

在规定了上述免责事由以外,我国产品质量法还规定了举证责任倒置原则,使产品质量的受害者能及时、合理地得到赔偿,即在产品责任诉讼中,受害者提

出赔偿请求后，由生产者提供证据来证明自己没有过错，具有法定的免责事由，否则，生产者应当承担赔偿责任。

5. 产品责任的赔偿范围

产品责任的基本形式是赔偿损害，包括人身伤害和财产损失两个方面。我国《产品质量法》第四十四条对人身损害赔偿和财产损害赔偿的范围分别作出了规定。

《产品质量法》第四十四条第一款规定："因产品存在缺陷造成受害人人身伤害的，侵害人应当赔偿医疗费、治疗期间的护理费、因误工减少的收入等费用；造成残疾的，还应当支付残疾者生活自助具费、生活补助费、残疾赔偿金以及由其扶养的人所必需的生活费等费用；造成受害人死亡的，并应当支付丧葬费、死亡赔偿金以及由死者生前扶养的人所必需的生活费等费用。"由此可以看出，人身损害赔偿的范围除包括因人身伤害引起的物质损失如医疗费、护理费、因误工减少的收入等以外，还包括因缺陷产品造成的受害人残疾乃至死亡时对受害人的精神抚慰性质的赔偿。根据2001年3月10日起施行的《最高人民法院关于确定民事侵权精神损害赔偿责任若干问题的解释》的有关规定，精神抚慰金包括两种形式：致人残疾的，为残疾赔偿金；致人死亡的，为死亡赔偿金。《产品质量法》中残疾赔偿金和死亡赔偿金的规定是2000年对《产品质量法》修改时增加的，这使得人身损害的赔偿范围进一步扩大，也与《消费者权益保护法》等相关法律的规定相一致。

因产品存在缺陷造成受害人财产损失的，侵害人应当恢复原状或者折价赔偿。受害人因此遭受其他重大损失的，侵害人应当赔偿损失。

《产品质量法》第四十三条还对受害人对索赔对象的选择权和生产者与销售者之间的追偿权作了详细规定：因产品存在缺陷造成人身、他人财产损害的，受害人可以向产品的生产者要求赔偿，也可以向产品的销售者要求赔偿。属于产品的生产者的责任，产品的销售者赔偿的，产品的销售者有权向产品的生产者追偿。属于产品的销售者的责任，产品的生产者赔偿的，产品的生产者有权向产品的销售者追偿。

6. 产品责任的诉讼时效

我国《民法总则》第一百八十八条规定，向人民法院请求保护民事权利的诉讼时效期间为三年。法律另有规定的，依照其规定。而为了充分、有利地保护消费者的权益，《产品质量法》第四十五条将因产品存在缺陷造成损害要求赔偿的诉讼时效期间规定为二年，自当事人知道或者应当知道其权益受到损害时起计算。

同时，为了兼顾生产者、销售者和消费者之间的利益，《产品质量法》第四十五条第二款还规定，因产品存在缺陷造成损害要求赔偿的请求权，在造成损害的缺陷产品交付最初消费者满十年丧失；但是，尚未超过明示的安全使用期的除外。

四、农产品质量安全法基本法律制度

我国农产品质量安全立法经历了从无到有，从综合立法到专门立法的过程。我国自十一届三中全会以来颁布的经济法规中，有些直接或间接地涉及农产品质量管理问题，如动植物检疫和防疫、农产品卫生管理、种子和农药管理等方面，我国先后颁布的《农业法》《种子法》《食品卫生法》和《产品质量法》，对处理农产品质量安全问题都发挥了巨大的作用。但是我国加入WTO之后，在食物源性中毒事件层出不穷及绿色壁垒不断升级的大背景下，调整农产品质量安全的专门性法律的缺失与农业经济现实之间的矛盾日益突出，这不仅直接关系到广大消费者的食用安全，同时也影响到农产品生产者及经营者的经济利益。为了有效应对我国现存的农产品质量安全问题，适应国际潮流，我国借鉴国际惯例，设计我国的农产品质量安全管理制度，同时考虑我国的实际情况，增强管理制度的针对性和可行性，2006年4月29日第十届全国人大常委会在第二十一次会议上审议通过了《农产品质量安全法》。这是我国第一部为农产品质量安全专门立法的法律，其内容涵盖了农产品从产地到市场的全过程，明确了各个农产品质量安全监管相关部门的权责。《农产品质量安全法》的出台，标志着我国农产品由数量管理进入到数量、质量并重，并更加注重安全的阶段，是农产品质量安全监管从此走上依法监管的轨道和进入新的阶段的重要体现。

《农产品质量安全法》已于 2006 年 11 月 1 日起正式施行,该法共 8 章 56 条,针对农产品质量安全标准、产地、生产、包装和标识以及监督检查、法律责任等方面做出了规定。

1. 农产品质量安全标准制度

农产品质量安全标准是指规定农产品固有质量和安全要求的标准,以及与农产品质量和安全有关的标准。农产品的固有质量要求,包括外观、内在品质,如营养成分、色香味和口感、加工特性以及包装标识等方面的要求;农产品的安全要求,包括诸如农药残留、兽药残留、重金属污染等对人体健康和动植物以及环境存在危害与潜在危害因素的要求。《农产品质量安全法》第十一条规定:"国家建立健全农产品质量安全标准体系。"一般来说,农产品质量安全标准体系由三部分组成:一是国家标准,即由政府及其职能部门制定的以法规等形式表现的标准;二是行业标准,即由民间团体制定的具有很强权威性和良好的国内国际声誉的标准;三是企业标准,指由产品生产者制定的企业操作规范。

借鉴国际社会的基本做法,并根据我国标准管理现状,农产品质量安全标准大致包括农产品品质规格类标准、农业投入品类标准、农业产地环境类标准、生产技术规范、分析测试方法类标准等几类。农产品质量安全标准按标准实施属性可分为强制性标准和推荐性标准,根据《农产品质量安全法》的相关规定,我国的农产品质量安全标准是强制性的技术规范。

《农产品质量安全法》规定,我国的农产品质量安全标准由农业行政主管部门商有关部门组织实施。在制定农产品质量安全标准时,应当充分考虑农产品质量安全风险评估结果,并听取农产品生产者、销售者和消费者的意见,保障消费安全。同时农产品质量安全标准应当根据科学技术发展水平以及农产品质量安全的需要,及时修订。

2. 农产品产地制度

农产品产地,是指植物、动物、微生物及其产品生产的相关区域。农产品产地的产地环境,包括农田土壤、农区水系及大气质量等,是支配农产品质量安全的重要因素,对农产品质量安全的影响具有直接性和长期性。近年来,由于我国工业化水平的提高，工业"三废"和城市生活污物排放及农用化学品大量使用，我国农田土壤、农区水系及大气质量严重退化，土壤重金属、有机污染物等污染加剧，地表和地下水系污染严重，大气复合污染加重。针对这些问题，《农产品质量安全法》和《农产品产地安全管理办法》从农产品产地的监测评价、禁止生产区的划定与调整、产地修复保护、监督检查等方面对我国的农产品产地制度作出了相关规定。

（1）农产品产地的监测评价

《农产品产地安全管理办法》规定，由省级以上人民政府农业行政主管部门在工矿企业周边的农产品生产区、污水灌溉区、大中城市郊区农产品生产区和重要农产品生产区等地区分别设置国家和省级监测点，监控农产品产地安全变化动态，并指导农产品产地安全管理和保护工作。而监测点的设置、变更、撤销应当通过专家论证。

县级以上人民政府农业行政主管部门应当建立健全农产品产地安全监测管理制度，加强农产品产地安全调查、监测和评价工作，编制农产品产地安全状况及发展趋势年度报告，并报上级农业行政主管部门备案。此外还应当加强农产品产地安全信息统计工作，健全农产品产地安全监测档案，准确记载产地安全变化状况，并长期保存。

（2）农产品禁止生产区的划定与调整

农产品禁止生产区是指由于农产品品种特性和生产区域大气、土壤、水体中有毒有害物质状况等因素，使得农产品产地有毒有害物质不符合产地安全标准，并导致农产品中有毒有害物质不符合农产品质量安全标准，经有关部门批准而不得生产特定农产品的区域。关于禁止生产区的划定和调整，由县级以上地方人民政府农业行政主管部门提出建议，报省级农业行政主管部门。省级农业行政主管部门在组织专家论证基础上报本级人民政府批准后公布。

禁止生产区划定后，不得改变耕地、基本农田的性质，不得降低农用地征地补偿标准。同时县级人民政府农业行政主管部门应当在禁止生产区设置标示牌，载明禁止生产区地点、四至范围、面积、禁止生产的农产品种类、主要污染物种类、批准单位、立牌日期等，且任何单位和个人不得擅自移动和损毁标示牌。

（3）产地保护

产地保护是指相关部门应当根据国家的法律法规对农产品产地造成损害的行为进行制止与制裁。根据《农产品产地安全管理办法》，产品保护主要包括以下内容：

第一，县级以上人民政府农业行政主管部门为进行产地保护，可采取以下措施，包括：推广清洁生产技术和方法，发展生态农业；制定农产品产地污染防治与保护规划；采取生物、化学、工程等措施，对农产品禁止生产区和有毒有害物质不符合产地安全标准的其他农产品生产区域进行修复和治理；加强产地污染修复和治理的科学研究、技术推广、宣传培训工作。

第二，相关单位和个人的禁止性义务：不得在禁止生产区生产、捕捞、采集禁止的食用农产品和建立农产品生产基地；禁止向农产品产地排放或者倾倒废气、废水、固体废物或者其他有毒有害物质；禁止在农产品产地堆放、贮存、处置工业固体废物；提供或者使用农业用水和用作肥料的城镇垃圾、污泥等固体废物，应当经过无害化处理并符合国家有关标准。

第三，农产品生产者应当合理使用肥料、农药、兽药、饲料和饲料添加剂、农用薄膜等农业投入品，并及时清除、回收农用薄膜、农业投入品包装物等，防止污染农产品产地环境。

（4）农产品产地的监督检查

县级以上人民政府农业行政主管部门负责农产品产地安全的监督检查。

县级以上人民政府农业行政主管部门发现农产品产地受到污染威胁时，应当责令致害单位或者个人采取措施，减少或者消除污染威胁。有关单位或者个人拒不采取措施的，应当报请本级人民政府处理。

农产品产地发生污染事故时，县级以上人民政府农业行政主管部门应当依法调查处理。发生农业环境污染突发事件时，应当依照农业环境污染突发事件应急预案的规定处理。

3. 农产品生产制度

农产品生产制度是指在农产品生产的过程中，相关主体依据法律法规对农产品生产进行的监督检查等制度的总称。它包括行政机关的监管制度、农业生产记录制度等。

（1）行政机关的监管制度

根据《农产品质量安全法》的相关规定，国务院农业行政主管部门和省、自治区、直辖市人民政府农业行政主管部门应当制定保障农产品质量安全的生产技术要求和操作规程，定期对可能危及农产品质量安全的农药、兽药、饲料和饲料添加剂、肥料等农业投入品进行监督抽查，并公布抽查结果。县级以上人民政府农业行政主管部门应当加强对农产品生产和农业投入品使用的管理和指导，建立健全农业投入品的安全使用制度。

同时有关行政机关对可能影响农产品质量安全的农药、兽药、饲料和饲料添加剂、肥料、兽医器械，依照有关法律、行政法规的规定实行许可制度。

（2）农产品生产记录制度

农产品生产记录制度是指农产品的生产者根据法律法规对农产品生产的相关情况进行记录的制度。比较典型的是在寿光的蔬菜生产中的施肥、施药等记录。这一制度的目的在于在农产品质量出现问题时，可以及时查出农产品的来源及问题的原因。《农产品质量安全法》第二十四条规定："农产品生产企业和农民专业合作经济组织应当建立农产品生产记录，如实记载下列事项：（一）使用农业投入品的名称、来源、用法、用量、使用与停用的日期；（二）动物疫病、植物病虫草害的发生和防治情况；（三）收获、屠宰或者捕捞的日期。农产品生产记录应当保存二年。禁止伪造农产品生产记录。国家鼓励其他农产品生产者建立农产品生产记录。"所有生产、加工和运输过程，从种子处理、土壤消毒、灌溉施肥、收获采摘到质量检测、包装标签和最后运输过程的供应信息，都要有所记录，以便查询。

4. 农产品包装和标识制度

《农产品质量安全法》第二十八条规定："农产品生产企业、农民专业合作经济组织以及从事农产品收购的单位或者个人销售的农产品，按照规定应当包装或者附加标识的,须经包装或者附加标识后方可销售。包装物或者标识上应当按照规定标明产品的品名、产地、生产者、生产日期、保质期、产品质量等级等内容;使用添加剂的,还应当按照规定标明添加剂的名称。"

(1)农产品包装制度

农产品包装是指对农产品实施装箱、装盒、装袋、包裹、捆扎等。《农产品包装和标识管理办法》对农产品包装制度做了详细规定:

第一,农产品生产企业、农民专业合作经济组织以及从事农产品收购的单位或者个人,用于销售的下列农产品必须包装。首先,获得无公害农产品、绿色食品、有机农产品等认证的农产品,但鲜活畜、禽、水产品除外。其次,省级以上人民政府农业行政主管部门规定的其他需要包装销售的农产品。符合规定包装的农产品拆包后直接向消费者销售的,可以不再另行包装。

第二,农产品包装应当符合农产品储藏、运输、销售及保障安全的要求,便于拆卸和搬运。

第三,包装农产品的材料和使用的保鲜剂、防腐剂、添加剂等物质必须符合国家强制性技术规范要求,包装农产品应当防止机械损伤和二次污染。

(2)农产品标识制度

农产品的标识制度是指在确认符合规定标准的农产品上加贴标志,用以表示农产品的安全可信度和品质特征。《农产品质量安全法》和《农产品包装和标识管理办法》中的农产品标识制度主要包括以下内容:

第一,农产品生产企业、农民专业合作经济组织以及从事农产品收购的单位或者个人包装销售的农产品,应当在包装物上标注或者附加标识标明品名、产地、生产者或者销售者名称、生产日期。有分级标准或者使用添加剂的,还应当标明产品质量等级或者添加剂名称。未包装的农产品,应当采取附加标签、标识牌、标识带、说明书等形式标明农产品的品名、生产地、生产者或者销售者名称等内容。比较著名的如烟台苹果、莱阳梨、沾化冬枣等产地名称。

第二,农产品标识所用文字应当使用规范的中文,标识标注的内容应当准确、清晰、显著。

第三，销售获得无公害农产品、绿色食品、有机农产品等质量标志使用权的农产品，应当标注相应标志和发证机构。禁止冒用无公害农产品、绿色食品、有机农产品等质量标志。

第四，特殊农产品的相关规定：畜禽及其产品，应按照有关规定进行标识；属于农业转基因生物的农产品，应按照农业转基因生物安全管理的有关规定进行标识；依法需要实施检疫的动植物及其产品，应当附具检疫合格标志、检疫合格证明。

5. 农产品质量监督检查制度

农产品质量监督检查制度是指对农产品的质量所进行的检验、评价、督促和处理等活动的总称，主要包括农产品质量的安全监测、抽查制度，社会监督制度，现场检查制度等。

（1）农产品质量的安全监测、抽查制度

《农产品质量安全法》对农产品质量的安全监测、抽查制度做了详细论述，其内容主要有以下几个方面。

①农产品质量安全监测、抽查的实施主体

根据《农产品质量安全法》的规定，农产品质量安全监测、抽查的实施主体主要包括三类：一是县级以上人民政府农业行政主管部门，按照保障农产品质量安全的要求，制定并组织实施农产品质量安全监测计划，对生产中或者市场上销售的农产品进行监督抽查。二是农产品批发市场，设立或者委托农产品质量安全检测机构，对进场销售的农产品质量安全状况进行抽查检测；发现不符合农产品质量安全标准的，要求销售者立即停止销售，并向农业行政主管部门报告。三是农产品销售企业，对其销售的农产品，应当建立健全进货检查验收制度；经查验不符合农产品质量安全标准的，不得销售。

②农产品质量安全检测机构

从事农产品质量安全检测的机构，必须具备相应的检测条件和能力，由省级以上人民政府农业行政主管部门或者其授权的部门考核合格。具体办法由国务院农业行政主管部门制定。农产品质量安全检测机构应当依法经计量认证合格。

③对监督抽查检测结果异议的救济

农产品生产者、销售者对监督抽查检测结果有异议的，可以自收到检测结果之日起五日内，向组织实施农产品质量安全监督抽查的农业行政主管部门或者其上级农业行政主管部门申请复检。

采用国务院农业行政主管部门会同有关部门认定的快速检测方法进行农产品质量安全监督抽查检测，被抽查人对检测结果有异议的，可以自收到检测结果时起四小时内申请复检。复检不得采用快速检测方法。

因检测结果错误给当事人造成损害的，依法承担赔偿责任。

（2）农产品质量的社会监督

我国鼓励单位和个人对农产品质量安全进行社会监督，任何单位和个人都有权对违反《农产品质量安全法》的行为进行检举、揭发和控告。有关部门收到相关的检举、揭发和控告后，应当及时处理。

（3）农产品的现场检查

县级以上人民政府农业行政主管部门在农产品质量安全监督检查中，可以对生产、销售的农产品进行现场检查，调查了解农产品质量安全的有关情况，查阅、复制与农产品质量安全有关的记录和其他资料；对经检测不符合农产品质量安全标准的农产品，有权查封、扣押。

五、食品安全法基本法律制度

20 世纪 80 年代以来，国内外食品安全重大事件频频发生，尤其是我国近年来发生的"大头娃娃奶粉""三聚氰胺奶粉"等事件，引发了消费者的恐慌和对食品安全的信赖危机，食品安全已成为日益严重的全球性公共卫生问题。因此 2009 年 6 月 1 日起正式实施的《食品安全法》受到社会各界的广泛关注，并在 2015 年进行了修订。《食品安全法》涵盖了"从农田到餐桌"的全过程，对涉及食品安全的相关问题做出了全面和清晰的界定，全方位构筑食品安全法律屏障，防范食品安全事故发生，切实保障食品安全。

《食品安全法》共有 10 章，修订后 154 条，对食品安全管理的基本法律制度做出了明确规定,主要内容包括:确立了统一协调、地方政府负总责、分段管理、各部门各司其职的食品安全监督管理体制,明确了各有关监管部门的职责;引入国际上行之有效的先进管理理念,建立食品安全风险监测和评估制度;[1]进一步明确了食品生产经营者作为保证食品安全第一责任人的法定义务,建立生产经营许可、索票索证、不安全食品召回等制度,加大违法行为处罚力度;建立统一的食品安全国家标准体系、食品检验制度等。

1. 食品安全监督管理体制

整个食品生产经营过程链条较长,监管环节众多,单个部门的力量难以实现全程监管,必须由多个部门协同配合、共同监管。因此,《食品安全法》确立了统一协调、地方政府负总责,分段管理、各部门各司其职的食品安全监督管理体制,明确了各有关监管部门的职责。

(1)国务院的食品安全监督管理

《食品安全法》第五条规定:国务院设立食品安全委员会。作为高层次的议事协调机构,食品安全委员会从中央层面协调、指导食品安全监管工作,并在一定程度上明确了卫生、质检、工商、食品药品等部门各自的职责范围,加强对各有关行政部门的协调管理。同时,《食品安全法》从不同角度和职责范畴规定了各行政部门间的食品安全、食品事故和风险警示信息的通报制度。国务院卫生行政部门承担食品安全综合协调职责,负责食品安全风险评估、食品安全标准制定、食品安全信息公布、食品检验机构的资质认定条件和检验规范的制定,组织查处食品安全重大事故。国务院质量监督、工商行政管理和国家食品药品监督管理部门依照本法和国务院规定的职责,分别对食品生产、食品流通、餐饮服务活动实施监督管理。

(2)地方政府的食品安全监督管理

《食品安全法》第六条规定:县级以上人民政府统一负责、领导、组织、协调本行政区域的食品安全监督管理工作,建立健全食品安全全程监督管理的工作机制;统一领导、指挥食品安全突发事件应对工作;完善、落实食品安全监督管

---

1. 赵增连,陈志锋,林祥梅.我国食品安全法与相关制度研究.食品科学,2009,30:23.

理责任制,对食品安全监督管理部门进行评议、考核。此外,《食品安全法》还分别规定了县级以上地方政府各行政部门间应互相通报食品安全信息,并及时报告上级主管部门。

2. 食品安全风险监测和评估制度

国际食品法典委员会(CAC)将食品安全风险分析定义为:风险分析是通过对影响食品安全质量的各种生物、物理和化学危害进行评估,定性或定量地描述风险的特征,在参考有关因素的前提下,提出和实施风险管理措施,并对风险信息进行交流的过程,也称危险性分析。它由风险评估、风险管理和风险沟通三个重要部分组成,其中风险评估是整个体系的核心和基础,其过程分为四个阶段/步骤:危害识别、危害描述、暴露评估和风险描述;风险管理分为四个部分[1]:风险评价、风险管理选择评估、执行管理决定以及监控与审查;风险沟通包括四方面基本要素:风险的性质(包括危害的特征和重要性、风险的大小及严重程度等)、利益的性质、风险评估的不确定性以及风险管理的选择。

食品风险分析是针对国际食品安全性应运而生的一种宏观管理模式,其目标在于保护消费者的健康和促进公平的食品贸易。在食品领域,建立在风险分析基础上的国际食品法典委员会的标准被明确地认为是实施卫生措施的基础。食品安全风险分析已经得到了我国政府的高度重视。《食品安全法》第二章规定,国家建立食品安全风险监测制度,对食源性疾病、食品污染以及食品中的有害因素进行监测。国家建立食品安全风险评估制度,对食品和食品添加剂中的生物性、化学性和物理性危害进行风险评估。从上可知,我国已经从立法角度确定了食品安全风险监测和评估制度,不仅实现了食品安全立法的科学性,还从法理上实现了同国际先进实践经验的接轨。

(1)食品安全风险监测制度

食品安全监测是风险评估和风险管理的基础性工作,也是实施食品安全预警的主要信息来源。食品安全风险监测除监测食源性疾病的暴发和发现公众健康问题外,监测结果有助于评估食品安全问题的性质和程度,可提供剂量反应的有关

---

1. 韦宁凯. 食品安全风险监测和风险评估. 铜陵职业技术学院学报,2009,2.

信息，确定风险评估的结果，可应用于风险管理。

《食品安全法》第十四条规定，国家建立食品安全风险监测制度，对食源性疾病、食品污染以及食品中的有害因素进行监测。国务院卫生行政部门会同国务院有关部门制定、实施国家食品安全风险监测计划。省、自治区、直辖市人民政府卫生行政部门根据国家食品安全风险监测计划，结合本行政区域的具体情况，组织制定、实施本行政区域的食品安全风险监测方案。我国目前主要是针对食源性疾病进行的常规监测报告，对散发病例一般不做深入调查，仅仅对暴发事件进行调查。

（2）食品安全风险评估制度

食品安全风险评估是以科学为基础，对食品可能存在的危害进行界定、特征描述、暴露量评估和描述的过程，其科学理论基础是毒理学"剂量导致毒性"，即"剂量增加导致毒理效应出现并且加强"的这一基本原理。[1]比如，专家对三聚氰胺污染的乳制品进行评估，对儿童和成人摄入多少会造成多大程度的危害等问题作出回答。

《食品安全法》第十七条规定，国家建立食品安全风险评估制度，对食品、食品添加剂中的生物性、化学性和物理性危害进行风险评估。国务院卫生行政部门负责组织食品安全风险评估工作，成立由医学、农业、食品、营养等方面的专家组成的食品安全风险评估专家委员会进行食品安全风险评估。

风险评估过程分为危害确定、危害描述、暴露评估和风险描述等四个阶段，可概括为三个问题：存在什么问题（危害的识别和确定）、问题出现的可能性（危害描述和暴露评估）、问题的严重性（风险描述）。风险评估基于可靠的科学数据和模型做出食品相关风险程度的逻辑推理，鉴定人体因暴露于环境有害物质而引起的对健康不利的影响，得出对环境、人类健康可能造成的危害以及危害程度的结论。

3. 食品生产许可制度

《食品安全法》规定，国家对食品生产经营实行许可制度。从事食品生产、

---

1. 郭正.WTO体制下中国食品安全风险管理体系的构建.经济研究导刊，2009，6.

食品流通、餐饮服务，应当依法取得食品生产许可、食品流通许可、餐饮服务许可。我们在饭店吃饭时，可以看到《工商营业执照》的旁边会挂着《餐饮服务许可证》，若没有，则说明这家饭店没有获得许可。

食品生产许可由县级以上质量监督、工商行政管理、食品药品监督管理部门依照《中华人民共和国行政许可法》的规定，在审核申请人提交的法律要求的相关资料，并在必要时对申请人的生产经营场所进行现场核查后作出，如某一款口香糖的食品生产许可证编号是：QS440113010050。

取得食品生产许可的食品生产者在其生产场所销售其生产的食品，不需要取得食品流通的许可；取得餐饮服务许可的餐饮服务提供者在其餐饮服务场所出售其制作加工的食品，不需要取得食品生产和流通的许可；农民个人销售其自产的食用农产品，不需要取得食品流通的许可。

4. 食品安全标准制度

《食品安全法》第三章要求我国以保障公众身体健康为宗旨，制定科学合理、安全可靠的食品安全标准。

食品安全标准是强制执行的标准，包括国家标准、地方标准和行业标准。食品安全国家标准由国务院卫生行政部门负责制定、公布。国务院卫生行政部门还应当对现行的食用农产品质量安全标准、食品卫生标准、食品质量标准和有关食品的行业标准中强制执行的标准予以整合，统一公布为食品安全国家标准。地方标准由省、自治区、直辖市人民政府卫生行政部门组织制定，在制定时应当参照执行本法有关食品安全国家标准制定的规定，并报国务院卫生行政部门备案。企业标准是在企业生产的食品没有食品安全国家标准或者地方标准的情况下制定的，并作为组织生产的依据。国家鼓励食品生产企业制定严于食品安全国家标准或者地方标准的企业标准。企业标准应当报省级卫生行政部门备案，在本企业内部适用。

5. 食品安全检验制度

《食品安全法》第五章对我国的食品安全检查制度做了详细规定，其中包括行政机关的食品安全检验、食品检验机构的资质认定和检验规范、食品生产经营企业的自检及食品行业协会等组织、消费者的委托检验等。

（1）行政机关的食品安全检查

《食品安全法》第六十条规定，县级以上质量监督、工商行政管理、食品药品监督管理部门应当对食品进行定期或者不定期的抽样检验。进行抽样检验，应当购买抽取的样品，不收取检验费和其他任何费用。执法工作中需要对食品进行检验的，应当委托符合本法规定的食品检验机构进行，并支付相关费用。对检验结论有异议的，可以依法进行复检。食品安全监督管理部门对食品不得实施免检。

（2）食品检验机构的资质认定和检验规范

食品检验机构按照国家有关认证认可规定取得资质认定后，方可从事食品检验活动。但是，法律另有规定的除外。食品检验机构的资质认定条件和检验规范，由国务院卫生行政部门规定。

食品检验由食品检验机构指定的检验人独立进行。检验人应当依照有关法律、法规的规定，并依照食品安全标准和检验规范对食品进行检验，尊重科学，恪守职业道德，保证出具的检验数据和结论客观、公正，不得出具虚假的检验报告。

食品检验实行食品检验机构与检验人负责制。食品检验报告应当加盖食品检验机构公章，并有检验人的签名或者盖章。食品检验机构和检验人对出具的食品检验报告负责。

（3）食品生产经营企业的自检及食品行业协会等组织、消费者的委托检验

食品生产经营企业可以自行对所生产的食品进行检验，也可以委托符合《食品安全法》规定的食品检验机构进行检验。

食品行业协会等组织、消费者需要委托食品检验机构对食品进行检验的，应当委托符合《食品安全法》规定的食品检验机构进行。

第四节 现实问题与相关法律适用和探讨

一、生产许可证的法律意义

生产许可证是国家有关机构颁发给生产企业，表明国家允许该企业从事规定

范围内产品的生产活动的证件。国家实行生产许可证管理的目的，旨在通过主体资格的控制，确定某些产品的质量，禁止不合格产品流入市场，从而保护国家、集体和消费者的利益。凡属实行生产许可证管理范围内的产品，企业只有在依法取得生产许可证之后，才有资格进行生产。国家严厉禁止企业无证生产和销售无证生产的产品。

为了便于有关各方对实行生产许可证管理的产品的监督检查，国家法律要求取得生产许可证的企业，必须在产品或包装上注明生产许可证的有关情况。

案例分析　　无证经营

2009年7月23日，被告临颍县工商行政管理局执法人员在市场监督检查时发现原告崔某某没有《验配眼镜产品生产许可证》而从事验光、配镜经营，遂于2009年8月12日做出实施行政强制措施通知书，扣押原告全自动电脑验光仪一台。

原告认为自己从事个体眼镜店经营活动近20年，营业执照换了数次，经营范围有眼镜等。被告做出的扣押行政强制措施依据是没有眼镜生产许可证，属无照经营，但原告根据《中华人民共和国工业产品生产许可证管理条例实施办法》第一百条的规定："国家质检总局和县级以上地方质量技术监督局依照本办法对生产许可证制度的实施情况进行监督检查，对违反本办法的违法行为实施行政处罚处罚"，认为被告超越法定职权强行扣押原告的电脑验光仪的具体行政行为不合法。原告认为被告做出的扣押强制措施适用法律错误，滥用行政职权。因此，原告请求法院判令被告撤销被告做出的行政强制措施通知书。

被告辩称，被告做出的行政强制措施不仅有法律根据，而且有事实依据，行政扣押强制措施扣押到期后，被告已做出解除行政强制措施通知书，送达原告，但原告拒签收，现被告已做出行政处罚决定书。

法院认为，根据国家质量监督检验总局2007年第174号《关于公布实行生产许可证制度管理的产品目录的公告》，序号28中"眼镜"已列入生产许可证办理的范围，原告验配眼镜应当取得"验配眼镜产品生产许可证"。原告未取得验配眼镜产品许可证而从事经营活动,是被告查处的范围,被告依据《无照经营查处取缔办法》的规定做出行政强制措施,扣押原告从事经营的全自动电脑验光仪,符合法律规定。

鉴于本案被告对扣押设备到期后已做出解除行政强制措施而改变了原具体行政行为,原告要求撤销被告做出的行政措施的请求,不予支持。法院确认被告做出的行政强制措施合法,依照最高人民法院《关于执行〈中华人民共和国行政诉讼法〉若干问题的解释》第五十条第三款的规定,判决驳回原告崔某某要求撤销被告临颍县工商行政管理局行政强制措施通知书的请求。

争议焦点 原告验光配镜是否需办理"工业产品生产许可证"?

法理评析 对于本案原告验光配镜是否需办理"工业产品生产许可证"的判定,此处主要涉及生产许可证办理范围方面的内容。

所谓工业产品生产许可证制度是为了保证产品的质量安全,由国家主管产品生产领域质量监督工作的行政部门制定并实施的一项旨在控制产品生产加工企业生产条件的监控制度。它要求从事产品生产加工的公民、法人或其他组织,必须具备保证产品质量安全的基本生产条件,按规定程序获得《工业产品生产许可证》,方可从事产品生产。而对于生产许可证制度指向的范围,由国家质检总局颁布产品目录来确定。根据《无照经营查处取缔办法》的规定,对于超出核准登记的经营范围,擅自从事应当取得生产许可证或者其他批准文件方可从事的经营活动的违法经营行为,依法应当查封、扣押专门用于从事无照经营活动的工具、设备、原材料、产品(商品)等财物。

在本案中,需要确定的是验光配镜是否属于工业产品生产许可证制度所指向的对象。根据质检总局公告的实行生产许可证制度管理的产品目录可知,"眼镜"已经被列入第28类需要办理生产许可证的范畴,因此原告从事验光配镜业务应当办理相应的验配眼镜产品生产许可证,否则工商行政管理部门有权采取查封和扣押从事无证经营的工具和设备等财物。

在实践中,关于生产许可证的主要问题是无证经营,这就需要生产者在进行生产之前明确是否属于必须申请生产许可证的范围。在我国,《工业产品生产许可证管理条例》《食品安全法》《药品管理法》等法律法规对我国的产品许可证制度做了相关规定。

(1)《工业产品生产许可证管理条例》

《工业产品生产许可证管理条例》第二条规定:

"国家对生产下列重要工业产品的企业实行生产许可证制度:

(一)乳制品、肉制品、饮料、米、面、食用油、酒类等直接关系人体健康的加工食品;

(二)电热毯、压力锅、燃气热水器等可能危及人身、财产安全的产品;

(三)税控收款机、防伪验钞仪、卫星电视广播地面接收设备、无线广播电视发射设备等关系金融安全和通信质量安全的产品;

(四)安全网、安全帽、建筑扣件等保障劳动安全的产品;

(五)电力铁塔、桥梁支座、铁路工业产品、水工金属结构、危险化学品及其包装物、容器等影响生产安全、公共安全的产品;

(六)法律、行政法规要求依照本条例的规定实行生产许可证管理的其他产品。"

国家实行生产许可证制度的工业产品目录由国务院工业产品生产许可证主管部门会同国务院有关部门制定,并征求消费者协会和相关产品行业协会的意见,报国务院批准后向社会公布。

(2)《食品安全法》

《食品安全法》第二十九条规定:

"国家对食品生产经营实行许可制度。从事食品生产、食品流通、餐饮服务,应当依法取得食品生产许可、食品流通许可、餐饮服务许可。

取得食品生产许可的食品生产者在其生产场所销售其生产的食品,不需要取得食品流通的许可;取得餐饮服务许可的餐饮服务提供者在其餐饮服务场所出售其制作加工的食品,不需要取得食品生产和流通的许可;农民个人销售其自产的食用农产品，不需要取得食品流通的许可。

食品生产加工小作坊和食品摊贩从事食品生产经营活动，应当符合本法规定的与其生产经营规模、条件相适应的食品安全要求，保证所生产经营的食品卫生、无毒、无害，有关部门应当对其加强监督管理，具体管理办法由省、自治区、直辖市人民代表大会常务委员会依照本法制定。"

（3）《药品管理法》

《药品管理法》第七条规定：

"开办药品生产企业，须经企业所在地省、自治区、直辖市人民政府药品监督管理部门批准并发给《药品生产许可证》，凭《药品生产许可证》到工商行政管理部门办理登记注册。无《药品生产许可证》的，不得生产药品。"

第十四条规定：

"开办药品批发企业，须经企业所在地省、自治区、直辖市人民政府药品监督管理部门批准并发给《药品经营许可证》；开办药品零售企业，须经企业所在地县级以上地方药品监督管理部门批准并发给《药品经营许可证》，凭《药品经营许可证》到工商行政管理部门办理登记注册。无《药品经营许可证》的，不得经营药品。"

第二十三条规定：

" 医疗机构配制制剂，须经所在地省、自治区、直辖市人民政府卫生行政部门审核同意，由省、自治区、直辖市人民政府药品监督管理部门批准，发给《医疗机构制剂许可证》。无《医疗机构制剂许可证》的，不得配制制剂。"

二、召回法律制度性质分析

案例分析　汽车召回

2018年5月，福特汽车（中国）有限公司、斯巴鲁汽车（中国）有限公司、捷豹路虎（中国）投资有限公司相继备案召回计划，共计在中国召回缺陷汽车22894辆。

因方向盘及变速箱缺陷，福特汽车在华召回17959辆：因为方向盘固定螺栓的紧固扭矩不足从而导致方向盘从转向轴上松脱，福特汽车（中国）有限公司决定召回部分进口2015—2018年款林肯MKZ系列汽车，中国大陆地区共涉及17912辆。由于自动变速箱液力变矩器螺柱焊接不当可能造成螺柱断裂，液力变矩器与发动机飞轮脱开，导致车辆行驶过程中在没有警示的情况下突然失去动力，增加车辆发生碰撞的风险，福特汽车（中国）有限公司决定召回2017年5月31日至2017年6月15日期间生产的部分进口2017年款林肯MKZ系列汽车，中国大陆地区共涉及47辆。

安全气囊存隐患，斯巴鲁汽车召回424辆：因车辆副驾驶安全气囊安装了高田公司生产的未带干燥剂的硝酸铵气体发生器，安全气囊展开时，气囊的气体发生器可能发生异常破损，导致碎片飞出伤及车内人员，斯巴鲁汽车（中国）有限公司决定召回部分进口2013—2014年款力狮、傲虎、翼豹系列汽车，中国大陆地区共涉及424辆。

空调通风系统存缺陷，揽胜星脉系列召回4511辆：由于供应商制造问题，空调通风系统的进气风门连杆存在制造缺陷，造成进气风门工作过程中连杆可能脱落。当室外温度低于0℃时，前挡风玻璃及其他车窗的内部雾气可能无法被及时消除，会限制驾驶员的视野。捷豹路虎（中国）投资有限公司将召回2017年4月13日至2017年11月17日期间生产的部分进口2018年款路虎揽胜星脉系列汽车，中国大陆地区共涉及4511辆。

争议焦点 我国的缺陷汽车产品召回制度是如何规定的？还有哪些产品适用召回？

法理评析 跨国公司对我国执行双重标准主要是因为目前我国只对汽车产品、儿童玩具和食品三类产品的指令召回具备法律依据，汽车召回属于法律规定的内容。我国于2012年10月颁布了《缺陷汽车产品召回管理条例》，所称召回，是指汽车产品生产者对其已售出的汽车产品采取措施消除缺陷的活动。第八条规定，对缺陷汽车产品，生产者应当依照本条例全部召回；生产者未实施召回的，国务院产品质量监督部门应当依照本条例责令其召回。这是一种强制召回的制度,在本案中实施的就是这种制度。可以看出,以上汽车公司对此规定还是很熟悉的,发现问题后及时、主动地实施召回活动。对于召回的法律性质,可以做如下分析:

首先,缺陷产品召回制度属于经济法范畴。这是因为,缺陷产品召回制度的对象是缺陷产品,是生产者、销售者和服务业经营者与消费者之间的买卖合同关系的标的物。缺陷产品召回制度中既有公法因素(如缺陷产品召回有关强制召回的规定、召回的程序设计、召回的惩罚措施等大多数是强制性规范),又有私法因素(比如自主召回的规定,以及对缺陷产品严格界定以避免商家承担过多的责任等),体现了经济法中公法与私法交融的特点,故缺陷产品召回制度属于经济法范畴。

其次,缺陷产品召回制度属于经济法中的消费者保护法范畴。该制度主要包括缺陷产品的认定、召回程序和法律责任。由缺陷产品召回制度的内容可知它属于经济法中的"市场秩序规制法"模块,而缺陷产品召回的目的是消除产品存在的隐患,以此来保护消费者的权益。由此可见,缺陷产品召回制度应属于消费者权益保护法的范畴。

最后,产品召回法律制度的设立是为了预防未来危害的发生,是生产商的义务,而不是法律责任。将产品召回界定为义务,便于召回制度的实施,有利于生产厂商发挥主动性和履行义务,同时也有利于消费者主张权利。例如丰田"刹车门"召回事件,丰田公司主动召回问题车辆,虽然只是更换了刹车配件,但避免了潜在的刹车失灵导致车毁人亡的危险。若将其界定为法律责任,则只能在其造成危害后果后才能实施,非但对人身、财产和社会资源造成重大损失,且不利于消费者的救济。

通过上述分析可知,缺陷产品召回制度属于消费者权益保护法的范围。因此,上述案例应适用缺陷产品召回制度,纳入消费者权益保护法的规制范围中,并由生产厂商承担召回的义务。

三、产品"缺陷"的法定标准

案例分析　热水器缺陷

2018年12月30日,19岁的小陈来到位于长重社区表哥租住的屋内聚会,并趁假期在表哥家暂住两天。没想到2019年1月1日,小陈使用卫生间内的电热水器洗澡时不幸触电身亡。根据家属提供的信息,小陈的表哥是2018年11月3日通过京东商城的优迅旗舰店,在网上下单购买的全新热水器,当时由厂家工作人员上门安装。出事以后,厂家工作人员上门检测,发现小陈触电的出租屋为20世纪80年代老宿舍楼,卫生间插头接地线已失效,水管有电压,系环境漏电。根据小陈家属保留的热水器购买记录,早在2018年12月4日,他们就已发现热水器在安装后出现了漏电情况,并通过京东客服向商家反映了问题,但没有得到重视,客服人员只回复让买家自己解决地线漏电的问题,并没有追究热水器产品漏电防护不达标的问题。按照我国热水器行业标准规定,热水器是一级电器,必须有可靠的接地保护。根据国家标准化管理委员会2007年7月1日发布的《家用和类似用途电器的安全 储水式热水器的特殊要求》(GB4706.12)附录AA中的强制要求,电热水器上必须配备在接地线工作异常时防止漏电、自动断电、自动报警的保护装置。面对记者的追问,现场的厂家代表对自身产品是否达到相关要求一直避而不谈,只一味强调产品没问题,是线路老化导致的漏电。这就说明产品存在着缺陷,生产厂家首先要承担缺陷责任。

争议焦点　在我国,产品"缺陷"的认定标准是什么?如何适用?

法理评析　对于产品缺陷,我国《产品质量法》第四十六条规定:"本法所称缺陷,是指产品存在危及人身、他人财产安全的不合理的危险;产品有保障人体健康和人身、财产安全的国家标准、行业标准的,是指不符合该标准。"由此可见,我国认定产品缺陷是双重标准:一是不合理的危险标准;二是生产标准。

1. 不合理的危险标准

产品的危险有合理与不合理之分，只有不合理的危险才可归入产品缺陷范畴。一般认为，不合理的危险包括两种情况：

（1）产品本身应当不存在危及人身、财产安全的危险性，但因设计、生产上的原因，导致产品存在危及人身、财产安全的危险。

（2）产品本身的性质具有一定的危险性，但在正常合理使用的情况下，不会发生危及人身、财产安全的危险，这类产品的这种危险属于合理危险。如果因产品设计、制造等原因，导致这类产品在正常合理使用的情况下存在危及人身、财产安全的危险或者生产者未能用警示说明清楚地告诉使用者使用的注意事项，未能提醒使用者对危险的预防，而导致了危及人身、财产安全的危险，即均属于存在不合理的危险。

2. 生产标准

这里的生产标准是指由国家或特定的行业组织制定的有关保障人体健康和人身、财产安全等方面的统一规定，包括国家标准和行业标准。如果产品不符合保障人体健康和人身、财产安全的国家或行业标准时，可认定为缺陷产品。生产标准具有较强的可操作性，也增加了认定缺陷产品的客观性。

在理论和实践中，这两种标准的适用可能存在着冲突，适用不同的标准，产品缺陷认定的结果也不同；同时，对这两种标准的优先适用问题也有争议，这也造成在实践中的同一案例，适用的标准不同，处理的结果可能有所不同。具体到上述案例，若适用"不合理的危险"标准，由于热水器本身设计的问题，使得其存在造成伤害的危险性；同时，虽然生产者已用警示标语告知消费者产品可能存在的危险，但由于警示标语不清晰、不显著，未能清楚地告诉使用者使用的注意事项，因此应认定热水器存在不合理的危险，构成缺陷产品，应由生产者承担赔偿责任。但若上述案例适用"生产标准"，由于该产品符合国家标准，因此应认定该产品不构成缺陷产品，生产者不用承担赔偿责任。综上所述，上述案例的解决还需法律规定的进一步明确。

四、产品无过错责任与过错推定责任的适用

过错推定原则与无过错原则都以扩大法律救济为目的,以提高受害人求偿权的实现程度为宗旨,都可以免除受害人对生产者或经营者的过错的举证责任,都有共同的免责条件。

但过错推定原则是在过错原则的基础上发展而来的,仍以致害人的过错为前提,而无过错原则不以致害人过错为构成要件。

过错推定原则在我国适用于对销售者的责任追究,而无过错原则适用于对生产者的责任追究。

案例分析 1　缺陷汽车产品责任

2002 年 7 月 17 日,甲某从某乙汽车销售有限公司(以下简称乙公司)购买某丙重型汽车集团有限责任公司(以下简称丙公司)生产的重型自卸车,甲某购车后办理了临时牌照,并在车上增加了喷水和空调。2002 年 9 月 28 日上午,甲某驾驶上述车辆发生交通翻车事故,造成甲某受伤、车辆受损。经交通事故鉴定,该车的刹车管发生断裂是发生翻车事故的直接原因。法院经审理认定,虽然刹车管断裂既可能是产品本身的缺陷引起的,也可能是其他原因引起的,但根据《产品质量法》第二十九条的立法本意,生产者应当对其产品不存在缺陷承担举证责任,在本案中由于生产者不能证明其生产的汽车不存在质量缺陷,因此应当对刹车管断裂产生的损失承担赔偿责任。

争议焦点　缺陷产品的举证责任是什么?

法理评析　通过上述案例我们可以看到,法院判决的核心依据是:产品责任引起的赔偿纠纷,应适用无过错原则。根据《产品质量法》第二十九条的规定,产品责任是一种无过错责任。因为受专业技术知识、信息不对称等因素的限制,一般消费者很难及时发现产品缺陷并防止其造成的危险,而生产者对产品的各种信息及专业技术知识均有明确的认识或者获得成本较低,所以立法者从公平及降低诉讼成本的角度出发,将产品责任规定为无过错责任,由生产者对缺陷产品承担

举证责任。这意味着当发生与产品质量相关的人身或财产损害时，由生产者对其产品不存在缺陷承担举证责任，只要生产者不能证明存在法定的免责情形，就应当承担损害赔偿责任。

案例分析2

2004年7月26日，原告在被告上海某公司购买了旅行车一辆。2005年6月12日，原告驾车时汽车突然起火，虽经抢救但仍被烧毁。审理中双方均明确表示不申请对汽车起火原因进行鉴定。法庭查明，本案原告所购车辆使用尚不足一年即发生自燃，根据证据可以确定原告进行过正常的保养和维修，且没有证据证明原告有非法改装或不按规定正常使用的情况，经鉴定又不能确定自燃的原因，故可以推定汽车存在质量缺陷，由被告就汽车不存在质量缺陷进行举证。由于被告不能举证，法院判决被告赔偿原告的实际损失。

争议焦点　过错推定责任如何适用？

法理评析　根据《产品质量法》第四十二条第一款规定："由于销售者的过错使产品存在缺陷，造成人身、他人财产损害的，销售者应当承担赔偿责任。"该条文明确规定销售者的责任，以过错为责任成立要件，属于过错责任。但依据相关司法解释及裁判实务，当受害者以缺陷产品的销售者为被告起诉时，法院并不要求受害者证明销售者具有过错，而是责令销售者去证明自己无过错。如果销售者能证明自己无过错，法院则依本款判决其不承担赔偿责任。在上述案例中，法院的判决即是依据过错推定原则来认定销售者的举证责任的。

五、无标准之尴尬

案例分析　电动滑板车缺乏行业标准

2018年7月，有媒体曝光了一段电动滑板车充电时冒烟爆炸的视频，可谓惊心动魄，整个过程仅18秒，看完却让人心有余悸。所幸躲避及时，无人受伤，估计直接经济损失在2万元左右。视频画面显示，7月29日下午五点半左右，一家人正坐在沙发上休息，正在充电的电动滑板车突然开始冒烟，随后发出巨响，吓得宠物狗一个翻身跃起。据了解，此次涉事的电动滑板车购自天猫某旗舰店，购买价格为1780元。经过和天猫售后服务人员、商家（即天猫店铺负责人）商谈，事主已获得道歉并收到了赔偿款2万元整。天猫方面相关负责人对其表示，目前商家所有商品已经下架，此事没有调查清楚之前不会轻易上架。

经调查，发现该车的充电器仍然连接在车上，充电器上的标识是48V，而电动滑板车车身上的标识是36V。两者的型号确实并不匹配。技术人员介绍："如果48V型号的充电器装到了36V的电动滑板车上，存在很大的安全隐患，不同型号的充电器是不能混用的。"销售该电动滑板车的经销商负责人现场也承认，经过后期比对客服记录和出货记录，确实发错了充电器。

争议焦点 对电动滑板车如何有效监管？

法理评析 电动滑板车是玩具类，并非普通的电动车，根据国家的法律规定是不能开到公路上去的。近日国家市场监督管理总局最新发布了关于电动滑板车风险的监测，结果显示电动滑板车产品全项目符合率为0。相关人士认为，由于电动滑板车产品暂无专门标准，因此主要参照现行国家标准《电动自行车通用技术条件》《便携式电子产品用锂离子电池和电池组安全要求》等规定，对电动滑板车的整车、电池、充电器三大部分进行监测。一些业内人士呼吁，根据目前的发展趋势，电动滑板车急需确立一套完整可行的行业标准，以保障整个行业的健康发展。

由于该类工业产品缺乏专门的国家标准，因此在监管上缺乏力度，对于这种产品的特殊要求无法体现。因为电动车可以上路，但是电动滑板车不允许上路，这两类产品的用途、功能有很大的区别，因此在生产的标准上是不能混淆的。从这个案例中，我们可以看到产品标准制度在法律中的重要性，在当今工业发达的时代，标准制度已经成为产品质量法最基本的法律制度。

六、产品刑事责任的分析

案例分析　有毒有害烤鸭刑事案

2011年5月,有媒体报道,在前门大栅栏商圈、北京站、北京西站、西单等地,不法商贩兜售冒牌劣质"北京烤鸭"的现象非常猖獗。冒充全聚德品牌的各摊位前大都有醒目招牌:"烤鸭特价15元一只,买二送一。"打开所购的袋装"北京烤鸭",一股臭味扑鼻而来,里面所谓的"鸭子"头尾难分,尽是骨头。经媒体曝光后,一批制售黑心烤鸭的商家被查处,制假人员被查获。这个事件影响极坏,因为在首都最繁华的几个车站黄金地段能出现如此恶劣的制假贩假活动,的确令人震惊,对于全聚德等知名企业也是一个巨大的伤害。一些涉案人员由检察机关起诉至法院。根据检方指控,被告人孔某与苑某合谋,于2010年至2011年间,由苑某所经营的肉食制品厂为孔某生产无标签的真空包装劣质鸭架产品。被告人孔某购买印有"全居德""福聚斋"等标识的外包装袋,在北京市大兴区采育镇小谷店村租住地将上述鸭架产品进行包装后,冒充"北京烤鸭"销售至北京市东城区南河沿大街、海淀区羊坊店等超市及小食品店。这些"烤鸭"的制作水平十分低劣,打开后是一摊"黑泥"。不少游客是在返家后拆封才看到它的"黑面目",既不能食用,也不会专程再到北京来退货,影响极其恶劣。经工商部门送检,这些"黑心烤鸭"全是鸭架子,菌落总数达到检测极限,根本无法食用。

这种生产、销售假冒伪劣食品的行为严重危害了消费者的生命与健康,但是却堂而皇之地在首都最繁华的客流地段销售,犯罪的嚣张与猖獗程度可见一斑。为此,北京市法院系统对制售黑烤鸭行为进行了打击,对涉案相关犯罪人员判处了一至六年不等的有期徒刑,没收并销毁了黑心烤鸭。自从此次事件之后,北京各车站周边的袋装烤鸭质量问题得到初步解决,但是消费者在购买时还应注意。这种行为不仅侵害了消费者的生命与健康,还严重地破坏了市场竞争秩序,对诸如"全聚德"等著名企业是一种恶性竞争,对它们的商品、企业声誉造成了巨大的毁损,经济上也必然造成无法挽回的损失。

争议焦点 本案如何认定犯罪的罪名？我国产品刑事犯罪的种类有哪些？有什么不足和待完善之处？

法理评析 根据《产品质量法》第五章、《刑法》第一百四十条至一百五十条和《关于办理生产、销售伪劣商品刑事案件具体应用法律若干问题的解释》的相关规定，我国产品刑事犯罪主要有以下几种：第一，在产品中掺杂、掺假，以假充真，以次充好或以不合格品冒充合格产品的犯罪；第二，生产、销售假药、劣药的犯罪；第三，生产、销售不符合卫生标准的食品的犯罪；第四，在生产或者销售的食品中掺入有毒有害的非食品原料的，或者销售明知是掺有有毒、有害的非食品原料的食品的犯罪；第五，生产、销售不符合保障人体健康的国家标准、行业标准的医疗器械、医用卫生材料的犯罪；第六，生产、销售不符合安全标准的产品的犯罪；第七，生产、销售假的、不合格的农业生产资料的犯罪；第八，生产、销售不符合卫生标准的化妆品的犯罪。

由于此案主要是因生产有毒有害食品而引起的，因此此刑事系列案件主要以生产、销售伪劣产品罪和生产、销售有毒食品罪为主。此次案件恰逢《刑法修正案（八）》出台，将《刑法》第一百四十三条修改为："生产、销售不符合食品安全标准的食品，足以造成严重食物中毒事故或者其他严重食源性疾病的，处三年以下有期徒刑或者拘役，并处罚金；对人体健康造成严重危害或者有其他严重情节的，处三年以上七年以下有期徒刑，并处罚金；后果特别严重的，处七年以上有期徒刑或者无期徒刑，并处罚金或者没收财产。"将《刑法》第一百四十四条修改为："在生产、销售的食品中掺入有毒、有害的非食品原料的，或者销售明知掺有有毒、有害的非食品原料的食品的，处五年以下有期徒刑，并处罚金；对人体健康造成严重危害或者有其他严重情节的，处五年以上十年以下有期徒刑，并处罚金；致人死亡或者有其他特别严重情节的，依照本法第一百四十一条的规定处罚。"根据新的规定，对这类行为进行了有针对性的重击，打击了犯罪分子的嚣张气焰，保护了消费者的合法权益。

我国虽然对产品刑事责任做了详细的规定，但在实践中，诸如"黑心棉"事件、"毒大米""地沟油"事件、肯德基"苏丹红"等产品质量问题屡见报端，这主要是由于产品监管不严、产品质量违法成本太低造成的。对产品刑事责任而言，主要是由于产品质量问题构成犯罪的门槛过高、犯罪主体的规定不足造成的。

这些案例说明，我国产品刑事责任存在着严重的不足，需要我们今后从以下方面完善《刑法》及《产品质量法》等法律法规：第一，降低产品质量犯罪构成的数额标准，如将生产、销售伪劣产品罪的量刑金额从 5 万降低到 3 万；第二，对造成重大伤亡及影响的犯罪加重刑罚；第三，扩大犯罪主体范围，跟产品质量问题有关的工作人员，均可构成犯罪；第四，增加可构成犯罪的行为种类，如未尽到质量安全检查责任的行为等等。时代在发展，法律也需要与时俱进，当前生产、销售有毒有害食品的行为仍然很多，只靠公权力部门根本无法应对，因此要制定一些能发动消费者监督的法律制度，这样效果会更好。如 2017 年 8 月 9 日食品药品监管总局、财政部联合发布了《食品药品违法行为举报奖励办法》，每起案件的奖励金额原则上不超过 50 万元，这对调动消费者的积极性是一个非常好的激励。虽然这是一个政府行政规章，但也是法律领域的一个重要突破，对有效监督、打击有毒有害食品犯罪是一个重要的法律制度。

第六章
消费者权益保护法概述

本法属于市场规制法或广义的竞争法的组成部分，开始也表现为民事特别法的特征，后来逐渐公法化，表现为消费者权利，属于法律明确的规定，并且这些权利是消费者权益保护法特别规定的，是原来在合同自由原则盛行时当事人约定的内容介入国家干预思想后法定的，是在现代经济法思想发达后才产生的，同时包含着很多私法的内容。在历史上，消费者权益从反垄断立法就开始受到法律保护，但是专门从主体角度有针对性地将消费者保护制度化、法律化是20世纪60年代的事情了。本章最大的特点就是整合当今实践中消费者主体的各类情形并加以分析，对解决实践中的疑难问题具有重要作用。

本法属于市场规制法或广义的竞争法的组成部分，开始也表现为民事特别法的特征，后来逐渐公法化，包含着很多私法的内容。在历史上，消费者权益从反垄断立法就开始受到法律保护，还有反不正当竞争法与产品责任法等，但是专门从主体角度有针对性地将消费者保护制度化、法律化还是在20世纪60年代的事情了，专门化的立法晚于狭义竞争法。本章可以帮助我们了解这种法律的性质和演化过程，掌握该法归属于经济法的基本原理。作为经济法的消费者保护法出现于20世纪60年代的美国，但是其影响力巨大，至今全世界的消费者保护法越来越发达。

第一节　本章概述

一、知识背景

从探索反垄断法、反不正当竞争法和产品责任法的过程中，我们可以看到契约自由时代消费者的法律地位。在农业经济和手工业主导的时代，消费者与经营者无论在信息掌握、产品复杂程度、影响范围、举证可能性方面都存在相对的平等性，彼此以契约的约束使出现的纠纷得以解决。可是进入工业化大生产以后，科技革命不断使生产与经营变得庞大起来，生产产品的规模、数量、方式与过去越来越不同，运输和传播速度加快，范围扩大，一旦出现纠纷，消费者通过合同获得救济的难度日益增大，因为举证的难度越来越大，证明生产或销售行为违约的难度不断增大。工业革命改变了人类的生活方式，也刺激着企业的规模不断增大，消费者与经营者的地位越来越悬殊，实质上的不平等严重破坏了资本主义世界强势确立的契约自由法律原则，实际上存在的就是不自由，导致公平和正义失衡。法律无法救济的社会失衡导致社会秩序的混乱，从打击垄断行为开始，资本主义社会在努力发现旧法律结构的缺陷，经历了对不正当竞争行为的矫正、对产品致害行为的管控，到直接有针对性地保护消费者，逐渐放弃了旧式法律体系中的私权神圣、契约自由、营业自由、过错责任等解决合同纠纷的最基本的法律原则的绝对性，而采用国家干预的方式，通过立法保护消费者，通过援建或支持消费者组织保护消费者，或通过政府有针对性地构建机构进行监管以维护消费者利益。这些做法不再简单地是民事特别法的体现，而是出现了公法的特征，这就是消费者权益保护法出现的背景，这一切决定了该法的性质。

二、本章涉及内容

1. 主要概念

本章涉及的主要概念有消费者、消费者权利、经营者、消费者协会、惩罚性赔偿责任等。

2. 主要原理及基本制度

（1）消费者权益保护立法的历史沿革；

（2）消费者权利法定的意义和功能；

（3）消费者协会的法律意义。

3. 实践难题

（1）惩罚性赔偿责任的性质；

（2）消费者使用法律救济的困惑（成本高、时间长、变现难度大）与思考。

4. 法律法规目录

2013年《消费者权益保护法》(1993年颁布)，2013年《旅游法》，2016年《最高人民法院关于审理消费民事公益诉讼案件适用法律若干问题的解释》，2010年《合同违法行为监督处理办法》，1995年《家用电器及其它商品国家新三包规定》，2015年《侵害消费者权益行为处罚办法》，2017年《网络餐饮服务食品安全监督管理办法》，2017年《网络购买商品七日无理由退货暂行办法》，2014年《网络交易管理办法》，2015年《网络商品和服务集中促销活动管理暂行规定》，2017年《最高法对十二届全国人大五次会议第5990号（关于引导和规范职业打假人）建议的答复意见》，2010年《最高人民法院关于审理旅游纠纷案件适用法律若干问题的规定》，2003年《最高人民法院关于审理商品房买卖合同纠纷案件适用法律若干问题的解释》，2013 年《最高人民法院关于审理食品药品纠纷案件适用法律若干问题的规定》。

第二节 基本概念

一、消费者

1. 定义

《中华人民共和国消费者权益保护法》（以下简称《消费者权益保护法》）第二条规定："消费者为生活消费需要购买、使用商品或接受服务，其权益受本法保护；本法未作规定的，受其他有关法律、法规保护。"因此，如何界定本法中消费者这一概念至关重要。所谓消费者，是指以满足生活需要为目的，购买、使用商品或接受服务的人。

2. 消费者的法律特征

（1）消费者的消费是指生活性消费，而不是生产性消费。[1]

关于本法的调整范围。现行《消费者权益保护法》第二条规定，消费者为生活消费需要购买、使用商品或者接受服务，其权益受本法保护。一些常委委员、地方、部门和社会公众提出，实践中对"生活消费需要"理解不一，对购买商品房、接受教育和医疗服务等是否属于本法的调整范围有不同认识，建议予以明确。法律委员会经研究认为，《消费者权益保护法》是保护市场交易中处于弱势地位的消费者的法律，体现了对消费者的特殊保护。至于平等民事主体之间的其他关系，则受《合同法》等法律的规范。同时，"生活消费需要"的表述涵盖范围较宽，可以为法律适用留有余地。此外，将商品房买卖、教育、医疗服务等领域中的哪些活动纳入本法调整，各方面还有不同意见，尚未形成共识。法律委员会经研究，建议暂不修改。

---

[1]. 全国人民代表大会法律委员会关于《中华人民共和国消费者权益保护法修正案（草案）》修改情况的汇报.2013-09-06, http://www.npc.gov.cn.

（2）消费者的消费客体是商品或服务。

对于商品房买卖、教育、医疗服务、购买金融或理财产品、买车、接受法律服务等，可以梳理一下实践中此类问题的相关情况。

（3）消费者既可以是购买商品的人，也可以是使用商品的人，还可以是接受服务的人。

（4）消费者的主体范围是人，既可以是公民个人，也可以是单位。1995年通过、1997年修改的《北京市实施〈中华人民共和国消费者权益保护法〉办法》没有规定消费者的主体范围，2008年《山东省消费者权益保护条例》没有规定，2009年《河南省消费者权益保护条例》没有规定，2017年《湖南省消费者权益保护条例》（2005年通过，2014年修订）没有规定，2014年《上海市消费者权益保护条例》（2002年通过）没有规定。1990年《内蒙古自治区保护消费者合法权益》第二条指出，本条例所称消费者，是指有偿获得消费品（以下称商品）和接受有偿服务的单位和个人；2004年《内蒙古自治区实施〈中华人民共和国消费者权益保护法〉办法》第二条指出，消费者为生活消费需要购买商品、使用商品或者接受服务，其合法权益受本办法保护。又改回来了。1997年《海南省实施〈中华人民共和国消费者权益保护法〉办法》第二条指出，本办法所称消费者，是指为物质、文化生活需要而购买、使用商品或者接受服务的单位和个人。1995年《黑龙江省消费者权益保护条例》第二条指出，本条例所称的消费者，是指为生活消费需要而购买、使用商品或者接受服务的个人和单位；2015年《黑龙江省消费者权益保护条例》第二条指出，消费者在本省行政区域内为生活消费需要购买、使用商品或者接受服务，其权益受本条例保护。法律、法规另有规定的，从其规定。

扩大消费者概念的范围：《消费者权益保护法》第二条界定了消费者的范围，但学者普遍认为第二条规定的消费者概念的范围较窄，不利于消费者的保护。目前专家论证稿提出的消费者概念的定义是，因家庭或者个人需要购买、使用商品或者接受服务的，就是消费者，改变了原来规定的"为生活需要"的限制，范围适当扩大。不过，仍有学者对此不满意，认为这个范围还应当进一步扩大，即使集体、单位等直接为服务员工购买商品或者接受服务的，也应当界定为消费者。

例如单位的食堂购买食品等，应当属于消费者。[1]

（5）农民购买、使用直接用于农业生产的生产资料，也参照《消费者权益保护法》执行，这是对农民利益的一种特殊的保护。

（6）知假买假的消费者身份认定。

最高人民法院办公厅对十二届全国人大五次会议第 5990 号建议的答复意见

（法办函〔2017〕181 号）

对于知假买假行为如何处理，知假买假者是否具有消费者身份的问题，《消费者权益保护法》和《食品安全法》并没有做出明确规定，导致这一问题在理论界和实务界都存在争议。我院在《最高人民法院关于审理食品药品纠纷案件适用法律若干问题的规定》（法释〔2013〕28 号）第三条规定："因食品、药品质量问题发生纠纷，购买者向生产者、销售者主张权利。生产者、销售者以购买者明知食品、药品存在质量问题而仍然购买为理由而进行抗辩的，人民法院不予支持。"该条规定从保护人民群众生命健康权出发，明确了在食品、药品领域，消费者即使明知商品为假冒伪劣仍然购买，并以此诉讼索赔时，人民法院不能以其知假买假为由不予支持。因食品、药品是直接关系人体健康、安全的特殊、重要的消费产品，而该司法解释亦产生于地沟油、三聚氰胺奶粉、毒胶囊等一系列重大食品、药品安全事件频繁曝出，群众对食药安全问题反映强烈的大背景之下，是给予特殊背景下的特殊政策考量。

因此，考虑食药安全问题的特殊性及现有司法解释和司法实践的具体情况，我们认为目前可以考虑在除购买食品、药品之外的情形，逐步限制职业打假人的牟利性打假行为。我们将根据实际情况，积极考虑阳国秀等代表提出的建议，适时借助司法解释、指导性案例等形式，逐步遏制职业打假人的牟利性打假行为。

---

[1] 杨立新．修改消费者权益保护法要注意十个问题．检察日报，2013-03-22．

> **知识指引**
>
> 消费者这个词汇在人们的日常生活中就经常使用，因此在法律中使用时常常会出现歧义。我国立法中使用的消费者概念就存在疑问，在司法实践中争议很多。例如是否包括自然人之外的主体？在过去的一些省级的消费者权益保护法实施条例或办法中明确包括了单位消费者，但是现在又纷纷修改得不明确了。这种变化反映了立法时对这个概念研究不够深入，以至于在司法实践中操作时出现随意性。再比如患者是否是消费者？聘请律师、会计师的人是否属于消费者？这些在实践中都存在争议，法律也不可能采取列举方式穷尽解释，因此学术研究需要给立法、司法提供理论基础，结合我国消费者权益被侵害的现状以及域外有借鉴意义的经验，解决这些法律适用上的概念模糊问题。

二、消费者权利

消费者的权利作为一种基本人权，是《消费者权益保护法》的核心。所谓消费者权利，是指消费者在消费领域中，即在购买、使用商品或者接受服务过程中所享有的权利。我国《消费者权益保护法》专章规定了消费者的九项权利。这些权利体现出对消费者利益保护的针对性、专业性、细致性和系统性，使得该法规定的权利比民法上规定的民事权利渗透得更深，是国家干预在立法上的重要体现。没有消费者保护法之前，这些权利涉及的内容都只隐含在契约自由的原则之中，靠人们的自由约定，而该法将权利法定，用侵权法或公法的思想来保护。这些权利在不同时代、不同国家也是有差别的，但是起点都一样。[1]

1. 安全保障权

安全保障权包括两方面内容：一是人身安全权，二是财产安全权。人身安全

---

[1] 肯尼迪于1962年3月15日提出的"四权论"影响深远，因此，国际消费者组织联盟于1983年作出决定，将每年的3月15日定为"国际消费者权益日"。1968年韩国的《消费者保护法》规定了7项消费者权利，1984年西班牙的《消费者和使用者利益保护法》规定了消费者的6项权利，国际消费者组织联盟提出了消费者的8项权利。见杨紫烜.经济法学：第四版.北京：北京大学出版社，高等教育出版社，2010：248.

权在这里是指生命健康权不受损害,即享有保持身体各器官及其机能的完整以及生命不受危害的权利。财产安全权,是指消费者购买、使用的商品或接受的服务本身的安全,并包括除购买、使用的商品或接受服务之外的其他财产的安全。为了能使这一权利得到实现,消费者有权要求经营者提供的商品或服务符合保障人身、财产安全的要求。也就是说,有国家标准、行业标准的,消费者有权要求商品和服务符合该国家标准、行业标准。如家用电器不允许有漏电、爆炸、自燃等潜在危险存在。对于不符合国家标准、行业标准的,必须符合社会普遍公认的安全、卫生要求。

2. 知悉真情权

随着经济的发展,特别是现代科学技术的广泛应用,一些商品的使用要求越来越复杂,消费者需要对商品和服务有必要的了解。他们有权根据商品或者服务的不同情况,要求经营者提供商品的价格、产地、生产者、用途、性能、规格、等级、主要成分、生产日期、有效期限、检验合格证明、使用方法说明书、售后服务,以及服务的内容、规格、费用等有关情况。

3. 自由选择权

消费者有权根据自己的消费愿望、兴趣、爱好和需要,自主地、充分地选择商品或者服务。主要内容有:(1)有权自主选择经营者;(2)有权自主选择商品品种或服务方式;(3)有权自主决定是否购买或接受服务;(4)自主选择商品或服务时,有权进行比较、鉴别和挑选。

4. 公平交易权

消费者购买商品或接受服务,是一种市场交易行为,如果经营者违背自愿、平等、公平、诚实信用等原则进行交易,则侵犯了消费者的公平交易权。消费者的公平交易权主要表现在:一是有权获得公平交易条件,如有权获得质量保障、价格合理、计量正确等交易条件;二是有权拒绝经营者的强制交易行为,如强迫消费者购物或接受服务、强迫搭售等。

5. 依法求偿权

消费者在购买、使用商品或接受服务时,既可能人身权受到侵害,也可能财产权受到侵害。前者包括生命健康权，人格方面的姓名权、名誉权、荣誉权等受到侵害；后者包括财产上的直接损失和间接损失。直接损失，指现有财产上的损失，如伤残后花用的医药费等；间接损失，指可以得到的利益没有得到，如因住院而减少的劳动收入或伤残后丧失劳动能力而得不到劳动报酬等。享有求偿权的主体，是指因购买、使用商品或者接受服务的受害者。受害者包括：（1）购买者，即购买商品为己所用的消费者；（2）商品的使用者，即不是直接购买商品为己所用的消费者；（3）接受服务者；（4）第三人，即在别人购买、使用商品或接受服务的过程中受到人身或财产损害的其他消费者。

6. 依法结社权

虽然我国有很多政府机关从不同的侧面履行保护消费者权益的职责，但是消费者依法成立维护自身合法权益的社团组织仍有不可替代的重要作用。在我国，目前消费者社会团体主要是中国消费者协会和地方各级消费者协会（或消费者委员会）。消费者依法成立的各级消费者协会，使消费者通过有组织的活动，在维护自身合法权益方面正发挥着越来越大的作用。

7. 知识获取权

消费者获得有关知识的权利，有利于提高消费者的自我保护能力，而且也是实现消费者其他权利的重要条件。特别是获得消费者权益保护方面的知识，可以使消费者在合法权益受到侵害时，有效地寻求解决消费纠纷的途径，及时获得赔偿。

8. 人格尊严权

在市场交易过程中，消费者的人格尊严受到尊重，是消费者应享有的最起码的权利。人格尊严指人的自尊心和自爱心，其权利包括消费者的姓名权、名誉权、荣誉权、肖像权等。民族风俗习惯受尊重的权利，关系到各民族平等，加强民族团结，处理好民族关系，促进国家安定的大问题，对此必须引起高度重视。

9. 监督批评权

消费者监督具体表现为：有权检举、控告侵害消费者权益的行为，有权检举、控告消费者权益的保护者的违法失职行为，有权对保护消费者权益的工作提出批评、建议。需要指出的是，消费者监督权的行使，可以是与购买、使用商品或接受服务行为有关，同时，即使没有进行某种消费，也可以提出批评、建议或进行检举、控告。另外，消费者行使监督批评权应当是善意的，它和无理取闹、恶意诽谤有严格区别。

1979年，消费者运动的国际协调机构国际消费者协会（Consumers International，简称CI）提出，包括发展中国家在内，世界上所有的消费者都拥有八项权利：生活的基本需求得到保障的权利、安全的权利、知情的权利、选择的权利、被倾听的权利、接受赔偿的权利、接受消费者教育的权利、在健全的环境中工作生活的权利。[1]

知识指引

消费者权利属于法律明确规定的，有学者认为它属于民商法范畴，性质为民事权利，因此消费者权益保护法应属于民商法部门，实际上这种认识不妥当。这些权利是消费者保护法特别规定的，是原来在合同自由原则盛行时当事人约定的内容介入国家干预思想后由法律法定的，是在现代经济法思想发达后才产生的，绝不是简单的民事权利。消费者保护法专门立法的出现也不是民商法思想可以包含的，这正是现代经济法思想不断繁荣的体现。从自由契约被法定为垄断协议，从放任自由竞争到竞争权法定，从企业自由生产产品到质量标准法定，从法律统一众多商事惯例到政府介入，从众多经济制度传承运行到整体化、统一化、宏观化，这都是以往的法律思想中缺乏的。经济法是一个科学的思想体系，消费者保护法是其中重要的组成部分。

第三节　基本原理和制度

一、消费者立法的历史沿革

随着18世纪下半叶工业革命的爆发，机器大生产取代了手工业，复杂、大

---

1. [日] 铃木深雪著.消费生活论——消费者政策.张倩，高重迎，译.北京：中国社会科学出版社，2004：21.

规模的生产过程使得产品性能、结构日益复杂，手工产品时代不十分突出的质量问题逐渐突出，伤害事件不断，影响范围也越来越大。当消费者的权益受到侵害而主张自己的权利时，往往因为处于经济生活中的弱势地位，其主张难以顺利实现。依靠契约自由的法律原则和司法个案的诉讼保护已经越来越无法满足消费者权利不断被侵害的诉求。消费者运动于19世纪中叶就在英国开始出现，后迅速波及工业化程度较高的西欧和北美。[1]在世界范围内，在声势浩大的消费者权益运动的影响下，1960年国际消费者组织联盟（简称IOCU）成立。消费者渴望寻求立法上的支持来保护自己的合法权利，这种呼声在20世纪60年代日益高涨。在这一时期，伴随着西方国家爆发的"消费者权利运动"，对消费者权益保护的专门立法越来越受到世界各国的普遍关注。英、美、日等发达国家都相继制定了许多关于消费者保护方面的成文法。最早是从竞争法方面开始间接保护，又从产品责任法方面间接保护，现在从主体立法角度直接保护，创制了消费者的法律概念，将法律的保护之网直接罩在了经济交易关系中的弱势一方之上。1962年美国提出了消费者的法律概念和"四权论"，日本于1968年实施了《保护消费者基本法》，英国则在1987年制定了专门的《消费者权益保护法》，消费者权益的法律保护成为现代市场经济的重要组成部分。消费者权益国际法保护也迅速发展。1973年欧洲理事会制定了《消费者保护宪章》；1985年在国际消费者联盟组织的推动下，联合国大会投票通过了《保护消费者准则》；1988年联合国又在此基础上通过了《消费者保护和可持续消费准则》。国际消费者联盟组织于1995年更名为国际消费者协会，简称CI。[2]

  随着我国经济体制改革的展开和深入，1985年启动了消费者保护的全国性立法工作。1987年出现了沈阳市和福建省的地方性保护消费者的法规，到1989年已有27个省级地方性消费者保护法规出台。1993年我国出台了《消费者权益保护法》，这是基本法，2013年进行了修订。2000年《浙江省实施〈消费者权益保护法〉办法》将医疗患者纳入消费者权益保护法的范围，2003年《新疆维吾

---

1. 于卫明，梁小尹. 消费者权益保护法实例说. 长沙：湖南人民出版社，1999：10.
2. 张守文. 经济法学. 北京：高等教育出版社，2016:365.

尔自治区实施〈中华人民共和国消费者权益保护法〉办法》规定了对房地产商欺诈行为增加赔偿的责任。这些立法上的扩展，使得加工维修业、娱乐业、美容美发业、旅游业、照相冲印业、商品房开发、住房装修、电视购物、网上购物、农资等二十多个行业纳入消费者保护法范畴。

1983年，河北省新乐县成立了全国第一个消费者组织，1984年12月26日中国消费者协会在北京宣告成立。目前全国拥有县级以上消费者组织3254个，其中省级31个，计划单列市15个，地级市385个，县级2823个，在农村乡镇、城市街道建立消协分会26169个。[1]

二、消费者权利法定的意义和功能

消费者的权利是法定权利，属于法律的强制性规定，剥夺消费者权利的法律行为无效。作为法定权利，其内容是由法律直接规定的，对其进行限制的法律行为也是无效的。我国《消费者权益保护法》第二十四条规定，经营者不得以格式合同、通知、声名、店堂告示等方式做出对消费者不公平、不合理的规定或减轻、免除其损害消费者合法权益应当承担的民事责任。与物权法定原则不同的是，消费者在消费合同中可以创设新的权利类型，但其有效的前提条件是消费者与经营者之间的约定不得违背法律的强制或禁止性规定或公序良俗原则。

侵犯消费者的基本权利适用本身违法原则。如果通过一个合同侵犯了消费者的基本权利——选择权和公平交易权，适用本身违法原则。各国反垄断法都规定，为获取超额垄断利润而进行的共谋定价一律被禁止。侵犯选择权、自主交易权的目的都是为了获取垄断利润。

消费者权利法定的功能：这些法定的权利具有很强的针对性、精细性、专业性和系统性，围绕着主体在交易过程中的重要环节设定。

（1）权利法定是对合同自由原则不足的弥补。根据合同自由原则，消费者发生的购买商品或服务的行为首先可以归结为合同行为，适用合同的约定与合同法的相关规定。但是在现实中，有很多合同都是口头的，具体的内容无法通过清晰

---

1. 中国消费者保护法的回顾与前瞻．https://wenku.baidu.com/view/bb915b5cc77da26924c5b03c.html.

的文字约定展现出来，只能根据交易惯例推断出一般的权利与义务，还有很多合同都是由卖方提供的，有很多都是格式合同，内容多，文字量大，短时间内消费者很难掌握清楚，此时契约自由原则就对消费者保护不力。消费者保护法确定了法定的权利，消费者就无须再考虑因自由选择而产生的不利因素，直接由法律确定的内容保证了消费者的合法权益。这样就弥补了合同自由约定受法律保护的民商法制度的不足，让消费者在自由选择合同内容的基础上，再加一道法定权利的保护屏障，更好地维护了现代消费者的基本权利，消费者既可以主张合同权利，也可以主张消费者法定权利。

（2）权利法定有利于提高保护消费者的法律力度和刚性。在消费者保护法中，法律确定的消费者权利是市场经济国家在市场自由竞争过度、损害消费者利益严重的经验基础上产生的，又经过五十多年的发展，结合了各国的立法经验，这些权利表现出很强的针对性。在消费者领域，尤其是在自然人消费者领域，经营者可能在合同制度下给消费者带来侵犯与损害，而消费者由于弱小、分散而无力通过合同制度保护自己，这些权利就像及时雨一样，准确地满足了消费者在消费过程中的法律需求。这些权利规定得很细密，每一类权利涉及的利益领域、适用范围都很详细。例如我国的《消费者权益保护法》第十条规定消费者享有公平交易的权利。消费者在购买商品或者接受服务时，有权获得质量保障、价格合理、计量正确等公平交易条件，有权拒绝经营者的强制交易行为。将权利的内容与边界叙述得非常清晰，将权利的指向准确地描述，这样详细的权利规定是在合同及合同法中无法找到的。在详细、恰当的规定下，消费者可以清晰地操作这些条文，以保护自己的利益、维护自己的权利，在诉讼程序上可以清晰地看到自己的实体权利，让经营者也能预测到自己侵犯消费者权益后的法律风险与后果，从而自觉地减少损害消费者利益的行为。专业性体现为消费者保护法是在专门的立法思想指导下，以国家干预过度自由竞争为原则，在突破了契约自由原则基础上进行的专门立法。这已经不再属于民商法部门的内容了，虽然存在交叉，但其专业性已经非常明确。它属于经济法部门中最基本的法律内容，包含着浓厚的国家干预思想和社会化思想，已经不是个人本位时期权利本位的含义，而是充满了社会本位思想与集体主义精神，饱含着对市场整体秩序和利益的维护精神。它绝对不是私法自治时代的法律部门可以包含的，而是现代社会中归纳出的最具专业性的法律权利制度。

（3）权利法定对消费者是一种全面的保护，这一点鲜明地体现在其权利的系统性上。在过去契约自由的私法自治时代，消费者权利受到侵犯后只能通过诉讼、借助合同的约定来寻求救助，完全是私法的支持。当各种因素阻碍消费者维权时，法院也爱莫能助，况且启动司法资源维权的成本也不低，导致消费者的很多权利受损却无法维护。消费者保护法系统地规定了消费者的法定权利，从人身安全到财产利益，从物质权利到精神权利，从消费者自身到公共监管机构，从民事保护到行政保护再到刑事保护，还有广泛的社会保护，这些构成了一个庞大的公法与私法的保护系统，对消费者构成了一个全面的保护。而这些系统的保护制度在以往的私法自治、契约自由的时代是不存在的，因此，有学者将消费者保护法列入民商法是缺乏说服力的。

三、消费者协会的法律意义

消费者协会是消费者保护法中一项非常重要的基本制度。它体现的思想是社会化的、集体化的，是社会本位化的，就像劳动法思想中的工会制度一样，是在一种社会化思潮广泛蔓延的历史背景下产生的。消费者协会和其他消费者组织是依法成立的对商品和服务进行社会监督的保护消费者合法权益的社会团体，它们作为非营利性的、公益性的社会团体，不得从事商品经营和营利性服务，不得以牟利为目的来向社会推荐商品和服务。其目的是把消费者团结起来，依法建立帮助自己维权的社团组织，把消费者从分散、弱小的状态变得集中和强大，利用组织的力量去对抗经营者的滥用权力行为。这就是我国《消费者权益保护法》中对消费者协会的定性与描述，这个制度根本无法在民商法的体系中定位，只能在经济法中存在。

中国消费者协会，是中国广大消费者的组织，是一个具有半官方性质的群众性社会团体。中国消费者协会和地方各级消费者协会，是由同级人民政府批准，经过民政部门核准登记而设立的，因而具有社会团体法人资格。消费者协会是依据法律赋予的七项职能，专门从事消费者权益保护工作的公益性组织。它的任务有两项，一是对商品和服务进行社会监督，二是保护消费者权益。国际消费者组织中影响较大的有国际消费者联盟（IOCU）和欧洲消费者同盟机构（BEUC）。中国消费者协会于1984年12月经国务院批准成立，是对商品和服务进行社会监督的保护消费者合法权益的全国性社会团体。国际消费者联盟组织于1983年正式确定每年的3月15日为"国际消费者权益日"。[1]

根据《消费者权益保护法》，中国消费者协会及其指导下的各级协会履行以下七项职能：（1）向消费者提供消费信息和咨询服务；（2）参与有关行政部门对商品和服务的监督、检查；（3）就有关消费者合法权益的问题，向有关行政部门反映、查询、提出建议；（4）受理消费者的投诉，并对投诉事项进行调查、调解；（5）投诉事项涉及商品和服务质量问题的，可以提请鉴定部门鉴定，鉴定部门应当告知鉴定结论；（6）就损害消费者合法权益的行为，支持受损害的消费者提起诉讼；（7）对损害消费者合法权益的行为，通过大众传播媒介予以揭露、批评。消费者协会的这些职能集中地反映了社会化思想在消费者保护法中的地位。确定一系列法律权利，并专门化地确立一个社会组织，职业化地开展对这些权利的保护，这既存在着国家干预的思想，也存在着社会本位的思想，是对过度自由的法律的一种对抗与修正。

第四节　现实问题与相关法律适用和探讨

一、惩罚性赔偿责任的性质

我国《消费者权益保护法》第五十五条规定："经营者提供商品或者服务有欺诈行为的，应当按照消费者的要求增加赔偿其受到的损失，增加赔偿的金额为消费者购买商品的价款或者接受服务的费用的三倍；增加赔偿的金额不足五百元的，为五百元。法律另有规定的，依照其规定。

经营者明知商品或者服务存在缺陷，仍然向消费者提供，造成消费者或者其

---

1. 顾功耘. 经济法教程. 上海：上海人民出版社，2003：318–319.

他受害人死亡或者健康严重损害的,受害人有权要求经营者依照本法第四十九条、第五十一条等法律规定赔偿损失,并有权要求所受损失二倍以下的惩罚性赔偿。"

随着社会经济的飞速发展,《消费者权益保护法》的规定已不能适应社会现实的需要。

案例分析　**商品房面积"缩水"**

天津消费者王某购买了一套建筑面积为85平方米的商品房。搬完家后一量,实际面积为78.3平方米。该商品房每平方米售价为2800元,王某因房屋缩水,直接经济损失为1.876万元,王某要求开发商退还多收的1.876万元,并要求开发商按照《消费者权益保护法》第五十五条规定,增加赔偿其受到的损失,损失数额为全额购房款23.8万元。开发商同意退还其面积差价,不同意赔偿其损失23.8万元。

争议焦点　**增加赔偿的部分应当如何确定?**

有两种不同的观点:一种观点认为,增加额度应为被"缩水"部分所购价款的三倍;另一种观点则认为,增加额度应为整个商品房购买价款的三倍。

法理评析　我们认为,对增加赔偿的部分,目前,只能依照《消费者权益保护法》第五十五条规定。对其做字面解释,即:增加赔偿的金额为消费者购买商品的价款或者接受的服务的费用的三倍。增加赔偿的金额只能是购买商品的价款,而不是短缺部分的价款。但惩罚性赔偿责任是否适应社会现实还要再做定夺。

1. **责任性质分析**

关于我国《消费者权益保护法》中第五十五条规定的惩罚性赔偿责任的性质,本书认为应属于侵权责任,从对我国相关的法律规定的分析中也不难得出此结论。

(1)我国《消费者权益保护法》第二条规定:"消费者为生活消费需要购买、使用商品或接受服务,其权益受本法保护。"虽然在法律的层面上存在着合同关系,但是这只是表达了一个权利范围而已。

（2）我国《合同法》第一百一十三条第二项明确规定："经营者对消费者提供商品或服务有欺诈行为的，依照《中华人民共和国消费者权益保护法》的规定承担损害赔偿责任。"这表示此种行为已经无法在合同法思想框架内解决了，因为合同责任在传统中主要体现为违约责任和缔约过失责任，现在出现了突破这个框架的现象，原来的思想体系和制度框架难以界定，所以只能借助于具备社会化、社会本位化思想的《消费者权益保护法》了。

（3）从实践上看，即使经营者对消费者提供的商品或服务存在的瑕疵（如产品系仿冒）并未对消费者造成损害，仍然表明经营者的行为违反合同约定或侵犯消费者法定的权利，消费者有权选择要求经营者承担《消费者权益保护法》第五十五条所规定的惩罚性赔偿责任。

《消费者权益保护法》所规定的惩罚性赔偿责任从性质上讲是一种侵权责任，它具有赔偿功能、制裁功能和遏制功能。[1]

2. 效果与目的的背离——将惩罚性赔偿界定为契约责任而产生的实践困境

（1）中国大陆地区惩罚性赔偿制度功能发挥的不足及其原因

惩罚性赔偿制度在中国大陆地区建立十年来，仍然存在诸多问题，导致其在施行过程中功能发挥不足，并由此产生了一连串争议，主要原因就在于对其契约性质的界定。

首先，惩罚性赔偿契约责任的性质阻碍了其补偿功能的有效实现。

惩罚性赔偿损失范围的界定是由其本身的责任性质决定的。将惩罚性赔偿界定为契约责任，自然意味着其损失范围的界定必须以契约责任损失范围的界定为标准。根据民法原理，"合同责任"系指因合同一方当事人的违约行为而给对方当事人造成财产损失时，违约方应向对方当事人所作的经济补偿，故应仅限于财产损害，不及于非财产上之损害。由此可知，将惩罚性赔偿界定为契约责任的直接后果，就是将非财产的损害排除于消费者的损害范围之外。这显然不利于对遭受损害的消费者的赔偿。

---

1. 王利明. 惩罚性赔偿研究. 中国社会科学, 2000(4):115-120.

相反，中国台湾地区消费者保护法将其惩罚性赔偿的性质界定为侵权责任，"若人格受有损害时，亦得请求非财产上的损害赔偿或抚慰金，若在违约责任同时具有独立侵权行为要素的损害发生时，除了得请求财产上之损害赔偿之外，亦得请求非财产上的损害赔偿"。可见，将惩罚性赔偿界定为侵权责任将十分有利于保证其"补偿"功能的实现。

其次，惩罚性赔偿契约责任的性质阻碍了其威慑功能的有效实现。

惩罚性赔偿数额的计算标准是由其本身的责任性质决定的。将惩罚性赔偿界定为契约责任，自然意味着其赔偿数额的计算标准必须以契约责任赔偿数额的计算标准来确定。而在合同法中，违约金的计算标准通常为合同的标的额。例如，在我国现有的集市贸易中，许多商家打出"假一赔十"的口号，其赔偿数额的计算标准就是商品的价金，亦即买卖契约中的标的额。如前所述，《消费者权益保护法》第五十五条的立法理由之一就是"将市集贸易现状提升到法律层次，以符合社会现实状况"，这也就不难理解我国立法者将赔偿金额的计算标准规定为"消费者购买商品的价款或接受服务的费用"的原因了。但是，以此作为赔偿数额的计算标准无疑会使惩罚性赔偿的威慑功能难以实现。"以商品的交易金额来计算惩罚性赔偿，最大的缺陷在于，由于商品交易金额事前的确定性，成本和收益是可以算计的。对于经营者来说，它可以根据交易的大小与有可能发生的诉讼成本进行比较和权衡，得出消费者发动诉讼的概率，准确掌握加害行为的法律成本。对于消费者来说，当主动迎合不法行为的侵害具有特定的利益时，高额的执法利润又会导致消费者不采取低成本的预防措施，对待不法加害行为不是有意去避免或预防，而会努力去促成。"无论从哪一方面说，以交易金额作为确定的损害赔偿计算数额的标准都会使惩罚性赔偿制度的威慑功能和立法目的难以实现。

（2）中国台湾地区消费者保护法将惩罚性赔偿界定为侵权责任，以实际的损失作为赔偿数额的计算标准。因为损失具有不可预期性，经营者就不能准确计算出侵权的成本，消费者也不会基于确定利润的考虑而放弃低成本的预防措施从而放纵加害行为的发生。可见，将惩罚性赔偿界定为侵权责任有利于保证其"惩戒"功能的实现。

如此看来，中国大陆地区的惩罚性赔偿制度已经由于其契约责任的性质而陷入了理论和实践的双重困境。为确保惩罚性赔偿功能的完整实现并促进《消费者权益保护法》的进一步完善，将惩罚性责任界定为侵权责任势在必行。这一点可以从法律史上得以说明。当年的个人权利社会本位化就体现在契约权利法定化上，于是违约责任侵权化就开始了。也正是那时，私法开始公法化，在消费者权利的保护中出现了行政程序和刑事责任，这就符合了经济法的基本原理。市场失灵、自由竞争泛滥、个人自由过度极端基础上的私法自治已经无法维持正常的交易秩序了，因此只能在现代经济法中得以体现。

二、消费者法律概念的界定

这是一个较为复杂的学术课题，自我国《消费者权益保护法》实施以来就出现了大量的争议。准确界定"消费者"的概念应属于消费者权益保护立法的基础，但目前我国关于"消费者"的定义在理论与实务中均存有很多争议。随着我国经济社会的发展，经济社会现实发生了很大的变化，如何界定消费者的法律概念，以什么标准来界定，这些问题都有待我们在理论和实务上进一步研究。

案例分析1 "王海"的知假买假与职业打假人的消费者身份

（1）王海想必大家都不陌生。作为中国知名消费者维权人士，王海在1995年3月份从商场购买了两个索尼耳机，得知《消费者权益保护法》和民法规定的不同之处后萌发了打假念头，从此一发不可收拾。后来社会上又出现了大量的"王海现象"，让商家心惊胆战，而这些"王海"却在《消费者权益保护法》实施早期获得了大量的赔偿，甚至以此为生计。

（2）红酒未标注二氧化硫含量，消费者索赔获胜

2016年9月14日，原告李先生在辽宁乐天超市有限公司沈阳于洪店购买了三种进口葡萄酒，共计花费2298元。李先生购买的三种酒一个是阿特蒙庄园干红葡萄酒，原产国法国，生产日期2015年7月15日，标签系重复加贴，其标签上注明：原料：葡萄汁、二氧化硫（微量）；储藏条件：避光保存、卧放。每瓶146元，共计3瓶，合计人民币438元。第二种酒是奥哈莉甜白葡萄酒，原产国

法国，生产日期2015年4月20日，标签上注明：原料：葡萄汁、二氧化硫（微量）；储藏条件：避光保存、卧放。每瓶216元，共计5瓶，合计人民币1080元。还有一种酒是神树黑标干红葡萄酒，原产国智利，生产日期2014年9月22日，标签系重复加贴，标签上注明：原料：葡萄汁、二氧化硫（微量）；储藏条件：避光保存、卧放。每瓶156元，共计5瓶，合计人民币780元。

李先生认为，辽宁乐天超市有限公司沈阳于洪店销售的葡萄酒存在两个方面的问题：一是标签没有标注二氧化硫含量；二是标签上贮存条件的表述不符合规定，构成销售不符合安全标准的食品，应按照《中华人民共和国食品安全法》第一百四十八条的规定，予以退货退款并十倍赔偿。因此，李先生以销售不符合食品安全国家标准的产品为由，将辽宁乐天超市有限公司沈阳于洪店、辽宁乐天超市有限公司告上法院，要求二被告退还货款2298元，并给予十倍赔偿22980元，同时承担通信费、交通费共计500元，承担本案的诉讼费用。对此，辽宁乐天超市有限公司沈阳于洪店、辽宁乐天超市有限公司予以否认。

一审法院查理认为，本案有两个焦点问题：一是标准成分标注问题，二是贮存标注问题。《食品安全国家标准预包装食品标签通则》（GB7718-2011，以下简称《预包装食品标签通则》）规定：如果在食品的标签上特别强调一种或多种配料或成分的含量较低或无时，应标示所强调配料或成分在成品中的含量。根据《预包装食品标签通则》和《发酵酒及其配制酒》（GB2758-2012）的规定，使用了食品添加剂二氧化硫的葡萄酒，在2013年8月1日前生产的，在标签中标示为二氧化硫或微量二氧化硫；2013年8月1日以后生产、进口的使用食品添加剂二氧化硫的葡萄酒，应当标示为二氧化硫，或标示为微量二氧化硫及含量。法院认为，2013年8月1日以后生产的葡萄酒，可以标示为二氧化硫，也可以标示为微量二氧化硫，但标示为微量二氧化硫的还必须标示其具体含量。

本案中，原告买的三种葡萄酒的生产日期均为2013年8月1日之后，按照上述规定，在添加微量二氧化硫的情况下，标签必须标注二氧化硫的具体含量，但三种葡萄酒标签均未标注具体含量，因此构成销售不符合安全标准食品的违法行为。辽宁乐天超市有限公司沈阳于洪店、辽宁乐天超市有限公司依法应承担退还货款、赔偿原告十倍货款损失的惩罚性赔偿责任。对于原告的第二项关于葡萄酒贮存条件的表述，法院认为涉案商品贮存方式的表述"请避免置于高温处，避光保存"符合要求。据此，沈阳市于洪区人民法院做出一审判决：原告将所购13瓶葡萄酒返还给超市，同时辽宁乐天超市有限公司沈阳于洪店返还原告货款2298元。两被告共同赔偿原告22980元。案件受理费由两被告共同承担。

一审判决后，辽宁乐天超市有限公司（以下简称"乐天"）不服并提起上诉。乐天表示，该公司销售的涉案商品质量合格，进货渠道合法，并不存在食品安全问题。二氧化硫是葡萄酒酿造过程中必然存在的物质，且根据《食品添加剂使用标准》对葡萄酒相关标准的规定，二氧化硫在葡萄酒中是可以存在的，并且有卫生检疫证书证明涉案产品质量符合我国安全标准，不存在食品安全问题。

乐天一方称，本案中，李先生并没有受到损害。根据《2016辽宁省消费者权益保护条例》第二条："消费者是指购买商品用于生活消费和有偿接受生活服务的个人或者单位，但自然人、法人或其他组织以牟利为目的购买、使用商品或接受服务的，不适用本条例。"据此，李先生也并非法律意义上的消费者，此商品进货渠道合法，供应商入场时已提供相应的海关报关手续及产品的检验检疫证明，作为零售商企业已尽到了合理的审查义务。而辽宁乐天超市有限公司沈阳于洪店同意上述意见。李先生则表示原审判决正确，应该维持原判。

沈阳市中院审理认为，根据《预包装食品标签通则》等规定，本案所涉三种葡萄酒的生产日期均为2013年8月1日之后，按照规定，在添加微量二氧化硫的情况下，标签必须标注二氧化硫的具体含量，但该三种葡萄酒标签均未标注，且食品标签是食品安全范围，构成了销售不符合安全标准食品的行为。

故原审法院认定李先生主张的事实成立，辽宁乐天超市有限公司沈阳于洪店、辽宁乐天超市有限公司依法应承担退还货款、赔偿李先生十倍货款损失的惩罚性赔偿责任并无不妥。关于辽宁乐天超市有限公司主张李先生并非法律意义上消费者的问题，依据《最高人民法院关于审理食品药品纠纷案件适用法律若干问题的规定》的规定，生产者、销售者以购买者明知食品、药品存在质量问题而仍然购买为由进行抗辩的，人民法院不予支持。至于辽宁乐天超市有限公司提出的供应商入场时已提供相应的海关报关手续及产品的检验检疫证明的主张与本案无关，法院亦无法支持。综上，沈阳中级人民法院做出终审判决：驳回上诉，维持原判。二审案件受理费 444.50 元，由辽宁乐天超市有限公司负担。

争议焦点　王海以及类似王海这样知假买假的人是否是消费者呢？

法理评析　在早期的判决中，基本上都支持知假买假行为。1995 年 3 月 25 日，20 岁出头的王海买到两副假索尼耳机，随后一口气再买 10 副，以 1993 年颁布的《消费者权益保护法》第四十九条为依据，向北京隆福大厦提出双倍索赔的要求，获得 2000 多元赔款。各大媒体蜂拥而至，他被冠以"中国打假第一人"之名。二十多年来，他的身份没有改变：依然在打假前线冲锋陷阵，每次亮相都引发"知假买假"的争议。那时，他是上百家媒体的宠儿，应邀成为美国总统克林顿来华访问的座上宾。后来，他还被中国中央电视台定义为改革开放 20 年的 20 个代表人物之一，有"市场清道夫"的美誉。1996 年，王海将自己的职业产业化，熟读各类法律条文，熟悉各种行业规范，广建人脉，成立公司，搭建团队，专职打假。他的第一单生意，是帮广东爱得乐集团公司打假。该公司每年要投入 100 万元打假经费却收效甚微。他们请王海加盟打假。王海奔走 10 多个城市，帮爱得乐公司取缔了 40 多个售假窝点。但是，随着时代的变化和法治的进步，职业打假人、知假买假者作为消费者的身份被提出质疑。

2014 年 3 月 15 日，新修订的《消费者保护法》退一赔三的规定开始实施。2015 年，新修订的《食品安全法》出台，规定"生产不符合食品安全标准的食品或者经营明知是不符合食品安全标准的食品，消费者除要求赔偿损失外，还可以向生产者或者经营者要求支付价款十倍或者损失三倍的赔偿金"。这些法律的出台，也成为职业打假人再次跃跃欲试的基础。王海也先后在北京、天津、南京和深圳开设了四家职业打假公司，主要经营"帮消费者维权打假、知假买假、替企业打假"等三种业务，接"案子"起步价为 30 万元。

知假买假的职业打假模式越来越不受一些地方执法部门和法院的支持。据了解，2018 年与王海本人有关的诉讼为 25 起。其中 16 起王海均败诉，其余为胜诉或者王海撤诉或者二审法院撤销了一审裁定。有的法院在判决书中认为，王海在第一次购买了相关商品后，再次大量购入，第一次行为可以认定为欺诈，但后续行为不能认定。早在2016年，当时的工商总局发布了《消费者权益保护法实施条例（征求意见稿）》，其中规定："金融消费者以外的自然人、法人和其他组织以营利为目的而购买、使用商品或者接受服务的行为不适用本条例。"这条规定被解读为职业打假不再受法院保护，虽然这个条例并未最终实施，但有时也被一些法院所引用。2017年，最高人民法院在《对十二届全国人大五次会议第5990号建议的答复意见》中称："我们认为目前可以考虑在除购买食品、药品之外的情形，逐步限制职业打假人的牟利性打假行为。"这被外界解读为法律不再支持职业打假的牟利行为。

除了王海本人之外，"王海"现象也遭遇越来越大的阻力，职业打假人从司法政策上逐渐不获支持。这实际上体现了国家法治原则的新思想。我国《消费者权益保护法》明确规定了以生活消费为目的，如果知假买假，从法理上来讲就难以构成消费者身份，就不应当支持惩罚性赔偿。只有符合消费者身份，才能适用本法，法律严格的适用就应如此，过去没有做这种严格的适用分类，说明法治不够严明。除了满足以生活消费为目的的界定外，还需要深入探讨知假买假。

根据1993年颁布的《消费者权益保护法》第四十九条规定，经营者提供商品或者服务有欺诈行为的，应当按照消费者的要求增加赔偿其受到的损失，增加赔偿的金额为消费者购买商品的价款或者接受服务的费用的一倍。2013年修订后，第四十九条修订为第五十五条，明确规定，经营者提供商品或者服务有欺诈行为的，应当按照消费者的要求增加赔偿其受到的损失，增加赔偿的金额为消费者购买商品的价款或者接受服务的费用的三倍；增加赔偿的金额不足五百元的，为五百元。法律另有规定的，依照其规定。经营者明知商品或者服务存在缺陷，仍然向消费者提供，造成消费者或者其他受害人死亡或者健康严重损害的，受害人有权要求经营者依照本法第四十九条、第五十一条等法律规定赔偿损失，并有权要求所受损失二倍以下的惩罚性赔偿。

新旧规定首先都明确了惩罚性赔偿必须存在欺诈，而欺诈的含义是很明确的。欺诈的主观方面只能由故意构成。所谓欺诈故意是欺诈的主体明知自己的欺诈行为会引起他人上当受骗的结果，并且希望或者放任这种结果发生的主观心理态度。欺诈人在行为上具有隐瞒事实真相、错误描述事物状况的特征，在这种基础上被欺诈人产生错误的认识，然后作出错误的选择。这就构成了欺诈的基本条件。但是知假买假并不存在这种被欺诈的情况，购买者事先明确知道了关于商品或服务的真实状况，然后无论是出于什么目的购买，都不存在被欺诈的情况，因此，严格适用法律的情况下，知假买假确实难以构成被欺诈。

更为复杂的是，新修订的《消费者权益保护法》又增加了一款："经营者明知商品或者服务存在缺陷"，这一点又将问题复杂化。原来对于商品或服务存在缺陷的情况一律列为欺诈，但是现在却加以区分。例如过去销售不合格的产品未做说明的，就列为欺诈而进行惩罚性赔偿，现在法律加以区分，即如果存在缺陷的事实真相被隐瞒了，最多只能要求所受损失二倍以下的惩罚性赔偿，而不是三倍了。上述沈阳红酒案就更加复杂了。按照《食品安全法》消费者获得了十倍的赔偿，但是本案却可以解释为经营者明知红酒存在缺陷，经营者可以主张按照《消费者权益保护法》第五十五条第二款最多给予二倍赔偿，这就存在法律适用的问题。《食品安全法》与《消费者权益保护法》在这类条款的关系上属于特别法与普通法的关系，可以优先适用《食品安全法》。

案例分析2　购车纠纷案（1）

2006年6月12日，成都中级人民法院终审一购车纠纷案，认定汽车消费不属于生活消费。2004年，朱某在成都天辰汽车销售有限责任公司以4.18万元购买了一辆"幸福使者"小轿车。数月之后，朱某以天辰公司曾将此车销售给他人，该车已不是新车，天辰公司有欺诈行为为由要求赔偿，但双方就赔偿数额未能达成一致意见。随后，朱某将经销商告上法庭，要求天辰公司按照《消费者权益保护法》的规定，承担"退一赔一"责任。法院经审理查明，天辰公司卖车时向朱某交付了包括车辆合格证、用户手册、保养凭证等在内的随车附件。在保修手册中,保养登记表里载明走保里程为2000公里。

成都中级人民法院终审认为,我国《消费者权益保护法》第二条规定:"消费者为生活消费需要购买、使用商品或者接受服务,其权益受本法保护;本法未作规定的,受其他有关法律、法规保护。"此案中,朱某与天辰公司之间的汽车买卖关系,因汽车消费目前尚不属《消费者权益保护法》所称的生活消费范畴,故不应适用《消费者权益保护法》予以调整,而应适应《合同法》予以调整。法院认定被告天辰公司因未完全履行合同存在过错,应支付原告车主朱某补偿款5000元。该案在当时迅速引起中国消费者协会的强烈关注。

争议焦点 汽车消费是否属于生活消费?

法理评析 一般认为,我国《消费者权益保护法》中规定的生活消费是与生活紧密相关的日常生活消费,相关奢侈品消费并不在此列。一直以来,我国一般把汽车消费界定为奢侈消费。但近年来,随着我国经济的飞速发展和人民生活水平的不断提高,生活消费的范围在不断扩大,适合普通家庭消费的中低档车大量出现,小汽车不断进入寻常百姓家。因此,有相当一部分人认为,汽车消费应列入生活消费的范畴。针对这种情况,国家有必要对《消费者权益保护法》规定的生活消费进行解释,对其进行较为全面、科学的界定。具体而言,可以采用罗列的方式加以说明,比如将购买中低档车的消费列为生活消费,购买高档车列为奢侈消费。这样既可以使消费者保护法的相关规定更符合生活实际,也利于法院等相关部门在具体适用中把握,以确保执法、司法尺度的统一,避免引发不必要的矛盾和纠纷,切实保障消费者及相关当事人的合法权益。

案例分析3 购车纠纷案(2)

原告龚先生2013年8月14日与被告重庆某汽车销售公司在法拉利展厅签订二手车买卖合同,以360万元向被告购买一辆法拉利二手车。后来龚先生发现这是一辆事故车,多次协商无果,龚先生将销售商告上法庭,要求退一赔三。2015年该案一审有了结果,法院以被告存在欺诈为由,撤销原、被告签订的《二手机动车买卖合同》,按退一赔一标准,判令被告支付原告购车款及赔偿款合计720万元。

争议焦点　购买汽车的人是否属于消费者？

法理评析　法院经审理认为车商在欺诈。法院经调查认为，被告应该知悉涉案车辆发生过交通事故及维修等事实，但是未告知原告龚先生，应推定主观上具有故意隐瞒涉案车辆系事故车的事实，影响购买人作出购买意愿及出价，依法应认定被告在与原告签订《二手机动车买卖合同》时存在欺诈，该合同应予以撤销。法院认为，根据《中华人民共和国合同法》第五十八条规定，合同无效或者被撤销后，因该合同取得的财产，应当予以返还。被告依法应当向原告返还购车款360万元，原告在返还车辆时应当使该车外观良好，具有通常的使用性能。被告辩称原告非为生活消费所需而购买涉案车辆，但未举证，不予采信。对于其辩称的本案应适用《二手车流通管理办法》而非《消费者权益保护法》调整的观点，显然于法无据，法院不予采纳。

法院一审判决：撤销原告龚先生与销售商签订的《二手机动车买卖合同》，被告于本判决生效次日起10日内返还原告龚先生购车款360万元，原告龚先生于本判决生效次日起10日内向被告返还法拉利，被告于本判决生效次日起10日内支付原告龚先生赔偿款360万元，驳回原告的其他诉讼请求。

为什么不是退一赔三呢？法院认为，被告欺诈行为发生于双方签订合同的2013年8月14日，根据1993年《中华人民共和国消费者权益保护法》第四十九条规定："经营者提供商品或者服务有欺诈行为的，应当按照消费者的要求增加赔偿其受到的损失，增加赔偿的金额为消费者购买商品的价款或者接受服务的费用的一倍"，故被告应当向原告进行惩罚性赔偿，赔偿金额为原告购买涉案车辆价格的1倍即360万元。原告主张适用2013年10月25日修正、2014年3月15日起施行的《中华人民共和国消费者权益保护法》第五十九条"经营者提供商品或者服务有欺诈行为的，应当按照消费者的要求增加赔偿其受到的损失，增加赔偿的金额为消费者购买商品的价款或者接受服务的费用的三倍"的规定，与法不溯及既往原则相悖，法院不予采纳。这个判决首先认可了购买汽车的人属于消费者，比2006年成都中院的判决显然有了巨大的时代进步，至于说是适用一倍还是三倍，那就要看新旧法的衔接适用规定了。即使是适用新法，也要考虑是一般的欺诈还是存在缺陷的"准欺诈"，这些都是具体在适用法律时要认真考虑的问题。但是这个案件用判例的形式认可了买车属于生活消费，这对消费者是一个福音。

自2013年10月1日起施行的汽车三包规定，即《家用汽车产品修理、更换、退货责任规定》中对购买汽车可能属于生活消费有了明确规定，第四十二条规定："家用汽车产品，是指消费者为生活消费需要而购买和使用的乘用车。"而且整个规定将汽车生产者、销售者与购买者的关系按照《消费者权益保护法》的规定陈述，从规章的角度认可了购买汽车的生活消费目标，将司法判例提升到行政规章的层次。2013年修订后的《消费者权益保护法》第二十三条第三款规定，经营者提供的机动车、计算机、电视机、电冰箱、空调器、洗衣机等耐用商品或者装饰装修等服务，消费者自接受商品或者服务之日起六个月内发现瑕疵，发生争议的，由经营者承担有关瑕疵的举证责任。这一条的目的是分配消费者与经营者的举证责任，却在基本法上明确认可了购买汽车者的消费者身份，这样就在最高层次的立法上承认了购买汽车用于生活目的人的消费者地位，在法律领域就无须再争论了，最多需要证明的是，是否用于生活消费目的。

案例分析4　购房的人是否属于消费者？

原告原有住房东城区（原崇文区）某号房，在双方签订补偿协议之前就由被告单方拆除，拆除前被告根本未通知原告，原告也根本不知情。原告发现后报警，双方经协商，签订了《货币补偿协议书》和《异地安置认购书》（签订时间2011年9月16日）。双方约定将原告的相应货币补偿和相应购房奖励等均用于购买位于大兴区某号两居室房屋（以下称A房屋），面积为82.38平方米，入住时间为2012年12月31日，原告对于房款不足部分又补交67028.1元，原告总共付购房款1534657元，原告另外还交纳了购房契税23019.86元，公共维修基金16476元。至此原告毫不迟疑地履行了全部的合同义务，但被告却未能依照约定"在项目确定的入住时间前，为原告办理异地房屋签约手续"，更没有如约让原告入住约定的房屋。因此，被告在本案中存在严重违约，而且被告在实际上根本没有交付A房屋住宅能力和基础的情况下与原告签订的本合同，其主观上存在欺诈行为，因此被告的违约情形是最严重的。现在因为被告的欺诈行为，原告已经丧失了在2011年9月房价较低时购买其他适合低价商品房的有利机会，现房价又与被告和原告签订《认购合同书》时不同，被告不是A房屋项目的开发企业（该房屋名称做过变更，开发企业为"北京某国际会展中心有限公司"），也不是双方约定的A房屋的产权人，因此被告不具有处分和安置该套房屋的权利。

如果被告在A房屋项目开发商处购买了该房产，并以该购买房产向原告交付，也应充分保证该房能顺利签约入住；如果存在任何交房的风险，更应向原告履行告知义务。但本案中被告未履行上述义务，原告一直以为被告能够履约并让原告如期入住。如果该房交付存在较大风险，原告完全可以在一年半以前选择取得货币补偿，再自行购买商品房，而不会担着风险去等待A这套商品房。如果该套商品房不能交房的原因系被告对A房屋项目开发商的合同违约造成，那么被告的欺诈行为更是恶意的。综上，根据双方《安置认购书》第十一条的约定："甲方（即被告）在项目确定的入住时间前，为乙方（即原告）办理异地房屋签约手续。因甲方原因造成不能签约，由甲方按乙方所选房屋价值给予双倍赔偿"，同时根据《消费者权益保护法》第四十九条的规定："经营者提供商品或者服务有欺诈行为的，应当按照消费者的要求增加赔偿其受到的损失，增加赔偿的金额为消费者购买商品的价款或者接受服务的费用的一倍"，被告根本不具有与原告签订房屋认购合同的前提，在履行期届满（即交房期限）之前也未能取得该认购房屋的相应权利，由此给原告造成巨大的损失，被告应依法和依约承担双倍赔偿责任。最终法院判决被告返还原告安置房的购房款，并承担违约金。

争议焦点 原告能否以消费者身份获得三倍赔偿？

法理评析 法院按照《合同法》的规定对该案件进行了判决，没有考虑存在消费欺诈而适用当时《消费者权益保护法》的第四十九条关于双倍赔偿的规定，说明法院不认可购房者以生活消费为目的的消费者身份，就像购车一样，开始法院也是持反对态度。这个过程的发展非常艰难而且缓慢。1999年12月15日，贵阳市中级人民法院终审判决一商品房纠纷案，排斥适用《消费者权益保护法》的双倍赔偿法则的主要理由在于：就本案事实而言，《消费者权益保护法》中规定的商品概念不应包括房屋。1999年4月19日，北京崇文区法院审理类似案件并做出类似判决。

但是在同期，大连消费者焦先生花21万购买了一套开发商以次充好、以假充真、不能办理房屋产权证的"黑房"。大连市沙河口区法院对此作出一审判决，判定焦先生得双倍赔偿共计人民币42万余元。此案例在全国属首例。2000年，该问题在全社会引起巨大反响。2001年，《福建省房屋消费者权益保护条例》承认购房属于消费者的生活消费。2002年6月，建设部等7部委联合下发的《关于整顿和规范房地产秩序》确认购房者的消费者身份。

2003年6月1日，《最高人民法院关于审理商品房买卖合同纠纷案件适用法律若干问题的解释》从司法上确认购房者的消费者身份。第八条规定："具有下列情形之一，导致商品房买卖合同目的不能实现的，无法取得房屋的买受人可以请求解除合同、返还已付购房款及利息、赔偿损失，并可以请求出卖人承担不超过已付购房款一倍的赔偿责任：（一）商品房买卖合同订立后，出卖人未告知买受人又将该房屋抵押给第三人；（二）商品房买卖合同订立后，出卖人又将该房屋出卖给第三人。"第九条规定："出卖人订立商品房买卖合同时，具有下列情形之一，导致合同无效或者被撤销、解除的，买受人可以请求返还已付购房款及利息、赔偿损失，并可以请求出卖人承担不超过已付购房款一倍的赔偿责任：（一）故意隐瞒没有取得商品房预售许可证明的事实或者提供虚假商品房预售许可证明；（二）故意隐瞒所售房屋已经抵押的事实；（三）故意隐瞒所售房屋已经出卖给第三人或者为拆迁补偿安置房屋的事实。"这个规定明确了存在销售欺诈时可以退一赔一，符合《合同法》和《消费者权益保护法》的规定。

对于面积不符合合同约定的，该规定做了折中处理，而不是认定欺诈而作购房全额的双倍赔偿。第十四条规定："出卖人交付使用的房屋套内建筑面积或者建筑面积与商品房买卖合同约定面积不符,合同有约定的,按照约定处理;合同没有约定或者约定不明确的,按照以下原则处理:(一)面积误差比绝对值在3%以内(含3%),按照合同约定的价格据实结算,买受人请求解除合同的,不予支持;(二)面积误差比绝对值超出3%,买受人请求解除合同、返还已付购房款及利息的,应予支持。买受人同意继续履行合同,房屋实际面积大于合同约定面积的,面积误差比在3%以内(含3%)部分的房价款由买受人按照约定的价格补足,面积误差比超出3%部分的房价款由出卖人承担,所有权归买受人;房屋实际面积小于合同约定面积的,面积误差比在3%以内(含3%)部分的房价款及利息由出卖人返还买受人,面积误差比超过3%部分的房价款由出卖人双倍返还买受人。"折中处理方式既考虑了已交付面积的真实性,又考虑了短缺部分的欺诈性,做了平衡处理,但对于消费者来讲是否公平,值得商榷。购房属于大额消费,很多消费者一生可能就一次,多则也就二三次,因为被欺诈而未能够买到自己计划中的商品房,完全可以考虑退房款,赔一倍房款,这与普通商品在法理上没有什么区别。不过该解释没有考虑这一点,只是按照平衡的意思进行了处理。

案例分析5 接受医疗服务的人是否属于消费者?

2010年12月20日,乔某至北京某技术推广有限公司(以下称整形公司),接受下颌角整形、无下巴成形术、中面部拉皮、颧骨缩小术、脂肪移植术,并支付手术费21万元。2012年2月,乔某起诉至北京市朝阳区人民法院,称整形公司手术失误,致其术后脸部凹陷、精神痛苦。整形公司不是医疗机构,不具备相应手术资质且未告知主治医生不具有行医资格,构成欺诈,故要求法院依据《消费者权益保护法》判令整形公司退还医疗费21万,赔偿损失21万。整形公司辩称其行为不存在欺诈,乔某对法律理解有误,双方之间应是医疗服务合同关系,不应适用《消费者权益保护法》。

北京市朝阳区人民法院经审理后认为:关于整形公司主体问题,法院采信该公司的主张,确认该公司与北京某整形医疗美容诊所(以下简称美容诊所)系同一主体,主体适格。整形公司系营利性医疗机构,开展的医疗美容服务与非营利性医疗机构为恢复患者健康进行的医疗服务性质不同。乔某为自身美容需要,与整形公司建立了事实上的医疗美容服务关系,其合同目的是通过手术使外貌更加美丽,应认定乔某从整形公司购买医疗美容服务的行为属于个人消费行为,双方之间属于消费服务合同关系,应当受《消费者权益保护法》调整。根据《医疗美容项目分级管理目录》的规定,整形公司作为医疗美容诊所,仅能开展一级美容项目,但其为乔某所做的六项手术中,只有自体脂肪注射移植术一项属于一级美容项目。整形公司超范围开展美容手术,且无证据表明其已向乔某告知其相应资质及开展美容手术项目范围,致使乔某误以为其能够进行相关美容手术,与其建立了合同关系,故整形公司在医疗美容服务合同关系的建立和履行过程中故意隐瞒事实,构成欺诈。现乔某提交的证据不能证明整形公司就自体脂肪注射移植术这项手术构成违约,故在扣除该项手术费后,整形公司应当赔偿乔某相当于其余手术费数额的损失。因双方未约定各项手术费价格,故法院根据双方提交的证据酌定赔偿数额。乔某要求整形公司返还美容手术费21万元,实际上是要求撤销服务合同、恢复至合同履行前状态。整形公司虽未尽如实告知义务,存在欺诈,但其合同义务是一种服务行为,在其完成该服务行为后,在客观上无法返还。乔某应当提供证据证明整形公司的手术存在瑕疵,对其造成损害,致使其合同目的无法实现,才能要求该公司退还手术费。现乔某提交的证据亦不足以证明其主张,经法院释明后,其不申请进行相关司法鉴定,应当承担不利的法律后果,法院对其主张不予采信。故乔某要求整形公司退还手术费21万元的诉讼请求,法院不予支持。

据此,北京市朝阳区人民法院依据《消费者权益保护法》第四十九条、《中华人民共和国民事诉讼法》第六十四条之规定作出如下判决:一、整形医疗美容诊所于判决生效后7日内赔偿乔某20万元;二、驳回乔某的其他诉讼请求。

一审判决后,整形公司不服,向北京市第二中级人民法院提出上诉。整形公司上诉称:我方在建立和履行合同过程中不存在故意告知虚假情况或隐瞒真实情况的行为,原审法院认定我公司超范围开展美容手术,构成欺诈,属认定事实错误；我公司为乔某实施的手术未对其造成任何伤害，原审法院适用《消费者权益保护法》判令我公司赔偿乔某20万元，缺乏事实及法律依据，且适用法律明显不当。故请求撤销原判，依法改判，驳回乔某的全部诉讼请求或将本案发回重审。

北京市第二中级人民法院经审理认为：整形公司是本案适格主体。乔某与整形公司虽未签订书面的医疗服务合同，但双方已形成了事实上的医疗服务合同关系。根据《医疗美容项目分级管理目录》的规定，整形公司作为医疗美容诊所，仅能开展一级美容项目，而其为乔某所做的六项手术中，仅有一项属于其可以开展的一级美容项目。该公司无视国家行政法规规定，超范围开展美容手术的行为错误，应当予以批评。同时，由于乔某对手术效果不满意，认为给其造成损害，为此提供了由整形公司制作并保管的术前、术后的照片佐证其所述成立。经审查，照片已初步证实乔某所述手术给其造成一定损害的事实存在，在此情况下，整形公司坚持认为手术成功，就应对此负有举证责任。但整形公司没有进一步举证，视为其放弃了举证的权利，应自行承担不利的后果。故本院认定乔某所述手术对其造成损害的事实成立。另，本院认为，整形公司既存在超范围、超资质为乔某实施多项美容手术的违法行为，同时还存在提供的医疗美容服务效果不佳甚至给乔某造成一定程度损害的情况，现乔某有权要求其退还部分服务费并就该公司给其造成的损害给予一定的赔偿。因双方没有就各项手术单独约定价格，乔某也未提供其他证据证实其现状具体是因整形公司实施的哪项手术所致，故本院无法直接计算出整形公司应当退还的费用。同时，应当指出，乔某在选择医疗美容机构时，也应当尽到必要的注意义务，对此其也应承担一定的责任。原审法院判令整形公司赔偿乔某20万元，驳回乔某要求退还美容手术费的请求，因乔某对此判决结果表示同意，本院认为，结合本案实际情况，判令整形公司实际承担20万元的数额，基本得当。为了避免当事人的诉累，对于原审判决结果应予以维持。

综上，依照《中华人民共和国民事诉讼法》第一百七十条第一款第（一）项之规定，本院判决如下：驳回上诉，维持原判。

争议焦点　购买医疗服务能否适用《消费者权益保护法》？

法理评析　本案处理重点主要在于医疗美容纠纷是否应适用《消费者权益保护法》。医疗美容纠纷被界定为医疗纠纷的一种，一般都以医疗服务合同纠纷为案由立案。医疗美容虽具备医疗服务的基本特征，但也有自己的特点，故理论界及实务界对其应适用《消费者权益保护法》还是与一般医疗纠纷一样，适用侵权法和合同法，存在争议。

主张医疗美容纠纷应适用《消费者权益保护法》的观点主要认为：（1）医疗美容服务可以认定为生活消费行为。它不具有国家公益性；主要目的并非治疗疾病，而是满足就医者的心理需求；医疗美容机构具有营利性；就医者与一般消费者一样，在医疗机构及具体医疗行为的方式上都享有自主选择权。以上特征均符合《消费者权益保护法》关于生活消费行为的定义。（2）医疗美容就医者与医疗机构相比，在专业知识、社会地位、经济能力等方面，仍处于弱势地位。适用《消费者权益保护法》能够更好地保护其合法权益，符合《消费者权益保护法》保护弱者的立法目的。本案中，一审法院便采用了该观点，认定整形公司超范围手术，且未如实告知，存在欺诈，但最后又并未按照《消费者权益保护法》相关条款处理，仅判令整形公司在扣除其有资质的一项手术费后，赔偿乔某其他项手术费损失。

否定就医服务适用《消费者权益保护法》的观点主张，在现行的法律规范下，医疗美容纠纷不应单独适用《消费者权益保护法》，医院、医疗卫生管理部门几乎全部赞同该说。理由如下：（1）从医疗美容的概念上看，其在行为主体、资质要求、行为方式、目的及行政管理等多方面都区别于一般的生活美容。且在审判实践中，并非所有的医疗美容都仅仅是为了达到变美丽的效果，更多的是含有一定的治疗、矫正目的。故不能将医疗美容简单等同于一般消费行为。（2）在法律适用上，侵权法及合同法已经就医疗纠纷进行了规制，医疗美容纠纷既然被归于医疗纠纷的大范畴，就应在侵权法、合同法范围内寻找救济，而不应再单独适用《消费者权益保护法》。例如，本案中，法院便引用合同法，认定整形公司超范围、超资质进行手术,并对乔某造成了损害,应退还乔某部分服务费并给予赔偿。因双方没有具体约定各项手术费标准,乔某也没有明确其损害是哪一项手术所致,在无法具体计算各项费用及损失,乔某亦认可一审判决的情况下,为避免当事人诉累,维持了一审判决结果。(3)如果在医疗服务合同纠纷案件中适用《消费者权益保护法》,便会造成不同医疗美容纠纷适用不同法律的局面,会引起执法不统一,不利于实现法律的公正性。

还有一种折中说。该说认为,从总体上说医患关系应适用《消费者权益保护法》的规定,但值得注意的是,我国当前并未把所有的医院推向市场,根据国家有关城镇医药卫生体制改革的政策,我国将实行营利和非营利医疗机构分类管理,实行不同的财政、税收和价格政策。例如,后者提供的医疗服务实行政府指导价,而不是市场调节价。由于非营利性医疗机构不具有经营者的身份,因此不能适用《消费者权益保护法》,而只能适用其他专项法规或有关立法的规定。

案例分析6 **接受教育服务的消费者身份**

2003年7月,西安某一民办学校夸口发北大文凭,学生每人交纳了2000多元的学费,受骗学生告上法庭要求返还5000余元的学费。2006年8月21日,北京罗女士反映北京某一国际美容美发教育学院涉嫌欺诈,律师认为可以适用《消费者权益保护法》第四十九条赔偿罗女士的学费5800元。由此扩展到私立中小学和公立学校的商业性办学。

争议焦点 接受商业性教育服务是否适用《消费者权益保护法》?

法理评析 对于教育培训纠纷是否使用《消费者权益保护法》的问题,司法实践中有两种不同的观点。第一种观点认为,《消费者权益保护法》第二条指出:"为生活消费需要购买、使用商品或者接受服务,其权益受本法保护……"而购买教育培训服务并不属于为生活所需,故不应适用《消费者权益保护法》予以调整。另外,《消费者权益保护法》第三条指出:"经营者为消费者提供其生产、销售的商品或者提供服务,应当遵守本法……"而提供教育培训服务的主体虽然开展的系有偿教育培训，可以依法获得合理回报，但其并非以营利为目的，不属于《消费者权益保护法》中的"以营利为目的的经营者"，故不适用《消费者权益保护法》。（参考（2017）川 0524 民初 3203 号案例）

第二种观点认为，没有在教育部门备案的培训机构，其实质即是通过市场化手段运作来营利，就是经营者。而学员缴费获取技能培训和就业机会，即可认定为消费行为，应适用《消费者权益保护法》。（参考（2016）渝 0103 民初 859 号案例）

教育培训中的虚假宣传应适用《消费者权益保护法》予以调整，并且自然人亦应当被视为经营者而受到《消费者权益保护法》的相关约束。理由如下：其一，对于消费者的定义而言，《消费者权益保护法》作出的规定较为笼统，而何为《消费者权益保护法》所规定的"为生活消费需要"，则没有一个明确的定义；从我国《消费者权益保护法》的立法意图看，其立法目的在于维护消费者权益，强化对消费者的保护。因此，消费者购买商品或接受服务是为了满足自己的各种需要，与生产者、经营者追求盈利是有区别的，任何人只要不是为了再次转售获利而购买商品或接受服务，其购买行为就应被认定为"为生活消费"，就应该被视为"消费者"。故在教育培训合同所涉及的虚假宣传纠纷中，消费者为其升学或工作等生活需要，本应为一种生活消费行为，其缴纳一定的费用购买教育培训服务，应被视为消费者，受到《消费者权益保护法》的保护。

其二，《消费者权益保护法》对于"经营者"的定义为"为消费者提供其生产、销售的商品或者提供服务"，并未明确规定是否包含个人；由《反不正当竞争法》第二条第三款、《反垄断法》第十二条第一款以及《价格法》第三条第三款看，《消费者权益保护法》中的经营者也包括个人，个人与个人之间的交易同样受《消费者权益保护法》的保护。且从更好地维护消费者权益的角度出发，如该自然人是以出卖商品或提供服务为其职业，尽管其并没有进行经营者登记，其应当为经营者，受到《消费者权益保护法》的约束。

参考案例

1. （2017）川 0524 民初 3203 号

【裁判要点】被告提供的是商业性的培训服务，以营利为目的，交费人就是消费者，收费后被告不按承诺兑现培训的行为是经营者提供服务的欺诈行为，适用《消费者权益保护法》来调整本案。被告是否应当全额退还学费，因办学一学期与只开了几节课相比，属于基本未开课，故对原告要求被告退还学费 800 元，给付接受服务的三倍赔偿金 2400 元的诉讼请求，本院予以支持。

2.（2016）渝 0103 民初 859 号

【裁判要点】因重庆市某教育咨询有限公司不具备相应资质、违反国家法律强制性规定，该协议应为无效。重庆市某教育咨询有限公司无视自身不具备教育培训资质的事实，违反国家法律强制性规定，以"xx 教育重庆分校"名义进行宣传招生，从事营利性培训活动，与付某变相签订教育培训协议，其行为构成欺诈。付某要求重庆市某教育咨询有限公司退还培训费并三倍赔偿，符合法律规定，本院予以支持。

综上，为升学、工作、晋升等需要缴费购买教育培训服务，即为"为生活所需"，是与生产者、经营者追求盈利相区别的，并非为了再次转售获利而接受服务，故该购买教育培训服务者应被视为消费者；而提供教育培训服务的一方，如其系一般公司或自然人，则其完全系通过市场手段实现招生，而《消费者权益保护法》亦未将自然人排除在经营者的范围外，且从提供服务方的行为来看，只要其以出卖商品或提供服务为职业，即应当被视为经营者而被《消费者权益保护法》约束。

第七章
金融法概述

金融法是一个复杂的概念，包含了商法和行政法的成分，同时也是经济法的重要组成部分。探索金融法的内涵和外延首先要厘清金融的概念，了解金融现象的历史发展和客观规律。本章从金融和金融法中的重要概念入手，包括本位货币制度、信用货币制度、转账结算制度、中央银行、商业银行、货币政策、分业经营原则、股票、票据、证券交易所、法定存款准备金、再贴现、金融衍生工具等，通过研究上述重要概念的产生及发展原因，论述其中的金融法原理，进而结合前沿案例，用金融法知识和原理解决实践问题。

金融法是一个复杂的概念，其内涵与外延的确定都存在争议。但是，金融法却又在社会中处处显现，融通资金的灵活概念使很多领域被列入金融法的范畴，但是又有很多类似金融法的现象没有反映在现行的法律体系中。金融和金融法都是一种古老的现象，从历史和逻辑上讲，其发展的痕迹还是遵循一定规律的。

第一节　金融法概述

一、背景知识

货币、借贷、商业银行、中央银行、股票、债券、交易所、上市公司、票据、信托等各种现象都呈现在我们的生活与工作中，还有很多新兴事物也在困扰着我们，例如理财产品欺诈、众筹带来的困惑、P2P网络借贷引发的问题等。由于筹融资领域存在的法律滞后，社会经济秩序已经受到严重影响。

这就需要我们从头学起金融这个复杂的概念，对金融法的概念进行准确把握，了解金融法与金融之间的内在联系，探索金融现象发展的历史痕迹和客观规律，概括金融法在这个发展过程中的体现，熟悉当前世界金融现象的特点与相应的法律规范，了解我国已有的金融法律法规和法律实施的实践，对新纠纷、新问题进行深入的思考。这就是学术上要完成的重要课题与任务。

金融法既包含商法的成分，也包含行政法的成分，同时也是经济法的重要组成部分，具体如何划分是学术界需要认真对待并巧妙解决的难题。然而，不管它如何复杂，只要厘清发展线索，梳理出发展阶段，概括出发展规律，其中的法律原理还是可以得到清晰的论述的。

二、本章涉及内容

1. 主要概念

本章涉及的概念主要有：本位货币制度、信用货币制度、转账结算制度、中央银行、商业银行、货币政策、分业经营原则、股票、票据、证券交易所、法定存款准备金、再贴现、金融衍生工具。

2. 主要原理及基本制度

（1）信用货币制度的发展过程；

（2）商业银行制度的发展简史；

（3）资本市场基本制度发展简史；

（4）金融逻辑与金融法体系；

（5）金融宏观调控法律制度；

（6）金融监管法律制度。

3. 实践问题

（1）商业银行经营风险的法律控制制度；

（2）货币政策工具法律制度的实施效果；

（3）证券交易侵权行为民事责任分析。

三、法律法规目录

《中国人民银行法》《人民币管理条例》《现金管理暂行条例》《银行账户管理办法》《支付结算办法》《商业银行法》《票据法》《外汇管理条例》《银行业监督管理法》《期货交易管理条例》《证券法》《证券投资基金法》《信托法》《保险法》《担保法》。

第二节 金融法基本概念

一、本位货币制度

金融制度中最古老、最核心的制度之一就是货币制度，货币作为一般等价物为人类的交换带来了巨大的便利，在货币制度的基础上，金融制度不断发展与进步。在现代各国的金融法中，货币制度仍处于基础、核心地位，成为金融法的出发点。

1. 定义

历史上货币有物品本位的支持，称为本位制，通常是金本位或银本位。这是指钞票或货币的面值是以金或银之量为单位，其持有者可以换取指明的金量或银量。

当然可以直接用金币或银币，但当币值过大，携带不便时，钞票或支票就出现了。

2. 特点

它具有无限法偿的能力，即用它作为流通手段和支付手段，债权人不得拒绝接受。非本位货币不具有这种能力。当被用于流通和支付时，超过一定数量的非本位货币，债权人可以拒绝接受，因而被称为"有限法偿"制度。

国际货币本位是在国际上占据中心货币地位的可自由兑换的货币制度。它首先必须能在世界上自由兑换；其次，还必须占据国际中心货币的地位，能充当国际商品的价值尺度或价格标准，并成为各种货币汇率计算的中心。充当这种中心货币的曾经有贵金属——黄金，也有因历史、经济和现实原因形成的某些国家的纸币。

人民币是我国的法定货币，在我国境内具有广泛的流通性。因此，《会计法》以法律形式明确规定我国境内各单位的会计核算以人民币为记账本位币，单位的一切经济业务事项一律通过人民币进行会计核算反映，因而这种货币制度称为货币本位。"例如施行金本位，对于金币所含重量、成色、铸造以及与其他货币间的等价关系则由特定的法律予以明确规定。"[1]

知识指引

金融法体系庞大，内容繁多，初学之时需要准确切入逻辑起点，本位货币制度就是这个逻辑起点，这是一个古代就有的货币制度。我国古代就有金属货币本位制，如铜币本位、银本位和铁币本位，但是并不严格，确切地说，不能称为本位，因为可用于货币的交换媒介不是法定的唯一标准。在西方，古代就有金银币本位，到了近代出现了统一民族国家的金本位制，法律明确规定黄金是一个国家唯一的法定货币。银本位制下只有白银可以做法定货币。在纸币出现后很长一段时间，黄金白银等贵金属都是支撑纸币价值的基础等价物质。现在世界各国均采用纸币本位制，不再与等价贵金属挂钩，

---

1. 周大中. 现代金融学. 北京：北京大学出版社, 1994：25.

成为非常严格的法定货币本位制。这个制度在现代金融法中也属于基础制度,是从古代、近代传承下来的基本金融范畴,在古代、近代和现代经济法中都占有很重要的位置。

二、信用货币制度

货币制度经历了不同的发展阶段,如商品货币或实物货币阶段、贵金属或金属货币阶段、贵金属支持的纸币阶段和信用货币(包括信用纸币)阶段。

1. 定义

信用货币制度是指以中央银行或国家指定机构发行的信用货币作为本位币的货币制度。流通中的信用货币主要由现金和银行存款构成,并通过金融机构的业务投入到流通中,国家通过种种方式对信用货币进行管理调控。

2. 特点

(1)由中央银行发行的纸币为本位币,政府发行的铸币为辅币;

(2)实行补课兑换制度,即本位币不与任何金属保持等值关系,纸币不能兑换金银,不兑现的银行券由国家法律规定强制流通,发行权集中于中央银行或发钞银行,成为无限法偿货币和最后支付手段;

(3)实行自由本位制度,即纸币的发行可以自由变动,不受一国所拥有的黄金数量的限制;

(4)由银行通过信用渠道投入流通,存款货币通过银行转账结算,随着金融发展程度的提高,现金流通的数量和范围越来越小,而非现金流通成为货币流通的主体;

(5)实行管理纸币本位制度,即发行者为了稳定纸币对内对外的价值,要对纸币的发行与流通进行周密的计划和有效的管理,因此,经济学家又把信用货币制度称为管理纸币本位制度。

信用货币的使用给人类社会带来了极大的便利,但也增加了信用风险。"在当今世界中,我们时常遇到恶性通货膨胀,宋朝末期的通货膨胀是世界上第一次有记录的因过度印发货币而引起的货币危机。"[1]在现代社会,信用货币的主要问题仍是通货膨胀。

> **知识指引**
>
> 在人类社会早期,物物交换普遍存在,后来出现了金属货币,包括金银铜铁等。纸币很早就出现了,但很长一段历史中纸币都伴随着贵金属货币的支撑,到了20世纪70年代,纸币金本位制在美国才终止。纸币脱离了贵金属的支持,完全靠政府的信用来保证,货币进入信用时代。现在更加深入,纸币只是货币的一个组成部分,信用支付工具越来越多,包括电子支付,信用货币的概念更加丰富。信用货币的发行按照政府的意愿进行,应与流通中的商品相对应。如果多发甚至滥发,通货膨胀就会出现;如果发行不足,通货就会紧缩。这些都会击垮经济。信用货币实现了流通中所需货币数量与所流通的商品相适应,使得不断扩大的社会化生产与货币数量有效统一,而贵金属货币则满足不了这个要求,黄金白银生产的数量远远跟不上商品生产的数量。

三、转账结算制度

完全与现金交易的时代伴随的是商业贸易的不发达,商品流通速度缓慢,交易费用高昂。随着人类智慧的不断积累,非现金的结算方法出现了,例如我国唐朝出现的"飞钱"[2]。西方在古代也出现了汇兑结算业务。这些都加速了贸易的结算速度,节省了大量现金的直接流通,也使现代政府监督和控制货币流通成为可能。

---

1. [美]威廉·戈兹曼,等.价值起源.沈阳:北方联合出版传媒(集团)股份有限公司,万卷出版公司,2011:114.
2. "飞钱"出现于唐代中期(唐宪宗年间),当时商人外出经商带上大量铜钱有诸多不便,便先到官方开具一张凭证,上面记载着地方和钱币的数目,之后持凭证去异地提款购货。此凭证即"飞钱"。"飞钱"实质上只是一种汇兑业务,它本身不介入流通,不行使货币的职能,因此也不是真正意义上的纸币。

1. 定义

转账结算是指不使用现金，通过银行将款项从付款单位（或个人）的银行账户直接划转到收款单位（或个人）的银行账户的货币资金结算方式。转账结算的特点是票据结算。它不仅是收款人之间凭票据进行结算，而且是收付款银行之间凭票据进行结算。

2. 转账结算制度的作用

按照银行结算办法的规定，除了《现金管理暂行条例》规定的可以使用现金结算的以外，所有企业、事业单位和机关、团体、部队等相互之间发生的商品交易、劳务供应、资金调拨、信用往来等均应按照银行结算办法的规定，通过银行实行转账结算。国家之所以鼓励实行银行转账结算，是因为：

（1）实行银行转账结算，有利于国家调节货币流通。实行银行转账结算，用银行信用收付代替现金流通，使各单位之间的经济往来，只有结算起点以下的和符合现金开支范围内的业务才使用现金，缩小了现金流通的范围和数量，使大量现金脱离流通领域，从而为国家有计划地组织和调节货币流通量，防止和抑制通货膨胀创造条件。

（2）实行银行转账结算，有利于加速物资和资金的周转。银行转账结算是通过银行集中清算资金实现的。银行通过使用各种结算凭证、票据在银行账户上将资金直接从付款单位（或个人）划转给收款单位（或个人），不论款项大小、繁简，也不论距离远近，只要是在结算起点以上的，均能通过银行机构及时办理，手续简单，省去了使用现金结算时的款项运送、清点和保管等手续，方便快捷，从而缩短清算时间，加速物资和资金的周转。

（3）实行银行转账结算，有利于聚集闲散资金，扩大银行信贷资金来源。由于实行转账结算，各单位暂时未用的资金都存入其银行账户上，这些资金就成为银行信贷资金的重要来源之一。另外，实行转账结算，各单位在办理结算过程中，付款单位已经付出，但凭证尚在传递，因而收款单位尚未入账，这样形成的在途资金，也是银行信贷资金的来源。

（4）实行银行转账结算，有利于银行监督各单位的经济活动。实行转账结算，各单位的款项收支大部分都通过银行办理结算，银行通过集中办理转账结算，便能全面地了解各单位的经济活动，监督各单位认真执行财经纪律，防止非法活动的发生，促进各单位更好地遵守财经法纪。

转账结算制度是现代金融机制的主要的、基础的组成部分，也是现代金融法的基础制度。用法律的形式将结算机制固定下来，明确各方主体的权利、义务与责任，是各国立法的重要任务。

知识指引

乍一看这个概念好像仅是个会计概念，但它还是金融法中的一个基础概念。现代信用货币制度产生后，大量的现金流通极不方便，在古老的商业贸易中传承下来的很多快速、便利的结算制度被法律统一起来，逐步形成了严格的银行转账结算制度。法定的开户行制度使得现金的使用与流通被严格管理，组织机构的现金必须存入开户行，大量的收支行为只能以转账方式进行结算，现金使用被法律限定在极小的范围之内，海量的现金印制被节省，货币的概念主要以存款的方式体现，转账结算制度成为信用货币制度的保障与延伸。

四、中央银行

中央银行是现代社会最伟大的金融发明之一，它使人类社会逐渐摆脱了货币自发流通产生的盲目性、随意性和不可控性，使信用纸币及其他信用货币制度进入成熟阶段，成为现代社会货币政策制定和实施及宏观调控实施的得力工具。

1. 定义

中央银行是一国最高的货币金融管理机构，在各国金融体系中居于主导地位。中央银行的职能是宏观调控、保障金融安全与稳定、金融服务。

2. 性质

中央银行是"发行的银行",对调节货币供应量、稳定币值有重要作用。中央银行是"银行的银行",它集中保管银行的准备金,并对它们发放贷款,充当"最后贷款者"。

中央银行是"国家的银行",它是国家货币政策的制定者和执行者,也是政府干预经济的工具,同时为国家提供金融服务,代理国库,代理发行政府债券,为政府筹集资金,代表政府参加国际金融组织和各种国际金融活动。

中央银行所从事的业务与其他金融机构所从事的业务的根本区别在于,中央银行所从事的业务不是为了营利,而是为实现国家宏观经济目标服务,这是由中央银行所处的地位和性质决定的。早期的中央银行便具备了这种职能。"1825年英格兰银行面临挤兑的危机,法兰西银行前来救助,运来一批公众谋求的金镑,并兑换成了银子。在罗斯柴尔德家族的帮助下,价值40万英镑的金镑于12月19日运抵英格兰银行。克拉彭所称的'运转平稳的法国复本位制'防止了英格兰银行被迫关门,这两种完全不同的体制后来通过更直接的贷款方式互相合作:1836年和1839年法兰西银行(以及汉堡银行)贷款给英格兰银行,1847年英格兰银行贷款给法兰西银行,所有这些都是为了帮助应付金融危机。"[1]各国都纷纷通过立法将中央银行制度确定下来,我国在1995年颁布了《中国人民银行法》。

知识指引

中央银行是一个专业名词,一些初学者会望文生义,以为就是中国中央政府的银行。中央银行是在货币制度和商业银行制度发展到一定程度而结合产生的。我国历史上北宋时期的交子纸币开始由私人经济组织发行,后来出现滥发,被政府收归国家发行,但是后来北宋政府也滥发行,导致纸币制度的崩溃。但纸币的便捷性与灵活性使得它充满了力量,因此西方国家在17、18世纪就有了成立中央银行的尝试。中央银行的基本功能就是行驶法律赋予

---

1. [美]金德尔伯格.西欧金融史:第二版.徐子建,等,译.北京:中国金融出版社,2007:74.

> 它的基本权力，即：发行和回笼货币，建立转账结算制度。这种银行专职从事货币与商业银行管理事务，与商业银行的功能区别开来。在欧洲，这个制度早期与国家之间的战争相关，为了发动战争，需要有充分的经济准备，因此货币发行被垄断，国债被创造出来，银行金融制度得到大力发展。

五、商业银行

商业银行是继本位货币制度之后人类社会又一个伟大的金融发明。它使资金的大规模集中与融通成为现实，使货币不光具有一般等价物的功能，又成为一种高级商品。它像水库一样经营和调剂着货币。早期的商业银行种类很多，如商人银行、私人银行、票据兑换银行、储蓄银行、贴现银行、公有银行、宫廷银行、混合银行、工业银行、投资银行、全能银行、动产抵押贷款银行、商业银行等等，主要分三种类型：典当行、钱币兑换商和存款银行。[1]

1. 定义

商业银行是指依照法律设立的吸收公众存款、发放贷款、办理结算等业务的企业法人。

2. 特征

（1）以营利为目的，并实行企业化经营。

（2）执行商业性银行业务，实行国家法律政策允许的存贷款利率市场化，并接受中央银行和银保监会的监督。

（3）具有信用创造功能。指商业银行利用其所吸收的存款发放贷款，在支票流通和转账结算的基础上，贷款又转化成存款，在这种存款不提取现金或不完全提现的情况下，商业银行的资金来源增加了，最后在整个银行体系形成数倍于原始存款的派生存款。其他金融机构的情况则不同，它们不能吸收活期存款，不能

---

1. 同上，49–50.

开立支票账户，它们所吸收的储蓄存款和定期存款，是货币所有者的投资形式，并不是供转账使用的。这种存款一般不是由贷款转化而来，因为客户向银行取得贷款是要随时支用，一般不会存入储蓄贷款或定期存款账户中。其他金融机构不具有派生存款或信用创造功能。

（4）业务范围广泛，有"金融百货公司"之称。商业银行制度成为现代金融制度的核心，也成为现代金融法的核心。各国都通过立法将商业银行制度确立下来，将商业银行的组织制度和经营风险制度规定下来，我国在1995年颁布了《商业银行法》。

> **知识指引**
>
> 货币制度历史悠久，发展到一定历史阶段就出现了专业从事货币借贷的金融机构。货币作为一般等价物，满足人们日常生活交换只需货币本身即可。但是，随着经济贸易规模的不断扩大，所需的货币数量不断增加，任何一个人或组织可能都没有那么多现金货币，于是就出现了专业从事货币融通的人和机构。商业银行制度从严格的商事习惯、商事规则到法律法规，经历了一个从简到繁的发展过程，业务从货币借贷发展到中介结算与投资，成为货币制度扩张、满足资本投资需求、推动市场革命的重要物质基础。

六、货币政策

货币政策是现代社会金融宏观调控的主要手段，它借助中央银行制度和非现金结算的账户制度，使资金流动受到人为的、目标明确的控制，使货币供给和需求的关系得到极大改善。

1. 定义

货币政策是指政府或中央银行为影响经济活动所采取的措施，尤指控制货币供给以及调控利率的各项措施。

2. 主要措施

（1）控制货币发行；

（2）控制和调节对政府的贷款；

（3）推行公开市场业务；

（4）改变存款准备金率；

（5）调整再贴现率；

（6）选择性信用管制；

（7）直接信用管制。

中央银行通过制定和实施货币政策，有效地调节货币的流通，使整个社会的资金供给和需求相对均衡。在各国的中央银行立法中，货币政策工具都被明确规定下来。例如我国近几年中央银行通过提高或降低存款准备金率、再贴现率、基准利率等手段，大量吞吐货币，对我国宏观经济的稳定起到了很大的作用。"近年来，我国外汇顺差的迅速扩大导致人民币流动性过剩，中央银行不断提高存款准备金率，至 2007 年 12 月，存款准备金率已达到 14.5%。"[1]

知识指引

货币自古有之，发行、使用、管理货币的行为也自古有之，就像经济法部门在古代就存在一样。但是出现了中央银行，在现代经济学和经济法思想影响下产生的货币政策就与古代区别很大了。由于经济体量巨大，货币的发行量大，流通过程极其复杂，商品的交易手段多样，把控商品流通与货币流通的关系难度很大，管理与控制货币供给数量非常重要，而这些特征构成了现代货币政策的基本框架。还要考虑财政、税收、市场竞争程度等复杂因素导致的变量，海量的数据需要准确分析、把握，然后才能准确估算出货币投放数量，满足交换需求，支持经济运行。所以，现代货币政策集中体现了国家积极、主动的干预思想，其系统性、复杂性、科学性都是过去的时代不可比拟的，充满了现代经济法的特征。当然，学习难度也很大。

---

1. 吴志攀，刘燕.金融法.北京：北京大学出版社，2008：12.

七、分业经营原则

这是金融行业普遍存在的一个经营原则,是在垄断资本主义时期经济危机频发的基础上总结出的法律经营规则,是金融行业规律的法律表现形式,在银行法、证券法和保险法中大都有此规定,而且除了分行业外,在行业内部仍有细分的情况。

1. 定义

分业经营就是指对金融机构业务范围进行某种程度的"分业"管制。分业经营有三个层次:第一个层次是指金融业与非金融业的分离,第二个层次是指金融业中银行、证券和保险三个子行业的分离,第三个层次是指银行、证券和保险各子行业内部有关业务的进一步分离。

2. 分业经营的优点

(1)有利于培养两种业务的专业技术和专业管理水平。一般证券业务要根据客户的不同要求,不断提高其专业技能和服务,而商业银行业务则更注重于与客户保持长期稳定的关系。保险公司的经营则更可以集中在其本身的保险职能上,而不是把目标集中于对外投资赚取利润上。

(2)分业经营为两种业务发展创造了一个稳定而封闭的环境,避免了竞争摩擦和合业经营可能出现的综合性银行集团内的竞争和内部协调困难问题。

(3)分业经营有利于保证商业银行、证券公司、保险公司自身及客户的安全,阻止商业银行、证券公司、保险公司将过多的资金用在高风险的活动上。

(4)分业经营有利于抑制金融危机的产生,为国家和世界经济的稳定发展创造了条件。

3. 分业经营的缺点

(1)以法律形式所构造的三种业务相分离的运行系统,使得三类业务难以开展必要的业务竞争,具有明显的竞争抑制性。

(2)分业经营使商业银行、证券公司和保险公司缺乏优势互补,证券业难以利用、依托商业银行和保险公司的资金优势和网络优势，商业银行也不能借助证券公司和保险公司的业务来推动其本源业务的发展。

（3）分业经营也不利于银行进行公平的国际竞争，尤其是面对规模宏大、业务齐全的欧洲大型全能银行，单一型商业银行很难在国际竞争中占据有利地位。

分业经营原则现在已经成为各国金融法的基本原则，形成了现代金融业的基本格局，用法律的形式确定了各自的基本经营范围，确定了基本金融风险的法律界限。但是，随着社会的发展，混业经营的趋势也很明显，传统的法律界限也正在被打破，如保险公司也可以向证券公司适度融资，银行业可以代理保险销售业务，银行开始接受证券的股票质押融资，证券公司的股民可以持存单买卖股票，银行与证券公司合作开办"银证通"业务等；金融控股集团的雏形开始在我国出现，如中信集团旗下有中信银行与中信证券，招商局旗下有招商银行、招商证券与平安保险等，这些都显示出混业经营的一些趋势。[1]

知识指引

金融业涉及的行业门类众多，有银行业、保险业、证券业、期货业等等，每一个行业均因法定的融资业务而可以积聚巨量的资金，如果任凭这些巨量资金任意流动，任何一个局部的市场竞争行为都可能被这些流动大军击垮，因此，需要对它们分而治之。这些行业之间一般不允许融通资本，不允许交叉持股，这样就保证了金融行业的安全秩序。历史上美国曾经允许放任混业经营而导致1929年经济大崩溃，2008年又因为放松分业监管而爆发金融危机，而且波及全球。这个法律与经营原则是在血与火的教训中总结出来的，值得金融法初学者反复研习，因为这涉及金融行业之间、各个行业内部等诸多经营性竞争关系的处理。

---

[1] 同上，51–52.

第三节 金融法基本原理和制度

一、信用货币制度的发展过程

以下列举的三种货币制度是长期以来人类社会使用的货币制度，影响广泛、深远，曾经在各国的金融法中占有重要的地位。

1. 金银复本位制

即金币和银币同为本位货币的货币制度，是资本主义国家在发展初期（16—18世纪）广泛采用的货币制度。

这是一种不稳定的货币制度，因为货币作为一般等价物的本性具有独占性和排他性，复本位币由金银币同为本位币，违背了商品货币的本质要求。随着黄金产量的增加和各种条件的成熟，西方主要国家先后过渡到金本位制。

2. 金本位制

即以黄金为本位币的货币制度。1816—1914年间是金本位币的全盛时期。在金本位制下，货币币值相对稳定，便于精确地计算成本、价格和利润，促进了资本主义各国生产和商品流通的发展以及信用的发展和资本输出的发展。金本位制又分为金币本位制、金块本位制和金汇兑本位制。20世纪30年代资本主义世界经济大危机爆发后，各国于1930—1936年间纷纷放弃了金本位制，实行不兑现的信用货币制度。

3. 信用货币制度

又称管理纸币本位制，是以不兑现的纸币为本位币的货币制度。它是20世纪30年代以来各国普遍实行的一种货币制度。

（1）金属货币制度的缺陷

首先，金属藏量和产量的有限性与商品生产和交换扩大的无限性的矛盾，是金本位制崩溃的根本原因；其次，金属货币的价值稳定也是相对的；再次，金本位制不利于国家实行独立的经济政策（金自由流动、固定汇率制）。

（2）不兑现纸币取代金属货币的理由

第一，在金属货币流通的情况下，由于流通造成的磨损或人为削刮，使铸币的名义价值经常与实际价值背离，使铸币的金属存在同它的职能存在分离，所以在货币流通中就隐藏着一种可能性：可以用其他材料做的记号或用象征来代替金属货币执行铸币的职能。第二，不兑现纸币能执行货币的各项职能。

（3）信用货币制度的特点：第一，它以不兑现的纸币为本位币，一般是由国家授权中央银行发行的。第二，不兑现纸币不代表任何贵金属，实行发行准备制度，用作发行准备的主要是政府证券、黄金、外汇和商业票据。第三，非现金结算占据主导地位。活期存款成为货币供应量的绝大部分，由中央银行、商业银行和公众共同创造。第四，信用货币的性质使得保证流通中的货币量与经济增长的需求量相适应这一任务，从本位制下的金属货币自发调节转移到由各国政府机构人为控制，而这就需要法律的支持，"金融对于现代经济很重要，应该纳入法制轨道"。[1]

二、商业银行制度的发展简史

商业银行法中的各项制度都是在人类社会的发展过程中逐渐积累起来的。为了更好地理解基本银行制度的原理，有必要概括了解商业银行制度的发展脉络。

1. 起源

关于银行业务的起源，可谓源远流长。西方银行业的原始状态，可溯及公元前的古巴比伦以及文明古国时期。据《大英百科全书》记载，早在公元前6世纪，在巴比伦已有一家"里吉比"银行。考古学家在阿拉伯大沙漠发现的石碑证明，在公元前2000年以前，巴比伦的寺院已对外放款，而且放款采用的方法是由债务人开具类似本票的文书，交由寺院收执，且此项文书可以转让。公元前4世纪，希腊的寺院、公共团体、私人商号也从事各种金融活动。但这种活动只限于货币兑换业性质，还没有办理放款业务。罗马在公元前200年也有类似希腊银行业的机构出现，但较希腊银行业又有所进步。它不仅经营货币兑换业务，还经营贷放、信托等业务，同时对银行的管理与监督也有明确的法律条文。罗马银行业所经营的业务虽不属于信用贷放，但已具有近代银行业务的雏形。人

---

[1]. 杨紫烜.经济法：第三版.北京：北京大学出版社，高等教育出版社，2008：604.

们公认的早期银行的萌芽，起源于文艺复兴时期的意大利。"银行"一词英文称为"Bank"，是由意大利文"Banca"演变而来的。在意大利文中，"Banca"是"长凳"的意思。最初的银行家均为祖居在意大利北部伦巴第的犹太人，他们为躲避战乱，迁移到英伦三岛，以兑换、保管贵重物品、汇兑等为业。他们在市场上人各一凳，据以经营货币兑换业务。倘若有人遇到资金周转不灵，无力支付债务，债主们就群起捣碎其长凳，兑换商的信用也即宣告破碎。英文"破产"为"Bankruptcy"，即源于此。

早期银行业的产生与国际贸易的发展有着密切的联系。在中世纪的欧洲，地中海沿岸各国，尤其是意大利的威尼斯、热那亚等城市是著名的国际贸易中心，商贾云集，市场繁荣。但由于当时社会的封建割据，货币制度混乱，各国商人所携带的铸币形状、成色、重量各不相同。为了适应贸易发展的需要，必须进行货币兑换。于是，单纯从事货币兑换业并从中收取手续费的专业货币商便开始出现和发展了。随着异地交易和国际贸易的不断发展，来自各地的商人们为了避免长途携带而产生的麻烦和风险，开始把自己的货币交存在专业货币商处，委托其办理汇兑与支付。这时候的专业货币商已反映出银行萌芽的最初职能：货币的兑换与款项的划拨。

2. 发展

随着接受存款的数量不断增加，商人们发现多个存款人不会同时支取存款，于是他们开始把汇兑业务中暂时闲置的资金贷放给社会上的资金需求者。最初，商人们贷放的款项仅限于自有资金，随着代理支付制度的出现，借款者即把所借款项存入贷出者之处，并通知贷放人代理支付。可见，从实质上看，贷款已不限于现实的货币，有一部分变成了账面信用，这标志着现代银行的本质特征已经出现。

当时，意大利的主要银行有1171年设立的威尼斯银行和1407年设立的圣乔治银行等。16世纪末开始，银行普及到欧洲其他国家。如1609年成立的阿姆斯特丹银行，1619年成立的汉堡银行，1621年成立的纽伦堡银行等都是欧洲早期著名的银行。在英国，早期的银行业是通过金匠业发展而来的。17世纪中叶，英国的金匠业极为发达，人们为了防止金银被盗，将金银委托给金匠保存。当时金匠业不仅代人保管金银，签发保管凭条，还可按顾客的书面要求，将金银划拨给第三者。金匠业还利用自有资本发放贷款，以获取利息。同时，金匠们签发的凭条可代替现金流通于市面，称为"金匠券"，开了近代银行券的先河。这样，英国早期银行就在金匠业的基础上产生了。

这种早期的银行业虽已具备了银行的本质特征，但它仅仅是现代银行的原始发展阶段。因为银行业的生存基础还不是社会化大生产的生产方式，银行业的放款对象还主要是政府和封建贵族，银行业的放款带有明显的高利贷性质，其提供的信用还不利于社会再生产过程。但早期银行业的出现，完善了货币经营业务，孕育了信贷业务的萌芽。它们演变为现代银行则是在17世纪末到18世纪期间的事情，而这种转变还要求具备经济发展过程中的某些特殊条件。

3. 现代银行

现代商业银行的最初形式是资本主义商业银行，它是资本主义生产方式的产物。随着生产力的发展、生产技术的进步、社会劳动分工的扩大，资本主义生产关系开始萌芽。一些手工场主同城市富商、银行家一起形成新的阶级——资产阶级。由于封建主义银行贷款具有高利贷的性质，年利率平均在20%—30%，严重阻碍社会闲置资本向产业资本的转化。另外，早期银行的贷款对象主要是政府等一批特权阶层而非工商业，新兴的资产阶级工商业无法得到足够的信用支持，而资本主义生产方式产生与发展的一个重要前提是要有大量的为组织资本主义生产所必需的货币资本。因此，新兴的资产阶级迫切需要建立和发展资本主义银行。

资本主义商业银行的产生，基本上通过两种途径：一是旧的高利贷性质的银行逐渐适应新的经济条件，演变为资本主义银行。在西欧，由金匠业演化而来的旧式银行，主要是通过这一途径缓慢地转化为资本主义银行。

另一途径就是新兴的资产阶级按照资本主义原则组织的股份制银行，这一途径是主要的。这一建立资本主义银行的历史过程，在最早建立资本主义制度的英国表现得尤其明显。1694年，在政府的帮助下，英国建立了历史上第一家资本主义股份制的商业银行——英格兰银行。它的出现，宣告了高利贷性质的银行业在社会信用领域垄断地位的结束，标志着资本主义现代银行制度开始形成以及商业银行的产生。从这个意义上说,英格兰银行是现代商业银行的鼻祖。继英格兰银行之后,欧洲各资本主义国家都相继成立了商业银行。从此,现代商业银行体系在世界范围内开始普及。

与西方的银行相比,中国的银行则产生较晚。中国关于银钱业的记载,较早的是南北朝时的寺庙典当业。到了唐代,出现了类似汇票的"飞钱",这是我国最早的汇兑业务。北宋真宗时,由四川富商发行的交子,成为我国早期的纸币。到了明清以后,当铺是中国主要的信用机构。明末,一些较大的经营银钱兑换业的钱铺发展成为银庄。银庄产生初期,除兑换银钱外,还从事贷放,到了清代,才逐渐开办存款、汇兑业务,但最终在清政府的限制和外国银行的压迫下,走向衰落。我国近代银行业是在19世纪中叶外国资本主义银行入侵之后才兴起的。最早到中国的外国银行是英商东方银行,其后各资本主义国家纷纷来华设立银行。在华外国银行虽给中国国民经济带来巨大破坏,但在客观上也对我国银行业的发展起了一定的刺激作用。为了摆脱外国银行的支配,清政府于1897年在上海成立了中国通商银行,标志着中国现代银行的产生。此后,浙江兴业、交通银行相继产生。

商业银行发展到今天,与其当时因发放基于商业行为的自偿性贷款而获得的称谓"商业银行"相比,已相去甚远。今天的商业银行已被赋予更广泛、更深刻的内涵。特别是第二次世界大战以来,随着社会经济的发展、银行业竞争的加剧,商业银行的业务范围不断扩大,逐渐成为多功能、综合性的"金融百货公司"。

20世纪90年代,国际金融领域出现了不少新情况,直接或间接地对商业银行的经营与业务产生了深远的影响,主要表现在:银行资本越来越集中,国际银行业出现竞争新格局;国际银行业竞争激化,银行国际化进程加快;金融业务与工具不断创新,金融业务进一步交叉,传统的专业化金融业务分工界限有所缩小;金融管制不断放宽,金融自由化的趋势日益明显;国内外融资出现证券化趋势,证券市场蓬勃发展;出现了全球金融一体化的趋势。这些发展趋势的出现必将对今后商业银行制度与业务的发展产生更加深远的影响。[1]

---

1. 周大中. 现代金融学. 北京:北京大学出版社,1994:124-126.

三、资本市场基本制度发展简史

在金融法的原理中,资本市场制度是继货币、银行制度之后又一重大发明。巧妙的融资方法与积极的交易方法使资金大量融合到需求资本的领域,而且以商业原则或法律的方式将这些融资方法与交易手段确定下来,使投资长久化或永久化,同时又可以随时交易,满足了不同投资者的性格、兴趣与冒险精神,极大地刺激了生产力的快速发展,至今成为统治人类的法律内容。

1. 股份公司与股票的产生

15—16世纪初,地理大发现和新航路的开辟,使世界贸易大为改观。西班牙、葡萄牙、荷兰、英国纷纷向海外发展,进行远航贸易,这需要较大数额的资本,在当时的经济条件下,靠单个资本家来经营是无法办到的,于是一种合股经营的叫"康梅达"的经济组织便产生了。康梅达从事海外贸易,负责筹集资本,由专人经营,利润在集资者与经营者之间协商分配。此后,这种组织发展到内陆城市,出现了入股的城市商业组织,如意大利的"大商业公司",入股者有商人、贵族、教授、廷臣和平民。这种股份经济一般由自由城邦组织,官方进行业务监督。资产阶级国家为了鼓励商人和资本家积累资本向海外扩张,以攫取更多的财富,不仅为股份集资提供了法律保护,并且给予商业独占权和免税优惠等特权,这为股份制的产生创造了外部条件。

2. 股份资本市场的发展

股份制从16世纪中叶诞生,经过17、18世纪的发展,大约从19世纪下半叶起,才逐步成为资本主义经济中占统治地位的经济形式。资本主义国家利用这一形式将其经济推进到一个很高的水平。马克思认为,以股份公司为存在形式的资本主义股份经济,是资本主义社会基本矛盾即生产的社会化与资本家私人占有之间的矛盾的产物。股份公司是在资本主义根本制度不变的前提下,在资本主义范围内,对单个私人资本的扬弃,把单个的私人资本变为集体的私人资本。由于股份公司形式比单个私人资本形式能够容纳社会化程度较高的生产力,资本主义基本矛盾在一定时期内和一定程度上得到缓解,因此,股份经济对资本主义经济的发展具有一定的促进作用。马克思曾高度评价股份公司在促进大规模生产中所起的作用:"积累,……是一个极缓慢的过程。假如必须等待积累去使某些单个资本增长到能够修建铁路的程度,那么恐怕直到今天世界上还没有铁路。但是,集中通过股份公司转瞬之间就把这件事完成了。"[1] 自马克思写了上面这些话以来的一百多年里,股份经济又获得了突飞猛进的发展。发达的股份经济通过资本的双重存在和运动,创造了股权分散和经营权集中的新形式;通过参股、控股,使许多公司和其他类型的企业形成了巨大的企业集团。在西方主要资本主义国家的商品经济发展史上,股份经济起了巨大的作用,有的经济史学家将它和蒸汽机并提,称作具有丰功伟绩的两大发明。

到了 19 世纪后半期,股份公司大规模发展,广泛流行于资本主义世界各国,以股份公司为主要形式的股份经济,成为资本主义经济的典型形态。这一时期,股份公司的分布范围从金融、交通和公共事业等基础设施向钢铁、机器制造业和商业扩散,遍及国民经济的各个部门。资本家通过发行股票、筹集资本、兴建大企业和扩建老企业,并通过组织托拉斯和控股公司等垄断组织形式,实现资本和生产的高度集中,如在美国形成了洛克菲勒、摩根、福特等有名的垄断财团。20 世纪初,美国拥有资产 1 亿美元以上的股份公司已近 100 家,到第一次世界大战结束,美国制造业产值 90% 是由股份公司创造的。各种股份公司直接控制了国家财富的 1/3,在相当程度上影响着美国政府的内外政策。总之,股份公司经过 19 世纪最后三四十年的充分发展,已经成为资本主义世界占据统治地位的企业组织形式,对国民经济起着举足轻重的作用。

3. 其他金融工具与市场制度

资本市场除了股份公司与股票、债券市场外,还逐渐出现了其他各类金融资本制度。在现货交易的基础上产生了期货交易,并且逐渐开始以交易所的形式交易。根据生产、生活的需要产生了信托制度,并在金融领域产生了一场革命。在分散投资的资本市场发展过程中,为了减少过多的投机性,机构投资者应运而生,证券投资基金制度迅速发展起来。保险公司虽然以经营风险分散为业务目

---

1. 马克思. 资本论:第 1 卷. 北京:人民出版社,1975:688.

标,但庞大的资金积累能力使保险行业的投、融资倾向日益浓重。除此以外,大量的金融衍生品的出现使金融衍生品市场迅猛发展起来,金融市场出现了多元化、复杂化的格局,尤其是2008年美国金融风暴以来,人们深刻地认识到复杂金融的高风险,对金融法制的要求日益强烈。

四、金融逻辑与金融法体系

1. 金融逻辑

在以上金融关系中,银行货币的发行、存贷和结算关系是整个金融体系的基础和灵魂;信托、证券、基金、期货、保险、外汇等都是投融资工具,是人类资本信用扩张的具体反映,是为了满足投资者的投资需求和筹资者的融资需求而创造发明的信用工具,它们主要利用了资本在时间、空间和形态上的差距,反映了资本占用的实际价值。这些关系都建立在政府信用和合同制度的基础之上。它们高度浓缩和概括了实体经济,凌驾于实体经济之上,过度的投机活动会使这些信用工具创造的信用过度膨胀,无法准确反映实体经济所创造的实际财富价值,会造成金融和社会秩序的混乱,因此需要相应的法律和政策体系的支持。"现代股票市场、债券市场、基金市场等,是伴随着现代法制制度发展起来的。也就是说,没有支持陌生人之间交易的现代商法、合同法、证券法等方面的发展,就不会有今天我们熟悉的那些外部化了的金融证券市场;反之,金融证券交易在陌生人之间的深化进程,也带来了更多、更深层次的法制要求,促进了后者的演变。在这个意义上,人际间金融交易范围的不同,对社会的文化价值体系以及对正式与非正式制度的要求也会不同。"[1]

金融的本质是交易制度的进步标志。交换是人类的天性,是社会的客观需求,是社会基本规律。金融可以满足人们潜在的各类交易需求,促进潜在的交易需求转变为现实。所以金融是交易的仆人,是为交易而诞生与发展的。金融是人类市场的一个组成部分,而市场的本质就是交易。金融包括各类工具、各种形式和方法,货币、银行、保险、期货、投资公司等只是金融工具而已,无论是货

---

[1]. 陈志武. 金融的逻辑. 北京:国际文化出版公司,2009:16.

币、金属币、贵金属、纸币还是银行卡、电子货币、银票、支票等等，都是为了促进交易的快速化、安全化，都是不同时代、国家的人们发明的交易手段，无论是交易物资还是交易抽象价值或价值符号，都可以抽象为利益交换，金融就是可以使各种想流通的利益可以流通的平台。例如因防止交易无法满足对方需求而产生货币，因安全、便利需求产生票号与汇兑，因存贷需求产生商业银行、钱庄，因战争、财政危机等需求产生中央银行，因长期筹资需求产生股份公司和股票交易所，依此类推。

市场上商品的定价原本通过生产与交换环节即通过市场来确定，可是现在却被人们用金融手段操控。原本服务于生产与贸易的金融行业开始独立成为价值交换的领域，而且由于很多实体经济行业被直接或间接地与金融挂钩或被金融化，它们的交易后果直接影响着实体经济。更令人担心的是，服务性的金融领域不满足于服务的地位，而是通过股权收购或贷款融资等方式控制生产与贸易企业，并把它们的资产证券化——抽象成可以在市场上便捷交易的有价票证或电子交易符号，逐渐独立的这种价值或符号交易成为金融的主要内容，实体经济被打上了深深的金融烙印，凡是现代发达企业都无法逃脱这个命运。

货币的出现极大地促进了交易的快速发展，同时货币本身也变成了金融工具。人们可以大量地积累、储存货币，然后大量购买与销卖，可以囤积居奇，操控或影响市场价格。如果没有货币这种奇特的金融工具，我们是无法想象用物物交换的方法来实施的。货币的大量囤积就有借贷的需求，于是就出现了专业借贷机构，产生了银行。经营货币本身使银行变成了一个特殊行业，它们专门积累货币，实施专业借贷，使其他行业获得经营、发展所需要的资金。在借贷的基础上银行甚至入股，利用金融的优势控制企业的生产经营。其他专业的金融机构应运而生，成为集聚资金与发放资金的专业机构，而资金的多少却决定着市场的生产、交易规模，所以这些机构从为实体经济服务到影响实体经济到控制、操纵实体经济，世界被拖进了金融的陷阱。

2. 金融法体系

法律是保障人们安全、顺畅交易的各类有强制力支持的社会规则。过去人们普遍靠自行约定的契约条款来保障各类金融交易，权利、义务和责任普遍靠约定；后来有了更多的法定标准做后盾，很多权利、义务和责任出现法定化，另外还设定了许多政府的职责与职权，对市场交易进行直接监管。法律应当在这种实体与虚拟之间做出选择，既要发挥金融的强大融资能力，又要防止金融虚拟价值过度炒作或膨胀。这既体现了一种安全的价值取向，又反映了现代金融法所需要的复杂制度设计的技术性。"从法学的角度看，现代法律是由'法律命题组成的'。这种法律命题是指抽象地规范，其内容是规定某一实际的情况会产生一定的法律结果。"[1]法律分析的基本框架如下：社会关系（即先熟悉调整对象，如金融关系、经济关系等）——社会关系的参加主体——权利义务的约定或法律设定或职责或职权的法律设定——法律责任（责任形式、种类、依据原理等，约定或法定责任）——实现或救济权利义务的法定程序——法律实施中的具体问题。

很多金融工具成为人们操控市场交易价格的手段，而人为地操控价格为人类所不齿，法律都在做制度性防范，但证据很难找。各种金融工具都是应交换需求而产生的，包括企业、公司都是为了满足集合力量生产、经营和便利交易而产生，从货币、银行、票据到股票、期货等都是为交易而产生，它们本身只是为交易服务的工具，但却被投机者作为谋利手段。这就是问题之所在。在古代各国就出现过利用货币囤积居奇、投机炒作的各种事件，今天也不能例外，这就是人的本性，它跨越时空、民族和国家。财政需要金融做后盾，财政资金不足时，储存需要通过金融渠道供应。这些金融工具的产生往往是为了满足人们生产生活和交易的便利要求。

我国金融法体系列举如下：《中国人民银行法》《人民币管理条例》《现金管理暂行条例》《银行账户管理办法》《支付结算办法》《商业银行法》《票据法》《外汇管理条例》《银行业监督管理法》《期货交易管理条例》《证券法》《证券投资基金法》《信托法》《保险法》《担保法》等主要的法律法规（主要包括金融机构组织行为、经营或交易行为、发行行为、政府的强制管理规范以及金融机构违

---

1. [德] 韦伯.论经济与社会中的法律.北京：中国大百科全书出版社，1998：100.

法应承担的法律责任等)。

五、金融宏观调控法律制度

金融宏观调控法律制度主要是指货币流通的宏观调控,是中央银行通过制定货币政策并运用货币政策工具对国民经济进行间接调控的金融法律制度。通过中央银行调节货币供应量,影响利息率及经济中的信贷供应程度来间接影响总需求,以达到总需求与总供给趋于理想的均衡。货币政策的最终目标一般有四个:稳定物价、充分就业、促进经济增长和平衡国际收支等。但需要指出的是,我国的货币政策目标仅有保持货币币值稳定和促进经济增长。《中国人民银行法》第三条规定,中国人民银行的"货币政策目标是保持货币币值稳定,并以此促进经济增长"。

货币政策工具库主要包括公开市场业务、存款准备金、再贷款或贴现以及利率政策和汇率政策等。在各国的央行法立法中都明确规定了宏观调控的实施主体,确立了调控的权力与职责,并明确规定了货币政策工具制度的详细内容与使用方法,这使金融宏观调控的内容法律化。各国央行在现实中会根据自己的国情与国际情势,动用合适的货币政策工具,增加或减少货币供给,从而主动控制货币的流通量,使货币供给与需求尽量均衡,实现宏观经济的稳定。

六、金融监管法律制度

各国普遍实行了对金融业的分业经营与分业监管,因此对金融监管制度实行分述。

1. 银行监管制度

银行监管制度主要由以下四方面构成:一是银行监管的主体,即对银行业实施监管的政府或准政府机构。核心是它的设置、职责和职权的法律定位。二是银行监管的对象,就是应当依法接受监管主体监管的对象——银行业及其具体包括的范围。三是银行监管的目标,即银行监管制度中主体通过一定的方式、方法对对象施加作用以实现特定的目的。四是银行监管的内容,即银行监管当局具体实施监管的工作方法的总称。

从各国银行监管法律制度理论和监管实践来看,监管内容大致可以分为两类:一是预防性的,目的是约束和抑制银行风险,从而减少发生流动性和偿付能力问题的可能性,内容主要包括对银行市场准入与机构合并的控制,对银行业务范围的界定,对银行贷款等主要业务风险和资产质量的控制,对银行流动性、安全性和效益性的要求,资本充足率以及对有问题银行的纠正措施等。二是保护性的,目的是一旦危机发生,根据需要和可能向有关银行及其存款人提供支持、存款保护和危机处理等。银行监管法律制度主要包括市场准入制度、金融审慎监管制度、存款保险制度、银行危机处理制度及其配套制度,各种制度相互联系,相互补充,共同形成一个完整有效的银行监管法律制度体系。"尽管在不同的历史时期,各国金融监管的内容、手段和程度有所变化,但与其他行业相比,以银行业为主体的金融业从来都是各国管制最严格的行业。究其原因,主要是由金融业本身的特殊性及其在现代市场经济中的重要地位决定的。"[1]

2. 证券监管制度

证券市场监督管理是金融监督的重要组成部分,是国家证券主管机关或者证券监管执行机构根据证券法规,对证券发行和交易实施的监督与管理,以确保证券市场有序运行。世界各国证券监管体制大致分为美国法系、英国法系和欧陆法系三大体系,其中美国法系坚持政府监管下的自律管理,英国法系重视自律管理的特殊价值,欧陆法系则重视银行系统在证券监管上的作用与功能。我国偏向于美国,但政府色彩更浓。

以美国为例,早期证券市场曾经采取自由放任主义态度,现行证券法体系及其市场管理制度则是在经历了漫长发展和痛苦后发展起来的。第一次世界大战后,美国证券市场获得高速发展,大量资金涌入证券市场,其中以银行贷款居多,这种状况严重影响了证券市场上的资金供求关系。当时,美国各州证券规则存在较大差异,证券投机因素极强。在诸多原因的共同驱使下,1929年美国终于爆发了金融危机。在资金超量供应的情况下,股票市场交易量巨大,泡沫成分

---

1. 杨紫烜.经济法:第三版.北京:北京大学出版社,高等教育出版社,2008:323.

极重。随着股票价格大跌,股票市值短期内就损失高达500亿美元,道琼斯指数下跌89%,许多投资者血本无归,银行贷款无法偿还,破产企业及个人激增,进而引发金融危机。经过血的洗礼,面对濒临崩溃的证券市场,美国政府不得不采取严厉的措施,控制市场风险,这促使1933年《证券法》及1934年《证券交易法》的出台。不仅美国,其他国家也都致力于建立全国统一的证券市场体系和与之相适应的集中统一的监管体制,把营造公开、公平、公正的市场环境和保护投资者利益作为市场监管的主要任务。我国及时总结证券市场发展的经验教训,确立了指导证券市场健康发展的"法制、监管、自律、规范"的八字方针,初步形成了有中国特色的集中统一的监管体系。[1]

3. 保险监管制度

保险行业虽然以分散风险为从业目标,但庞大的资金积累和日益拓宽的投资渠道使得其金融功能越来越明显,同时累积的金融风险也日益增大,因此各国纷纷颁布保险业法,明确设定保险监管制度。[2] 主要内容包括,设立许可制度、业务范围限制和保险分业经营规则、保险公司偿付能力管理规则、风险管理规则和资金运用规则,设立专门的保险监管机构实施监管。这些监管制度直指保险公司日益凸现的金融功能,强大的资金吞吐能力对资本市场和事业经济的影响越来越大,必然受到法律的严格控制。以美国为例,最大的保险公司美国国际集团和其他投资银行在2008年金融风暴中遭受了巨大的打击,使美国国家金融安全受到巨大威胁,迫使美国政府实施接管,进行救市。

4. 其他监管制度

除了银行、证券、保险之外,还有很多其他的金融行业,诸如期货、基金、大宗商品电子盘交易、典当行、担保公司、小额贷款公司、消费金融公司、财务公司、融资租赁公司等,网络贷款、支付宝、微信支付、众筹也都有相应的监管制度,这样就使整个国家的金融体系有了法律保障。

---

1. 中国证券业协会. 证券市场基础知识. 北京: 中国财政经济出版社, 2003: 341.
2. 覃有土. 保险法. 北京: 北京大学出版社, 2000: 246.

第四节 现实问题与相关法律适用和探讨

一、商业银行经营风险的法律控制制度

商业银行以吸收公众存款、发放贷款和结算为主要业务,同时有投资的权利与需求,在经营过程中经常会出现相应的业务风险,据此,法律也相应地规定了防范与化解制度。

案例分析　包商银行依法被接管

2019年5月24日,中国人民银行、中国银行保险监督管理委员会联合发布公告,由于包商银行股份有限公司出现严重信用风险,为保护存款人和其他客户合法权益,依照《中华人民共和国中国人民银行法》《中华人民共和国银行业监督管理法》和《中华人民共和国商业银行法》有关规定,中国银行保险监督管理委员会决定自2019年5月24日起对包商银行实行接管,接管期限一年。根据有关法律法规规定,由中国人民银行、中国银行保险监督管理委员会会同有关方面组建接管组,对包商银行实施接管。自接管开始之日起,接管组全面行使包商银行的经营管理权,并委托中国建设银行股份有限公司托管包商银行业务。建设银行组建托管工作组,在接管组指导下,按照托管协议开展工作。接管后,包商银行正常经营,客户业务照常办理,依法保障银行存款人和其他客户合法权益。

争议焦点　包商银行为什么会被接管?商业银行的经营风险有这么大吗?

法理评析　该案例显示,商业银行金融风险不容忽视,严重的可导致破产。商业银行的风险负债管理法律规则主要包括正确评价和处理资产与负债总量的比例关系,优化和处理各组成结构的比例关系,其目的是保持资金经营结构优化,从而实现信贷资金的良性循环,确保支付能力,减少经营风险,提高资金的流动性和经济效益。本案例反映了包商银行内控制度的薄弱。内控的重要性要远远大于政府的监管,就像公民自觉守法要比政府强力压制公民守法效果好得多。具体表现在:包商银行资本充足水平快速下降,2017年6月末计提储备资本后的核心一级资本充足率已不满足监管要求,未来资本补充存在较大的不确定性;2017

年以来，包商银行贷款行业集中度仍然较高，不良贷款规模继续上升，不良贷款偏离度较高，资产质量下行和信用风险防控压力依然存在；2017年以来，包商银行应收款项类投资规模仍处于较高水平，面临一定的投资风险；包商银行对同业资金的依赖度较高，且同业负债规模及占比均处于较高水平，未来业务调整压力较大。

二、货币政策工具法律制度的实施效果

货币政策工具主要包括法定存款准备金制度、再贴现制度、基准利率制度、再贷款制度、公开市场操作制度等，是中央银行实施宏观调控的主要手段。这些法律制度主要以控制货币流通量的方式来影响整个社会可用于投资和消费的总资金量，从而促进国民经济的总供给和总需求的平衡。

案例分析　中国人民银行依法下调存款准备金率

2019年1月4日，为了进一步支持实体经济发展，优化流动性结构，降低融资成本，中国人民银行决定下调金融机构存款准备金率1个百分点，其中2019年1月15日和1月25日分别下调0.5个百分点。同时，2019年一季度到期的中期借贷便利（MLF）不再续做。这样安排能够基本对冲2019年春节前由于现金投放造成的流动性波动，有利于金融机构继续加大对小微企业、民营企业的支持力度。此次降准将释放资金约1.5万亿元，加上即将开展的定向中期借贷便利操作和普惠金融定向降准动态考核所释放的资金，再考虑到2019年一季度到期的中期借贷便利不再续做的因素，净释放长期资金约8000亿元。

争议焦点　中国人民银行下调存款类金融机构人民币存款准备金率是否可以达到宏观调控货币供需平衡的目标？

法理评析　该案例显示，此次降准仍属于定向调控，并非普惠性降准，稳健的货币政策取向没有改变。降准政策分两次实施，和春节前现金投放的节奏相适应，有利于银行体系流动性总量保持合理充裕，同时也兼顾了内外均衡，有助于

保持人民币汇率在合理均衡水平上的基本稳定。另外，此次降准及相关操作净释放约8000亿元长期增量资金，可以有效增加小微企业、民营企业等实体经济贷款资金来源。置换中期借贷便利每年还可直接降低相关银行付息成本约200亿元，通过银行传导有利于实体经济降成本。这些都有利于支持实体经济发展。作为新年伊始中国人民银行的首次降准，对于购房者会带来哪些影响？一方面，下调存款准备金率意味着银行用来放贷的钱变多，银行的贷款额度增加，今后申请贷款或更容易。与此同时，房贷利率或也将有所下降。从中可以看出，法律设定的存款准备金制度是一种灵活的金融工具，有利于国家对货币的供应进行动态的跟踪与调节，稳定货币供应的正常秩序。

国家近两年来为了支持实体经济发展，还做出了一系列的降准行动：

（1）2018年1月25日，中国人民银行对普惠金融定向降准，聚焦单户授信500万元以下的小微企业贷款，个体工商户和小微企业主经营性贷款，以及农户生产经营、创业担保、助学等贷款，中国人民银行决定统一对上述贷款占全部贷款增量或余额达到一定比例的商业银行实施定向降准政策。凡前一年上述贷款余额或增量占比达到1.5%的商业银行，存款准备金率可在中国人民银行公布的基准档基础上下调0.5个百分点；前一年上述贷款余额或增量占比达到10%的商业银行，存款准备金率可按累进原则在第一档基础上再下调1个百分点。

（2）2018年4月25日起，中国人民银行降准置换中期借贷便利（MLF），释放4000亿增量资金。下调大型商业银行、股份制商业银行、城市商业银行、非县域农村商业银行、外资银行人民币存款准备金率1个百分点；同日，上述银行将各自按照"先借先还"的顺序，使用降准释放的资金偿还其所借中国人民银行的中期借贷便利。

（3）2018年7月5日起，中国人民银行下调国有大型商业银行、股份制商业银行、邮政储蓄银行、城市商业银行、非县域农村商业银行、外资银行人民币存款准备金率0.5个百分点。鼓励5家国有大型商业银行和12家股份制商业银行运用定向降准和从市场上募集的资金，按照市场化定价原则实施"债转股"项目。此次定向降准可释放资金约7000亿元。

三、证券交易侵权行为民事责任分析

证券投资者的合法权益应当受到司法保护,但是,很长一段时间以来,我国对于证券民事侵权纠纷一直采取司法回避态度,导致群体聚集事件发生,股民的合法利益无法得到真正保护。经过投资者利益群体的推动和国家司法界的努力,投资者的民事权益逐渐受到国家司法保护,至今仍在良性发展。

案例分析　　**内幕交易侵权赔偿**

2008年7月,投资者陈某诉陈建良证券内幕交易赔偿纠纷案被南京市中级人民法院受理,这是国内首例进入司法程序的内幕交易民事赔偿案件。陈建良系天山水泥原副总经理,现系天山股份控股子公司江苏天山水泥集团有限公司总经理、自然人股东(持股比例11.34%)。经中国证监会调查发现,2004年6月24日,新疆屯河投资股份有限公司与中国非金属材料总公司签署了《股份转让协议书》,将其所持天山股份部分股权转让给中国非金属材料总公司。6月29日,上述三家公司发布公告披露上述股权转让事项。在该股权转让协议签订之前的2004年6月10日至15日期间,陈建良本人曾向天山股份询问股权转让进展情况,并知悉上述内幕信息。陈建良利用其控制的资金账户及下挂的证券账户,自2004年6月21日起交易天山股份股票,至2004年6月29日上述信息公告前,合计买入164.6757万股,卖出19.5193万股,构成了内幕交易。中国证监会于2007年4月28日对其做出行政处罚决定。

2008年9月4日,投资者陈某诉陈建良证券内幕交易纠纷案在南京市中院开庭,但令人倍感意外的是,在连代理律师都不知情的情况下,陈某突然撤诉,使得中国证券市场内幕交易民事赔偿第一案,以一个戏剧性的结尾画上了句号。[1]

争议焦点　　**证券交易侵权民事赔偿责任如何实现?**

法理评析　　该案例显示,内幕交易是严重的证券违法行为,向来是证券监管打击的重点之一,但对内幕交易行为人追究行政、刑事责任居多。在很长一段时间

---

1. 中国证券报,2009-03-12。

内,法院并不受理内幕交易民事赔偿案件,制度性障碍让很多投资者难以走上司法维权之路。直到 2005 年,修订后的《证券法》第七十六条才明确投资者可要求内幕交易侵权行为人承担民事赔偿责任。虽然本案没有实现广大投资者翘首以盼的审判结果,但该案却正式开启了内幕交易民事赔偿的破冰之旅,具有重要的象征意义。

另外,2019 年还有影响更大的案例。2019 年 8 月 10 日,浙江祥源文化股份有限公司更新了一则诉讼进展公告,法院对 108 名股民起诉祥源文化、龙薇传媒、赵薇等有关方证券虚假陈述责任纠纷案做出一审判决,其中 86 人胜诉获赔,祥源文化、龙薇传媒、赵薇、孔德永合计支付赔偿款、利息及案件受理费共 336 万元。同时,龙薇传媒、赵薇对部分应负债务承担连带责任。这也意味着赵薇和祥源文化将对投资者做出赔偿。祥源文化和赵薇再败诉,累计索赔金额超 5700 万元。

在此之前,2019 年 1 月 17 日,杭州市中级人民法院就投资者起诉祥源文化、赵薇证券虚假陈述一案做出判决,一审判决祥源文化和赵薇败诉。判决结果显示,祥源文化支付投资者赔偿款、利息合计 54535.83 元,赵薇属于其他做出虚假陈述行为的自然人,对上述债务承担连带赔偿责任。赵薇作为上市公司收购方的实际控制人被投资者告上法庭,这在 A 股市场还是第一次。

对于一审判决,祥源文化、赵薇不服并提起上诉。2019 年 7 月 16 日,浙江省高院二审正式做出判决:驳回了祥源文化和赵薇的上诉,后两者仍需赔偿人民币 432239.89 元,赵薇对债务承担连带责任,该结果为终审判决。随着判决结果的最终出炉,针对祥源文化和赵薇索赔的民事案件也正在增加。截至 2019 年 5 月 18 日,公司共计收到 544 起证券虚假陈述责任纠纷案件,诉讼金额达 5766 万元,其中 506 起案件已开庭审理,48 起已收到一审判决书,其他尚未开庭或判决。越来越多的股民通过法律途径提起诉讼。目前大约有 430 余名受损股民正在提起诉讼或等待开庭判决,预计索赔金额达到 3300 万元。

第八章
财政法概述

财政法主要涉及的是国家收入与支出的法律，因为国家是公权力的代表，属于"公家"，因此，古时皇室的私钱也要与国库的钱分开。到了现代社会，则划分得更加精细。私人的收入与支出无须法律干涉，但是国家的收入与支出因为涉及公的利益，代表全民，因此必须通过法律规范。本章通过梳理财政制度和立法的历史沿革，并介绍相关的基础理论知识，加深读者对财政基础理论知识的理解。在此基础上，从法律的角度，列举、分析财政预算法律在实践中的适用状况。

财政法主要涉及的是国家收入与支出的法律，因为国家是公权力的代表，属于"公家"，因此，古时皇室的私钱也要与国库的钱分开，现代社会分得更细。私人的收入与支出无须法律干涉，但是国家的收入与支出因为涉及公的利益，代表全民，因此必须通过法律规范。古时王权和皇权很难受到法律的约束，因此，虽然也有涉及财政的法律，但是不具备公共财政的本质，更多的是为王权或皇权服务，纳税人缺少对抗机制，支出的随意性很大。受近代君主立宪制和三权分立政制的影响，尤其是受亚当·斯密《国富论》思想的影响，公共财政制度逐渐在法律中得到确立，收税要受议会的法律制约，支出要符合法定的公共需要，政府管理经济社会的职能减弱时，财政收支的刚性法律约束有明显的体现。受现代经济学思想的影响，财政法从过去的主要为收支平衡而定到现代的经济调控手段，走过了漫长的一段路，其经济法性质清晰可见。

第一节　本章概述

一、知识背景

我国是社会主义公有制国家，我们推行的改革也是社会主义市场经济体制改革，既要符合公有制的要求，还要符合市场经济的规律。随着中国改革开放的不断深入，中国的公共财政体制改革越来越深入，相应的法律保障也逐渐体现，在财政法领域出现了新的权威性变化。尤其是十八大后，变化的速度加快，程度加深，在国家的收入与支出领域，呈现翻天覆地的变化。这种变化当前主要体现在公共财政制度的刚性实施上，这是制度实施的大规模深层次的体现，在财政法的立法体系上尚显落后与欠缺，这就需要国家在推进法治化财政改革的同时，立法也要紧紧跟上。

本章主要学习财政制度的属性与法律体系，以及一些基本的原理，如复式预算制度、公共预算制度、税收中性等，这些原理并非法律专业专属，往往需要通过其他学科的知识来补充、体现，但由于我们学习的是初步的入门知识，因此只需要掌握基本的概念和原理即可，课堂上会讲授这些概念或原理所倒映的法律条文、案例，引导学生学习财政法入门。

二、本章涉及内容

1. 主要概念

本章涉及的概念主要有公共财政制度、双元或多元财政制度、复式预算制度、税法的基本要素、政府采购、转移支付、国债、营改增等。

2. 基本法律原理和制度

（1）财政制度和立法的历史沿革；

（2）财政法体系；

（3）公共财政与预算权力的分配原理；

（4）税法的基本要素和法律责任；

（5）财政宏观调控与法律。

3. 实践问题

（1）我国预算法律实施现状与公共财政目标的差距；

（2）预算法律责任分析；

（3）房产税改革试点思考。

4. 法律法规目录

2014 年《预算法》（1994 年实施），2014 年《政府采购法》（2002 年通过），2018 年《国务院办公厅关于印发〈基本公共服务领域中央与地方共同财政事权和支出责任划分改革方案〉的通知》，1992 年《国库券条例》，2001 年《过渡期财政转移支付办法》，2007 年《国务院关于试行国有资本经营预算的意见》，2007 年《关于转发建设部等部门〈关于加强大型公共建筑工程建设管理的若干意见〉的通知》，2008 年《财政部关于进一步推进财政预算信息公开的指导意见》，2017 年《党政机关公务用车管理办法》，2018 年人力资源和社会保障部、财政部印发《关于建立城乡居民基本养老保险待遇确定和基础养老金正常调整机制的指导意见》，2015年《中央对地方专项转移支付管理办法》，2000年《中央对地方专项拨款管理办法》(已作废)。

2008年《企业所得税法》(1991年《外商投资企业和外国企业所得税法》和1993年《企业所得税暂行条例》同时废止)，2018年《个人所得税法》(1980年通过，1993、1999、2005、2007年6月、2007年12月、2011年修订)。

2017年《增值税暂行条例》(1993年实施，2008、2016年修订)。

2011年《城市维护建设税暂行条例》(1985年颁布)，2011年《征收教育费附加的暂行规定》(1986年实施，1990、2005修订)，2008年《消费税暂行条例》(1993年通过)，2011年《进出口关税条例》(1985发布，1987、1992年修订；2003年重新发布，2011年修订)。2018年《环境保护税法》，2011年《房产税暂行条例》(1986年发布)，1997年《契税暂行条例》，2011年《车船税法》，2011年《资源税暂行条例》(1993年发布)，1993年《土地增值税暂行条例》，2007年《耕地占用税暂行条例》(1987年颁布)，2011年《印花税暂行条例》(1988年颁布)，2006年《城镇土地使用税暂行条例》(1988年颁布)，2018年《烟叶税法》。

第二节 基本概念

一、公共财政制度

1. 定义

公共财政制度是与市场经济相匹配的一种财政制度，是政府通过集中一部分财政资源，提供公共产品和服务，满足市场公共需求的一种政府收支模式。

2. 理论基础

这一制度的理论基础是政府机械论。具有竞争性的市场能有效实现资源配置，但市场本身无法维持其正常的秩序，市场运行所需的一些公共基础设施和制度也是社会成员个人无法或不愿建立和维护的，因此，需要政府公权力的介入，以保障其社会成员能更好地实现和维护其个人利益。

知识指引

财政法现代化的一个重要标志就是公共财政制度的建立。从亚当·斯密在《国富论》中提出了公共财政思想的想法到今天，包括中国在内的很多国家都在积极立法，建立或实施公共财政的构想。公共财政的核心就是国家收入以税收为本，支出以一般公共预算为准。在中国还存在营利性的国有资产预算收入与支出，但是需要与一般公共预算和税收分离。公共财政制度体现了以民为本的统治理念，它是在17、18世纪欧洲启蒙思想的影响下出现的，是人民主权思想的具体表现。这种制度在西方发达国家普遍实施，但在中国提出较晚。1998年，公共财政制度被政府正式提出，之前一直是公有制收支模式，不存在公共国家与市场的划分。发展至今，中国已初步建立了公共财政制度的法律基础。这一制度虽有很多不完善之处，但其影响力已相当巨大，例如义务教育、社会保险、基础设施等，令中国人民乃至全世界都交口称赞，甚至不敢相信。

二、双元或多元财政制度

1. 定义

政府一般的身份是作为国家的政治权力行使者管理国家和市场，政府还可以另一种身份参与市场——资本所有者，此时我们称政府为国有资本所有者。当政府作为国有资本所有者行使其所有者权利时，可直接参与市场竞争和财政分配，此时的财政分配行为，被称为国有资本财政。

当政府同时以以上两种身份出现时，比如我国政府在2014年之前，"为满足国家行使政治权利需要的财政分配行为——公共财政和行使国有资本所有者职能的财政分配行为——国有资本财政将并存于国家财政这个统一体内部"，我们称这种财政制度为双元财政制度。2014年之后改为四元财政制度。

2. 公共财政与国有资本财政的关系

在双元财政制度下,公共财政和国有资本财政两者的关系可密可疏。

公共财政和国有资本财政虽统一于双元财政制度中,但二者又相对独立,在财政来源、领域和目的等方面存在不同之处。

(1)公共财政以企业和个人的税收为主要来源,并服务于企业和个人。国有资本财政以国有资本的经营性收入为主要来源,其支出也是为了服务于国有资本。

(2)公共财政之所以存在,一个直接的原因是为了克服无效市场,所以无效市场是其活动的领域。而国有资本财政参与市场竞争,必须在有效市场范围内。

(3)公共财政的目的是为市场提供公共产品和服务,以维持市场秩序,保证经济稳定,其追求的是个人资本所无法达到的社会利益。国有资本财政直接参与市场竞争,其最直接的目的便是保值增值,追求市场经济利益。

知识指引

在公共财政制度中,最核心的内容就是一般公共收入与支出受到法律的严格规制。但由于市场受私有制的过度冲击,导致在很多领域供给与需求不再按价格机制进行,国家投资甚至经营成为常见的现象。因此,在一般公共财政制度中产生了国有资本预算收入与支出制度,预算被分成两块,即一般公共预算与国有资本预算,学界称其为二元财政。我国在2014年修订《预算法》时,又增加了政府性基金预算和社会保险基金预算,本书称其为四元或多元预算,这实际上按预算的功能将其分为不同类型,各自独立运行,其他几类预算依法与一般公共预算相衔接。这是对国家干预市场、授权政府介入竞争的基本法律表现,因此是深刻学习公共财政制度乃至财政法的重要通道。

三、复式预算制度

1. 定义

预算制度按照政府编制预算方式的不同，可以分为单式预算和复式预算。单式预算是简单的、传统的预算形式，即通过统一的表格来反映政府的财政收支预算；复式预算是在单式预算的基础上发展而来的，是将同一预算年度内的全部收入和支出按经济性质进行分列和汇集，分别编制出两个或两个以上的计划表格来反映。

2. 分类

复式预算按财政收支的经济性质，一般划分为两部分：一部分为一般预算，或称经常预算，一般以税收、国债为主要收入来源，为政府行政管理、教育、公共投资等提供资金支持；另一部分为非经常预算，在不同国家的预算制度中有不同的称谓，中国称之为资本预算，法国称之为临时性业务预算，一般为有偿性收支预算，用于营利性的经济活动中。

知识指引

复式与单式相对应，在私人资本主义发达时，自由观念充斥社会的方方面面，经济主要是私人资本的天然的领地，国家对自由持纵容态度，政府被界定为有限政府，对经济事务持不介入、不干预态度，因此，设定预算时基本只考虑一般公共预算，收入主要依靠税收。但是，随着自由竞争向垄断竞争的过渡，自由竞争市场机制开始大面积失灵。为了挽救资本主义，政府在议会法律的支持下开始大范围干预市场，于是需要财政的支持。因此，在原来单式预算的基础上，出现了复式预算，从一般公共预算对应税收的财政体制分化出资本预算与国债收入的对应体制，以满足政府干预市场的财力需求。这样，复式预算取代了单式预算，直至今天。

第三节 基本法律原理和制度

一、财政制度和立法的历史沿革

1. 我国财政制度历史沿革

（1）统收统支：1949—1951年。

（2）初步分级管理的体制形式：1951—1952年。

（3）统一领导，分级管理：1953—1979年。

以上三类为新中国成立后至改革开放前的财政制度，反映了那个时代的特殊情况。很多制度与商品经济时代的要求不相符，之后逐渐符合经济规律。

（4）分级包干财政：1980—1993年。

（5）分税制体制：1994年以后。

分税制的主要内容包括：

①重新划分中央与地方的财政收入和支出。将体现国家权益的税种（关税、中央企业所得税、海关代征消费税和增值税等）、实施宏观调控所必需的税种（消费税）划为中央税，将适合地方征管和与地方经济直接相关的税种划为地方税。同时，考虑到维持地方财政利益，保证新旧财政体制平稳过渡，将原属地方财政支柱的消费税和增值税的25%返还地方财政。

②重新设置税务机构。将原有的税务机构分设为中央税务机构和地方税务机构，分管中央税种与地方税种的征收管理。

③2018年开始两套税务机构又开始合并。

2. 财政立法的历史沿革

（1）财政立法起步阶段：1949—1957年。

新中国成立之初，百废待兴，亟须迅速恢复国民经济和建立财政体制。这一时期的财政工作靠政策指导，同时人们也在积极制定财政法规，建立财政法制。1950年，当时的中央人民政府政务院发布了一系列财政法规，包括：《关于统一国家财政经济工作的决定》《全国税政实施要则》《关于统一国家公粮收支、保管、调度的决定》，这些法规统一了经济管理，稳定了市场物价。1951年，政务院发布了《预算决算暂行条例》，建立了我国财政预算决算制度的基础法规。

这一时期，为配合对资本主义工商业和个体经济的社会主义改造，相继出台了一系列税收法规，包括：《货物税暂行条例》《工商业税暂行条例》《屠宰税暂行条例》《利息所得税暂行条例》《城市房地产税暂行条例》《特种消费税暂行条例》等。农业方面发布了《新解放区农业税暂行条例》，这些税收法规，有效地保证了政府财政收入，发挥了调节经济的作用。

（2）财政立法停滞阶段：1958—1976年。

1958年开始的"大跃进"，违背了自然科学规律，不按客观经济规律办事，许多行之有效的财政法规被抛诸脑后，财政立法更是被大大削弱。到1960年，较重要的立法法规只有27个，包括：《农业税条例》《工商统一税条例（草案）》《关于财政管理体制的规定》《地方经济建设公债条例》和《国务院关于改进税收管理体制的规定》等。[1]

1961—1965年，随着国民经济"调整、巩固、充实、提高"方针的贯彻执行，财政立法工作得到部分恢复和重建，这一时期发布的重要财政法规有：《关于严格控制财政管理的决定》《关于当前紧缩财政支出、控制货币投放的补充规定》《关于农业资金的分配使用和管理的暂行规定》等，这些财政法规在一定程度上扭转了"大跃进"时期轻视财政立法的现象，但是并未真正把财政法制建设引入正规。

"文革"期间，绝大部分财政法规被视为"资本主义管卡压"的"反动枷锁"加以否定，本来就基础脆弱的法制观念，至此被"无法无天"所替代。[2]

（3）财政立法恢复法制阶段：1977—1991年。

"文革"之后，特别是十一届三中全会之后，对内搞活、对外开放成为基本国策，政府的工作重心转移到经济建设上，此时亟须同经济基础和社会生产力相适应的财政法律制度。70年代末，确立了"划分收入，分级包干"的财政政策，并集中制定了一系列税收法律法规，包括增值税、营业税、资源税、国营企业调

---

1. 胡志新. 财政法学教程：北京：中国政法大学出版社，1989：45.
2. 同上，46.

解税等税收条例,以及《关于国家预算内基本建设投资全部由拨款改为贷款的暂行规定》《关于地方实行财政包干办法的决定》等财政法规。

这一时期财政法规的制定和贯彻实施,对于促进经济改革开放、发展生产力、调整各方财政分配关系、加强财政管理等方面,都产生了显著的成效。

(4)财政立法突破阶段:1992—1998年。

1992年的全国财政会议提出了"加强财税法制建设,真正做到依法理财、依法治税、依法管产"的新要求,这标志着依法理财成为我国财政管理的新理念,财政法制建设取得新突破。

在税法方面,1993年国务院发布了《关于实行分税制财政管理体制的决定》,1994年起,开始在全国范围内实行分税制财政体制。为配合建立分税制财政体制,全国人民代表大会颁布了《税收征收管理法》《个人所得税法》和《关于外商投资企业和外国企业适用增值税、消费税、营业税等税收暂行条例的决定》。国务院颁布了《企业所得税暂行条例》《增值税暂行条例》《消费税暂行条例》《营业税暂行条例》《土地增值税暂行条例》《资源税暂行条例》等一系列税收行政法规,建立起适应统一的市场经济的税收法律体系,对于保证依法收税、依法纳税和政府财政收入稳定增长,起到了十分重要的作用。

在预算方面,1994年相继颁布《预算法》和《预算法实施条例》,加强预算管理、监督和透明度,实现政府预算管理法制化,奠定了基础,也成为以后的财政改革和财政管理的基本依据。

(5)财政立法全面推进阶段:1999年至今。

1999年宪法修正案把"实行依法治国,建设社会主义法治国家"作为治国的基本方略写入宪法。财政部门经过充分调查,于2005年制定了《财政部门全面推进依法行政依法理财实施意见》,提出力图经过10年努力基本实现建设法治财政的目标。

3. 现阶段中国财政制度改革

(1)摆正财政分配顺序:以往是建设职能突出,而基础设施、公用事业、环境保护、教育等"欠账"严重。适当的顺序是:首先是国家机器运转所需的公共财政（公共产品），兼及政府所需介入的"准公共产品"或"半公共产品"领域，然后是贯彻产业政策和经济发展战略的重点建设，以及其他个性化的事项安排。

（2）纠正政府职能与财政职能在范围上的错位：①纠正"越位"，即摆脱那些政府不该做，但却介入、包揽过多的事；②纠正"缺位"或"不到位"，即做好那些政府应该做，但仍未做或未做到位的事。

（3）转变政府某些职能的实现方式：①为优化中国的经济结构，改进生产力布局，提高宏观收益、经济总体实力和发展后劲，需要有政府的投入，由政府实施重点建设项目；②调节居民收入分配始终是政府应当承担的职能，并且特别需要运用财政手段来实行。

二、财政法体系

1. 定义

财政法是调整在政府为了满足公共需求而取得、使用和管理资财的过程中发生的经济关系的法律规范的总称。

2. 特征

（1）政府主体性。财政是以政府为主体的分配活动，所以，在财政法律关系中，无论一方是谁，另一方必定是，也只能是政府，政府自始至终参加所有具体的财政法律关系，没有政府作为主体参加的财政法律关系是不存在的。

（2）调整对象的特定性。所谓法律的调整对象，即法律所调整的社会关系。财政法所调整的社会关系是在政府为了满足公共需求而取得、使用和管理资财的过程中发生的财政关系，而非其他关系，具有特定性、独立性。

（3）法域特定性。财政法调整的是政府活动中所发生的财政关系，在政府财政活动之外，不存在也不会发生财政关系。

3. 调整对象

财政法的调整对象是财政关系，因而财政法的体系也就应当是由调整各类财政关系的各类财政法律规范所构成的和谐统一的整体。从财政法理论上说，既然财政关系可以分为财政管理体制关系、财政收支管理关系和财政活动程序关系，则调整财政关系的法律规范也就可以相应地分为三类，即财政管理体制法律规范、财政收支管理法律规范、财政活动程序法律规范，它们都是财政法体系的不可缺少的组成部分。

4. 体系

预算法、税法、国债法、政府采购法和转移支付法等财政法体系，是指由调整政府财政活动中所发生的社会关系的各种法律规范所形成的有机联系的统一整体。财政活动财政关系，包括资金收支的预算、财政资金的收与支，不同类型的财政关系，需要不同类型的财政法律予以规范。因此，财政法按横向划分，包括预算法、税法、国债法（三者规范财政资金的收）、政府采购法和转移支付法（二者规范财政资金的支）等。

预算法是指调整国家预算资金的筹集、分配、使用、管理和监督过程中发生的预算关系的法律规范的总称，包括预算法律、行政法规以及其他法律和条约中的预算调控。狭义的预算法则指国家权力机构制定的调整预算关系的专门法律，我国是指《中华人民共和国预算法》。预算是政府公共财政收支计划，财政活动主要通过政府预算进行筹资、分配使用和管理，因此，预算在财政体系中居于核心地位，调整预算关系和规范预算活动的预算法律制度，无疑成为财政法的主要部门法。

《牛津法律大辞典》中认为，税法是"有关确定哪些收入、支付或交易应当纳税，以及按什么税率纳税的法律规范的总称"[1]。我国法学界一般认为，税法有广义和狭义之分。广义的税法指国家有关机关制定的调整国家税收活动过程中所发生的征收关系的法律规范的总称，狭义的税法是法律性文件，专指最高国家权力机关制定的有关税收的法律性文件。税收法律规范包括税收法律性文件、行政法规、地方性法规等，目前我国称得上狭义"税法"的法律有三部，分别是：《企业所得税法》《个人所得税法》和《税收征收管理法》。

国债，是政府为满足公共财政支出需求，以政府信用为担保，通过向社会发

---

1. [英]沃克.牛津法律大辞典.邓正来，等，译.北京：光明日报出版社，1988：790.

行债券或有价证券的形式筹集资金所形成的债务。古典经济学派主张，在"自由放任"和"自由竞争"的市场经济环境下，反对政府干预经济，反对政府将本属于生产领域的资本投入非生产性的政府开支，因此才需要发行国债。凯恩斯主义学派认为，国债可以弥补财政赤字，增加财政开支，从而扩大社会有效需求，因此发行国债有利无害。国债法，便是调整国家债券、债务关系的法律规范的总称。我国有关国债的立法，层次比较低，主要有1992年颁布的《国库券暂行条例》和1997年颁布的《国债托管管理暂行办法》。

政府的财政支出，按照经济性质划分，可分为采购性支出和转移性支出。二者划分的标准为，政府的财政支出是否在经济上直接获得等价的补偿。所谓采购性支出，是指政府和实行预算管理的团体、组织、事业单位，为购买商品和服务而使用财政性资金的一种特殊的市场性行为。所谓转移性支出，是指政府为实现特定的政策目标，通过一定的渠道或者形式，将一部分财政资金无偿地、单方地转移给社会经济组织、居民及具体受益者。

有效的政府采购可以降低采购成本，提高财政资金的使用效率，有助于有效地实现政府预算。为了提高采购的透明度，强化财政管理，我国从20世纪90年代开始政府采购试点，并产生第一部地方法规《深圳特区政府采购条例》，后陆续出台了《政府采购管理暂行办法》等多部部门规章。2003年开始实施的《政府采购法》，标志着我国政府采购制度的正式建立。

转移性支付通常表现为社会保障支出（包括社会保障支出和社会保险支出）、财政补贴支出（如价格补贴、职工生活补贴、体制补贴、企业亏损补贴、财政贴息等）、捐赠支出和债务利息支出等形式。[1] 从广义上说，财政转移支付法是指调整政府财政转移支付关系的法律规范的总称；从狭义上说，财政转移支付法是指国家权力机关制定的财政转移支付法典。财政转移支付制度是我国1994年所确立的分税制财政管理体制的重要组成部分。我国目前没有专门的财政转移支付法典，只是在分税制财政改革过程中，配合性地颁发过《过渡期财政转移支付办

---

1. 卢炯星. 宏观经济法. 厦门：厦门大学出版社，2000：240.8.

法》，现已废止了该办法。

三、公共财政与预算权力的分配原理

如第一节所述，公共财政是政府通过集中一部分财政资源，提供公共产品和服务，满足市场公共需求的一种政府收支模式。财政提供公共产品、服务和工程，是为了满足市场的公共需要，而公共需要，按照不同的受益范围和收入来源，可分为多个层次，比较粗略地划分，可分为全国性公共需要和地方性公共需要。

所谓全国性公共需要，顾名思义，其受益范围能覆盖全国，凡公民都可以无条件、无差别地享受全国性公共财政所带来的利益。最典型的全国性公共需要为国防，因此，适宜由中央政府提供此类公共服务。而地方性公共需要的受益范围仅局限于某一个地区，在这个地区的居民才能享受此财政所带来的利益，因而适宜由地方财政来提供此类公共服务。

同时要注意，某一层次的公共财政的受益范围和收入来源，是统一的。受益范围为全国性的公共财政支出，其收入来源也必须是全国性的；受益范围为地方性的，其收入来源也是地方性的。这种收支运行的对称，保证了财政收支的平衡。

四、税法的基本要素和法律责任

在古代中国，一直用"赋税"一词概括政府从社会上取得的财富。一个国家的生存、管理、竞争离不开赋税，尤其是在封建专制之下，国家要集中一定财力和物力扩充实力，以抵御外敌入侵或镇压国内起义。赋税，对这部分财力和物力的取得，有着重要的意义。

汉班固所著《汉书》中记载："有税有赋，税以足食，赋以足兵。"由此可见，东汉之前，税与赋是截然分开的。但是，随着中国古代赋税制度的不断改革，税与赋逐渐合一，至明"一条鞭法"、清"摊丁入亩"之后，税赋得以统一。直至今天，税赋即税收。

学者王书瑶在《赋税导论（简本）》一书中给出了经典的定义：赋税是政府无偿、非罚与定例地从社会产出中征收的财富。需要强调的是，税收行为的主体

是政府，而非国家。政府、居民和企业都是国家的组成部分，三者的财富都属于国家的财富，因此不存在财富在居民、企业与国家之间的转移，只能是政府为了管理国家而征收财富，因此，是政府征税而非国家征税。

1. 税收特征

一般认为，税收有三性：强制性、无偿性和固定性。

强制性：是国家权力机构颁布法令实施，任何单位和个人不得违抗。税收的强制性是与税收的国家主体性和它的政权依赖性相联系的。正因为税收具有国家主体性和政权依赖性，税收才具有强制性。[1] 注意：政府是税收权力的主体，并不一定是税收法令的制定者，比如在我国，税法由人民代表大会来制定。

无偿性：政府不需为取得的税收付出任何代价，不需直接偿还个别纳税人，也不需为个别纳税人提供直接的、切实的服务。然而，政府取得税收后，无论是用于基础设施建设，或管理社会、维护社会秩序，甚或抵御外敌、镇压起义，纳税人都会因此而受益，即税收的无偿性与财政支出的无偿性是并存的。从这种意义上说，税收又是有偿的。

固定性：为了保证政府财政收入的稳定性，政府必须长期按照一个相对稳定的标准征收税收。同时，税收的征收依据是税收法律，而法律的严肃性要求其相对的稳定性，不能朝令夕改。因此，收税具有固定性的特征。

2. 税法的要素

如前所述，税法是指国家有关机关制定的调整国家税收活动过程中所发生的征收关系的法律规范的总称。税法的构成要素，就是其能够成为税法的不可缺少的组成部分。税法作为宏观调控的有效法律，要发挥其功能，取决于多方面的因素，包括纳税人、税负水平、征税对象、税率设计、纳税环节和地点等。这些因素有些在实体上影响税收，有些在程序上影响税收，共同构成税法的构成要素，具体包括以下几点。

---

1. 刘少军，翟继先．税法学．北京：中国政法大学出版社，2008：5．

（1）税法主体

税法主体是指在税收法律关系中享有权利和承担义务的当事人，可分为征税主体和纳税主体两类。征税主体是政府，在具体的征税活动中，往往由政府的相关职能部门行使征税权，比如在我国为国家税务机关和地方税务机关。

纳税主体即纳税人，是和征税主体相对应存在的，是享有税法权利并承担纳税义务的法人和自然人，同一纳税人根据其经营的业务，可能会承担多个税种的纳税义务。纳税人不同于负税人，所谓负税人，指实际负担税收的法人或自然人。税收按照最终的负担者不同可分为直接税和间接税，直接税是纳税人直接承担税负，如个人所得税。而间接税具有税负转嫁性，可以通过价格或服务转嫁给他人，由他人实际承担税负，如消费税。

（2）征税对象

征税对象是解决税法对什么征税即征税范围的问题，各个税种的征税范围不得相交叉。征税对象的确定要考虑许多方面，比如保证财政收入、征管成本、对经济发展的调节和对社会生活的引导等等。因此，征税对象的选择成为税法中一个非常重要的课题，征税对象的不同也成为税法分类的一个重要依据。

按照征税对象性质的不同，可以将其划分为四大类：商品和劳务、所得或收益（包括毛受益和纯收益）、财产（如房产、车船、土地）和特定的行为（如屠宰行为、交易行为）。

（3）税目

税目是对征税对象进行具体分类后的项目，是对征税对象质的具体化，反映征税的广度。税目一般采用列举或概括的方法确定下来。确定税目可以明确征税对象的具体范围，同时可以根据不同的税目确定不同的税率。

（4）计税依据

计税依据也成为计税标准、税基。计税依据解决的是，在确定征税对象后，如何计量应纳税额的基数的问题。如应纳所得税的计算中，确定了某项所得后，如何确定应纳税所得额。这就是计税依据所要解决的问题，它是征税对象在量上的具体化。

计税依据分为计税金额和计税数量两类。如增值税的计税依据是以金额反映的增值额,增值税的计税依据便是计税金额;车船使用税中的计税依据为车、船的数量,其计税依据为计税数量。

(5)税率

税率是应纳税额与计税基数之间的比例,是应纳税额的尺度,衡量税负高低的重要指标。税率直接影响财政收入和纳税人税收负担,反映了政府与纳税人之间的经济利益关系,也反映了一国政府在一定时期内的经济政策,是税法的核心要素,也是极为重要的宏观调控手段。

税率主要有比例税率、定额税率、累进税率等三种基本形式。比例税率是对同一征税对象,无论数额大小,统一按固定比例计算应纳税额;定额税率是指按征税对象的一定计量单位(如吨、辆、平方米)直接规定固定应纳税额的税率形式;累进税率,是指随着征税对象数额的逐级增加,相应的税率也逐级增加的税率形式。具体设计上,将征税对象按数额大小划分为若干等级,每个等级相应设置一个税率,税率按等级由低到高或由高到低适用。累进税率按照累进方式的不同,可分为全额累进税率、超额累进税率、超率累进税率,较常见的有超额和超率两种累进税率,全额累进税率要求征税对象全额适用最高等级的税率计算应纳税额,违背了公平原则,故一般不采用。

(6)纳税环节

即商品或服务缴纳税款的阶段。纳税环节的设计,要考虑税收管理、税收成本和商品资金的周转等各种因素。按照纳税环节的不同,可将各个税种划分为流转税、所得税和财产税。流转税在商品流通环节征收,所得税在取得所得之后一次征收,财产税是按期对应税财产征收一定比例的税收。

(7)纳税期限

纳税期限是指纳税义务发生后,纳税人计算应纳税款、依法缴纳税款的时间界限。纳税人不可能在每次纳税义务发生后就立即缴纳税款,这是不现实的,也是毫无效率可言的。而确定一个纳税期限,将期限内所有同类纳税义务一次集中履行，可以提高征纳双方的效率，避免在纳税问题上消耗大量时间、精力和财力。纳税期限一般分为次、天、月、年。

（8）纳税地点

纳税地点是指依照法律规定，纳税人应向征税机关申报缴纳税款的具体地点。纳税地点的确定即税收管辖权的确定，涉及税收利益和国家主权，因此一般情况下，纳税地点为纳税人的住所地或生产经营所在地，特殊情况下也可以为经济活动发生地、财产所在地、报关地等。

税法法律责任，是指税收法律关系的主体（包括征税主体和纳税主体）在违反税收法律规范后所应承担的法律后果。这是税收强制性的要求。依法追究偷逃漏税者的法律责任，既维护税法的严肃性和税收秩序的需要，也是税收收入功能调节和宏观调控功能发挥的有效保障。同时要注意，征税主体违反税收法律时，也应承担相应的法律责任。

五、财政宏观调控与法律

由第一节中对公共财政制度的介绍可知，公共财政是在市场经济条件下，当"市场失灵"时，政府积极地伸出"国家之手"，运用财政手段干预经济的一种财政制度。在公共财政中，政府的主要职能有五种：保证市场竞争、提供法治制度、克服无效市场、促进社会公平、保持经济稳定，这些职能的发挥能够有效配置资源、分配收入和稳定社会。因此，"现代国家财政是以公共权力为依托，政府的财政活动不仅要充分体现公共性，而且要彰显法制性和规范性"。必须制定大量的法律，如税法、预算法以及政府采购和社会保障方面的法律，保证财政活动有序进行，保障宏观调控的有效性。

在这个基础之上颁布的法律属于典型的经济法。有学者认为，这些法律应属于行政法，可是我们深入研究后就会发现，行政法的框架是难以承载这些制度的。例如《预算法》中人民代表大会及其常委会的法定预算权，这些权力怎么能够被列入行政权力？税法中涉及税收征收管理的程序法中的确有很多属于行政法范畴，可是在实体法中，例如税制的基本规定，税种税目的规定，通过修改税制或税种刻意地去调控市场，还有公共财政资金的分配、支出，都不是简单的行政管理程序，涉及复杂的国家干预与管理，既涉及民事的责任，也涉及行政和刑事法律责任，将其圈定为行政法，逻辑上、法理上都讲不通。从中可以看出，经济法的经济性是非常直观的，而且是政治与经济粘连在一起，无法分离，只能靠法律作出统一规定。凯恩斯的经济学理论极大地强化了这种制度的存在基础，迅速地融入了国家的法律体系之中，人们对这种法律体系上的突变还没有完全反应过来，因此只能将其列入行政法。但是，它们根本不是行政法的范畴。这种带有明显经济管理、干预色彩的经济学理论直接被放入法律中，其调整与控制过度滥用竞争权利的目标非常明显，而且为此目标专门化、系统化颁行法律更是以往时代的国家很少做的，因此这种法律是一种新生事物，属于现代经济法的范畴。

第四节　现实问题与相关法律适用和探讨

一、我国预算法律实施现状与公共财政目标的差距

为配合分税制改革，我国于1994年颁布了《预算法》。《预算法》颁布实施后，各地根据《预算法》的规定，并结合预算管理和财税改革的需要，相继制定了一系列相关配套法规制度，如《北京市预算监督条例》《广东省预算审批监督条例》《湖北省实施〈预算法〉办法》等。这些法律法规强化了预算的法律约束力，保证了预算收支的严肃性；明确了预算管理职权，规范了预算管理程序，强化了人大和审计部门预算监督的职能；促进了预算的依法实施，促进了分税制和预算管理改革，保证了财政收入快速稳定增长。

1998年，全国财政会议正式提出建立公共财政基本框架目标，比我国现行《预算法》的出台整整晚了四年之久，这就直接决定了《预算法》执行得再完美，也无从适应公共财政的需要。我国现行预算法律在以下三个方面，与实现公共财政还有一定的距离。

1. 预算决策缺乏完整性

在我国，人民代表大会享有预算审批权，但审查范围和法律程序上存在瑕

疵，预算审批的监督作用很有限。首先审批时间过短，一般只是在人民代表大会开会期间的 15 天内，留出一天或半天的时间进行预算审批，使得预算审批流于形式；其次，我国国有资本大量存在，国有资本财政并行于政府预算，破坏了预算的完整性。

2. 预算支出缺乏公共性

我国国有资本财政介入一般竞争领域，而在很多基础产业、支柱产业中，更是比重很高，甚至处于垄断地位，造成政府职能"越位"和"错位"现象甚是严重。这种现象客观上为政府带来了经济利益，在一定程度上或一定范围内加快了经济的发展，但与此同时，也造成预算对医疗卫生、基础教育、农村建设等支出比例过低。

3. 预算活动缺乏公开性

预算是监督政府的有力武器，如果预算活动失去了公开性，就丧失了预算的意义，对政府财政活动的监督也无从落实。而我国预算的编制、审批、执行、决算因认识上、体制上的原因一直不向社会公开，其公开性已严重丧失。

案例分析　**中央部门公开预算**

2019 年 4 月 2 日上午，财政部率先对外公开其 2019 年部门预算，拉开了 2019 年中央部门预算公开的大幕。与 2018 年相比，2019 年中央部门公开预算时间提前了 11 天。财政部有关负责人介绍，2019 年中央部门公开的部门预算包括收支总表、收入总表、支出总表、财政拨款收支总表、一般公共预算支出表、一般公共预算基本支出表、一般公共预算"三公"经费支出表、政府性基金预算支出表等 8 张报表，全面、真实反映部门收支总体情况和财政拨款收支情况。除法定涉密信息外，一般公共预算支出公开到支出功能分类项级科目，其中的基本支出公开到经济分类款级科目。各部门在公开预算报表的同时，还对机关运行经费、政府采购、国有资产占有使用、预算绩效、提交全国人大审议的项目等情况进行说明，对专业性较强的名词进行解释。

中央部门已经连续 10 年公开部门预算，但是 2019 年中央部门公开的内容更加细化,积极回应群众关心的问题,重点说明党中央国务院有明确要求、社会公众较为关注的支出事项。此外,为使公众找得到、看得懂、能监督,各部门的部门预算除在本部门网站公开外,继续在财政部门户网站设立的"中央预决算公开平台"集中公开,方便人民群众监督政府财政工作。

争议焦点 中央部门公开预算对国家和社会有什么实际意义?

法理评析 我国在1994年就颁布了《预算法》,1998年就提出了公共财政的政策框架。但是,财政法治的发展极其缓慢。多少年来我们感受到的只是口号与誓言,无法看到刚性的财政制度在我国的实施,很多人根本不知道中国还有一部《预算法》,更不知道政府的预算依法应当向全社会公开。中共十八大之后,中央颁布了"八项规定"。我们在2019年看到的是部门预算越来越细,公开的程序越来越规范,态度越来越严肃,很多部门再也不敢掉以轻心,代之以如履薄冰。这就是我们看到的这个案例反映出的法律的进步。在国家逐渐进入现代化的今天,衡量社会进步的指标不再是单一的经济增长了,而是还有社会的文明与法治进步,法治也不再是颁布一大堆法律文件就算实现了,需要的是严肃的法治态度与精神。

二、预算法律责任分析

预算法律责任是指预算法主体违反预算法规定的义务时所应受到的制裁,或其应承受的不利法律后果。对预算违法行为追究责任,首先需要解决预算行为可归责性的问题,这是设置和实现预算法律责任的理论前提。

预算行为具有可归责性,首先是由预算法主体的可归责性决定的。探讨预算行为可归责性必然离不开对责任主体归责能力的分析,其主要涉及政府作为国家权力行使者是否具有归责能力的问题。而在现代法治社会中,有权力就有监督、有权力就有责任的观念,早已为人们所普遍接受,政府作为行使国家权力的主体,应该对其违法行为承担责任,相应地,政府作为预算法主体,是具有归责能力的。此外,预算行为可问责,也是由预算行为的性质决定的。国家预算是国家实施宏观调控的一种方式，预算行为属于宏观调控行为的范畴。学者们认为，基于法律的双向运行模式、公共选择理论、宏观调控相对方的权利、社会公共利益的不确定性、宏观调控行为的性质等理论基础，宏观调控行为是可以被问责的。

构成预算法律责任须具备以下条件：

（1）主体，即承担预算法律责任的主体，预算法上的主体皆可能成为承担责任的主体。具体而言，各预算单位，国库及经理国库的银行，各级政府，政府财政部门、审计部门、监察部门和其他部门，乃至人大及其常委会都可能成为承担预算法律责任的主体。具体行使预算管理职权的国家机关组成人员和法定的其他人员，也须对其违法行为承担责任。

（2）过错。一般情况下，行为人承担预算法律责任须具有过错，且多数情况下主要体现为行为的故意。但在有些情况下，各类预算法主体的过失行为也可能导致其承担责任。尤其是各种行使预算管理职权的主体，由于其权力（职权）和责任的一体性，一旦其怠于行使职权并造成损害结果，就应当追究其渎职的责任。此外，在预算法上还可能存在绝对责任，即没有过错也须承担责任。比如在理想的法治环境下，预算案被否决可能导致政府被问责，否决情况的出现很可能是在政府没有什么过错的情况下发生的，其可能是因为政府执政能力的欠缺或不被信任。

（3）违法行为。违法行为的存在是预算法律责任产生的必备条件之一，只有主体的行为违反预算法的规定，没有履行其应当做什么或者不得做什么的义务时，才可能产生相应的法律责任。

（4）损害结果和因果关系。构成预算法律责任，还需要主体的违法行为产生了损害结果，并且这种损害结果和违法行为须具有内在的因果关系。

案例分析 政府发行债券的法律要求

2015年8月，经黄石经济技术开发区管委会主任办公会研究，湖北省黄石经济技术开发区财政局违法向湖北劲牌投资有限公司借款1.1亿元，年利率10.2%。2016年，该笔借款使用地方政府置换债券资金进行了偿还。这不符合《预算法》

中关于地方政府及部门只能通过发行地方政府债券举借债务的规定，也不符合国家有关政府置换债券的规定。2017年5月，财政部向湖北省反映了黄石经济技术开发区违法举债的问题，提出了处理建议。湖北省政府立即责成黄石市政府对相关问题进行调查核实，对存在的问题进行整改，依法依规对相关责任人进行问责处理，黄石经济技术开发区时任主任被开除公职，经济技术开发区财政局局长和一名副局长受到行政警告处分等。

21世纪经济报道记者从湖北工商行政管理局的国家企业信用信息公示系统（湖北）查询得知，湖北劲牌投资有限公司注册登记地在大冶市（黄石所属县级市），成立于2004年，法定代表人为吴用成，经营范围主要为矿业投资、国内商品贸易投资、金融投资等。

湖北劲牌投资有限公司有两个股东，分别为劲牌有限公司（企业法人）和吴少勋（自然人股东）。劲牌有限公司成立于1997年，登记地为黄石市。公示信息显示，劲牌有限公司有两名股东，均为自然人股东，其中之一的吴少勋同为劲牌有限公司法定代表人。劲牌公司经营范围为其他酒（配置酒）、保健食品（如中国劲酒、劲牌劲酒等）、纸品生产等。该公司官网信息显示，"1998年6月，企业经全体股东投票表决，转为民营"。

2017年6月20日，黄石市政府召开第四次常务会议研究决定，按照国家有关政府置换债券管理规定，立即收回黄石经济技术开发区置换债券资金1.1亿元，由市政府用于置换符合条件的存量政府债务。目前，黄石市财政局已收回该笔置换债券资金，正按照相关要求和程序安排使用。

由于严重违反了《预算法》的规定，相关人员受到问责处理。时任开发区管委会主任孔某，动议并召集开发区主任办公会决策违法举债事项，并签批同意财政部门违法举债，负有直接责任。目前孔某已因其严重违纪行为被开除公职，并移送司法机关依法处理。

开发区财政局局长黄某、开发区财政局副局长王某，虽提出过异议，但仍执行违反法律规定的决策，负有相应的直接责任，受到行政警告处分。

争议焦点　此案如此处置是否符合《预算法》的规定？

法理评析　我国《预算法》明确规定了一般公共预算的对应收入来源及税收为主的财政制度，对于举债进行了严格的法律控制，从举债的政府级别到申请程序、审查程序、批准程序都做了严格、细致的规定，严防地方政府举债过滥，可能引发债务风险的后果。因此，财政部对其进行严格的处罚是有法律根据的。时任开发区管委会副主任鲁某，对相关财经法规政策把关不严，负有领导责任，财政部给予其诫勉谈话处理。同时，责成黄石经济技术开发区管委会向黄石市政府书面检查，深刻剖析原因，严防类似问题再次发生。另外还要求湖北省进一步提高思想认识，举一反三，充分吸取黄石经济技术开发区违法举债问题的深刻教训，督促各市（州）、县（市、区）人民政府和省直各部门、融资平台公司认真落实《中华人民共和国预算法》和国务院、财政部有关文件规定，坚决防止各种形式的违法违规举债和担保行为，加快推进融资平台公司市场化转型，依法规范政府和社会资本合作、政府投资基金以及政府购买服务行为，守住依法理财、依法行政的底线，不断提高政府债务管理的科学化、精细化、规范化水平，有效防范区域性财政金融风险，促进全省经济社会持续健康发展。这个案例反映的就是国家在推进公共财政制度法治化的进程中遇到的现实问题，地方政府在立法面前并不能有效地约束自己，长官意志代替法律秩序，对于违法并没有负担，对国家的基本法缺乏起码的敬畏之心。这次财政部的处罚力度让所有地方政府感受到了法治的力量，这是一次维法的执法行动。

除此之外，近年来还有很多违反《预算法》被处罚的案例线索：

（1）2017年6月底，财政部通报河南驻马店利用政府购买服务名义违法违规举债担保问题。据审计线索，驻马店政府常务会议纪要，承诺将驻马店市公共资产管理有限公司向中国建设银行驻马店分行、中信信托贷款，列入市财政中长期规划和相关预算。其中，建设银行驻马店分行贷款获得市财政局承诺函，违规举债8亿元。融资平台负责人被撤职、财政局副局长被记过。

（2）2017年5月，财政部致江苏省《关于依法问责部分市县政府违法举债担保的函》称,江苏省部分市县政府仍存在违法违规举债担保行为,不利于防范区域性、系统性财政金融风险。如:响水县等政府及所属部门涉嫌违法违规举债或担保;洪泽区等涉嫌将公益性资金注入融资平台公司,用于抵押担保发行企业债券等。财政部函件建议核实并对负有直接责任的主管人员和其他直接人员予以处理。同时,要求落实属地管理责任,组织市县政府全面排查各类融资担保行为,涉及违法违规的督促市县政府依法依规期限改正到位。随即,江苏省下发"特急文件",要求全面规范政府举债融资行为。

(3) 2017年4月,山东省政府公布整改邹城市违法违规举债担保行为结果,处罚了相关负责人,如对负有直接责任人员、邹城市政协副主席姚某给予党内严重警告、行政降级处分。

(4) 2017年3月,重庆市政府公布整改黔江区违法违规举债担保行为结果,并处罚相关负责人,包括对违法违规担保负有直接责任的黔江区财政局局长卢某,对违法违规举债负有直接责任的鸿业集团董事长肖某、黔江城投董事长张某三人均给予行政撤职处分。

(5) 巴中市人民政府批复同意巴中新城建设投资有限公司通过银行贷款、信托、私募债等方式融资,并向有关金融机构出具了确认函,市财政局出具承诺函,承诺如企业不能按时偿还债务本息等,安排财政资金偿还。新都区人民政府通过会议纪要,同意国有公司以银行贷款、信托产品或私募债等方式融资,部分资金由区政府主要负责人批准用于相关政府项目。

在50号文和87号文颁布前后,地方政府问责成为常态化,处罚力度之大,令地方政府举债更加谨慎。而上述问责案件,除了审计发现外,还有内部举报、国务院大督查或其他部门移送的线索。

三、资源税市场化改革

案例分析 **自然资源税的改进**

2019年5月10日,财政部和国家税务总局发布通知,在煤炭、原油、天然气等已实施从价计征改革基础上,对其他矿产资源全面实施改革,积极创造条件，逐步对水、森林、草场、滩涂等自然资源开征资源税。此次资源税从价计征改革及水资源税改革试点，自7月1日起实施。两部门认为，从已实施的原油、天然气、煤炭等资源税从价计征改革情况看，将资源税与体现资源供需关系的市场价格直接挂钩，总体效果较好，有利于建立有效的税收自动调节机制。为此，此次改革对绝大部分矿产品实行了从价计征。根据通知，未来我国将对《资源税税目税率幅度表》中列举名称的21种资源品目和未列举名称的其他金属矿实行从价计征，计税依据由原矿销售量调整为原矿、精矿（或原矿加工品）、氯化钠初级产品或金锭的销售额。列举名称的21种资源品目包括铁矿、金矿等。但对经营分散、多为现金交易且难以管控的黏土、砂石，按照便利征管原则，仍实行从量定额计征。而对《资源税税目税率幅度表》中未列举名称的其他非金属矿产品，按照从价计征为主、从量计征为辅的原则，由省级人民政府确定计征方式。

争议焦点　资源税从价计征的意义是什么？

法理评析　税法的变化应当能够及时反映经济形势的变化要求，这样法律才能为经济保驾护航。资源税开征于1984年，对在我国境内从事原油、天然气、煤炭等矿产资源开采的单位和个人征收。1994年，国务院颁布了《资源税暂行条例》，确定了普遍征收、从量定额计征的方法。经国务院批准，自2010年起先后实施了原油、天然气、煤炭、稀土、钨、钼等6个品目资源税从价计征改革，并全面清理相关收费基金，这是一种市场化改革的思路。资源税从开征至今已有三十多年，近十年来资源税收入增长较快，年均增长率约为27%，成为资源富集地区重要税收来源。资源是经济发展的基本要素之一，由资源带来的经济收益也必然要在财政收入中有所体现，面对较高的税收增速，资源税的征收范围和征收方式显得不够匹配。

目前资源税征税范围偏窄，许多自然资源未纳入征收范围。现行资源税征收范围仅限于矿产品和盐，与生产生活密切相关的水、森林、草场、滩涂等资源未纳入征收范围，不能全面发挥节约和保护资源的作用。从价计征有利于企业减负，资源税改革的核心目的就是全面推行从价计征。目前大部分资源品目的资源税仍实行从量定额计征，相对固化的税额标准与体现供求关系、稀缺程度的资源价格不挂钩，不能随价格变化而自动调整。具体表现为，在资源价格上涨时不能相应增加税收，价格低迷时又难以为企业及时减负，利用资源税组织财政收入和调节经济行为的功能下降，与矿业市场发展不适应。资源税改革也是一个清费立税的过程。既然我们当前在不断深化改革，那就得趟一趟"深水区"。在传统的从量计征的税收体制转化为从价计征的道路上，必然会影响很多既得利益者的现实收益，因此，本案例反映的是一种"变法"的精神，市场化改革就是要体现税制、税法与经济体制的相匹配，否则就是阻碍经济发展的旧式生产关系，即旧制度，应该破除。